Online-Business für Einsteiger

Wie du in 7 einfachen Schritten ein digitales Produkt erstellst und verkaufst

Von Thomas Dahlmann

Inhaltsverzeichnis

1. Vorwort

Moin.

In diesem Buch zeige ich dir, wie du in 7 einfachen Schritten erfolgreich digitale Produkte erstellen und verkaufen kannst.

Wenn du die Schritte umsetzt, kannst du ohne Vorwissen oder Startkapital mit digitalen Produkten online Geld verdienen. Du kannst dir ein für dich sinnvolles Online-Business aufbauen, welches dir mehr Unabhängigkeit und Freiheit ermöglicht.

Beispiele für digitale Produkte sind:

- Bücher
- Online-Kurse
- Webseiten
- Mitgliederbereiche

Du kannst das Thema für dein digitales Produkt frei wählen. Auf der Webseite zum Buch findest du dazu eine Liste mit 77 Ideen für Produkte, mit denen du nachweislich mehr als 10.000 Euro im Monat verdienen kannst. Die Themen reichen von Haustieren, über Autos, Finanzen, Sport, Achtsamkeit, Yoga, Nachhaltigkeit, Haushalt, Persönlichkeitsentwicklung, Kosmetik bis hin zu ausgefallenen Hobbys wie 3D-Druck oder Flugdrohnen.

Hast du ein ausgefallenes Hobby? Gibt es ein Thema, das dich besonders interessiert? Gibt es etwas, wo du ständig um Rat gefragt wirst? Hast du bereits Herausforderungen oder Probleme in deinem Leben gelöst, die andere auch haben können?

Ich denke, dass jeder von uns schonmal eigene Probleme oder die anderer gelöst hat. Dass es garantiert auch andere Menschen gibt, die vor einem ähnlichen Problem stehen und für die Lösung viel Geld bezahlen würden.

Das ist die Idee dieses Buches:

Dir dabei zu helfen, ein Produkt zu erstellen, welches Mehrwert erzeugt, Menschen hilft und Probleme löst. Je mehr Menschen du hilfst, desto mehr Geld kannst du damit verdienen. Aus eigener Erfahrung kann ich dir sagen, dass es ein unglaublich schönes Gefühl ist, etwas Sinnvolles zu tun und Menschen zu helfen und damit auch noch Geld zu verdienen.

Es geht nicht darum, ein klassisches Unternehmen oder Startup aufzubauen, mit dem Ziel, Millionen zu verdienen oder etliche Mitarbeiter zu beschäftigen.

Man könnte es eher als ein Lifestyle-Business bezeichnen, das dir persönlich mehr Freiheiten gibt. Mit solch Online-Business kannst du auch Millionen verdienen. Aber das ist für dich jetzt vermutlich noch nicht vorstellbar. Wie wäre es deshalb, wenn wir erstmal mit 1.000 – 2.000 Euro beginnen? Du wirst sehen, dass es funktioniert und kannst dann selbst entscheiden, wie hoch du deine Ziele setzt.

Das Tolle ist, die 7 Schritte kannst du bereits mit ein bis zwei Stunden Aufwand täglich umsetzen und völlig ohne Risiko ausprobieren, auch wenn du angestellt bist, eine Familie hast, studierst oder zur Schule gehst.

Vielleicht fragst du dich jetzt, ob auch du das schaffen kannst? Ich hatte damals Zweifel. In der Schule habe ich oft den Satz gehört, dass nie etwas aus mir wird und Themen wie Selbständigkeit oder Finanzen wurde praktisch gar nicht behandelt. Auch in unserem Umfeld hören wir leider nur allzu oft, dass wir für dieses oder jenes nicht gut genug sind.

Hinzu kommt, dass es Mut erfordert seinen eigenen Weg zu gehen, an sich zu glauben oder Neues auszuprobieren.

Wie oft wurde mir zum Beispiel gesagt, das klappt nie, such dir einen „sicheren Job“.

Mittlerweile ist das zum Glück anders. Heute fragen mich viele Leute, wie ich mein Online-Business aufgebaut habe.

Deshalb ist dieses Buch entstanden.

Mit diesem Buch lade ich dich zum Träumen ein. Aber um unsere Träume auch Leben zu können, müssen wir erst einmal aus ihnen erwachen.

Also, nimm dir ein paar Tage Zeit, probiere es aus. Im schlimmsten Fall hast du ein paar Stunden deines Lebens mit dem Lesen dieses Buches verbracht.

Aber im besten Fall bist du dem Leben deiner Träume 7 große Schritte näher gekommen.

Dieses Buch richtet sich an Einsteiger und Fortgeschrittene, die gerne online ihr Geld verdienen möchten. Du benötigst kein Vorwissen und erhältst einen klaren 7-Schritte-Plan inklusive konkreter Aufgaben zu den einzelnen Schritten.

Die 7 Schritte beinhalten unter anderem:

- Wie du eine gute Idee für ein Produkt findest
- Wie du deine Idee ohne Risiko oder viel Startkapital testen kannst
- Wie du auch ohne eigene Produkte online Geld verdienen kannst
- Wie du mit wenig Aufwand dein erstes digitales Produkt erstellst, welches die Leute auch kaufen
- Wie du eine Webseite erstellst und einen automatischen Verkaufsprozess einrichtest

- Wie du Besucher auf deine Webseite bekommst und erfolgreiches Online-Marketing funktioniert
- Wie es danach für dich weitergehen kann

Also alles was du brauchst, um online Geld zu verdienen. Aber Geld ist nicht der einzige Vorteil, denn dein Online-Business ermöglicht es dir:

- Etwas für dich Sinnvolles zu tun
- Deine Zeit frei einzuteilen
- Dein eigener Chef zu sein
- Mehr Freiheit und Unabhängigkeit zu haben
- Anderen Menschen zu helfen
- Reisen zu können / ortsunabhängig zu arbeiten
- Dich mit Themen zu beschäftigen, die dich interessieren

Klingt gut? Dann lass uns anfangen.

Als erstes empfehle ich dir, das Buch zunächst einmal kurz zu überfliegen, damit du einen Überblick hast, was dich erwartet. Beim zweiten Lesen erledigst du dann die Aufgaben, die du am Ende der einzelnen Kapitel findest.

Auf der Webseite zum Buch (onlinebusinessakademie.net/obfe) findest du auch nochmal alle Aufgaben als kompakte Checkliste zum Herunterladen.

Dieses Buch ist kein anonymes Werk. Es ist von mir (Thomas), für dich. Ich möchte dir zeigen, was ich die letzten Jahre gelernt und erreicht habe, damit du es einfacher hast und Fehler, die mich viel Zeit gekostet haben, vermeiden kannst.

Wenn du dich vorab noch ein wenig mehr über mich informieren möchtest, schau einfach auf meiner Webseite vorbei oder hör mal in meinen Podcast „Wunderliche Weltklugheit“ hinein. Du findest ihn auf iTunes, Spotify oder meiner Webseite.

Ich würde mich freuen, wenn du mir eine E-Mail schickst, wie dir das Buch geholfen hat, ob eventuell noch Fragen offen sind oder wenn du deine Erfolge mit mir und anderen Lesern teilen möchtest.

Wenn noch Fragen sind, erreichst dumich unter:

td@thomasdahlmann.com

Ich wünsche dir viel Erfolg bei der Umsetzung.

Thomas Dahlmann

2. Was du benötigst

Beginnen wir mit einer guten Nachricht für dich:

Du benötigst fast gar nichts, um erfolgreich dein Online-Business zu starten.

Du brauchst keinen teuren Computer und kein jahrelanges Studium zu absolvieren. Du musst nicht Anfang 20, hoch intelligent und unglaublich gutaussehend sein. Ich bin ja mittlerweile auch schon etwas älter. Auch deinen bisherigen Job musst du nicht aufgeben, sondern kannst alles nebenbei aufbauen.

Du kannst komplett ohne Vorwissen und mit wenig Startkapital beginnen. Ich habe bewusst darauf geachtet, günstige oder größtenteils nur kostenlose Hilfsmittel zu verwenden. Mit monatlich ungefähr 10 Euro für die Webseite kannst du alle 7 Schritte erfolgreich umsetzen.

Hilfreich ist es, wenn du ein wenig Geld für Werbung bereit hältst und für einige Bereiche, die du auslagern möchtest, wie zum Beispiel die Gestaltung von Grafiken oder ggf. die Rechtschreibkontrolle. Es geht aber auch ohne Rechtschreibkontrolle, wie du an diesem Buch sehen wirst.

Die entscheidenden Voraussetzungen für deinen erfolgreichen Start sind Ressourcen wie Kreativität und Motivation. Die Bereitschaft, Neues zu lernen und das Durchhaltevermögen, wenn die ersten Versuche nicht sofort funktionieren.

Diese geistige Haltung ist es, die dich zum Erfolg führen wird. Auf das Thema gehe ich im Kapitel "Über dich" ausführlicher ein.

Vorher noch kurz ein paar Hinweise auf weiterführende Informationen und ein paar Worte über mich.

3. Weiterführende Informationen

Die Möglichkeiten, technische Umsetzungen zu “zeigen”, sind in einem Buch etwas eingeschränkt. Ich versuche es auch gar nicht erst. Ich erläutere dir die Konzepte, was zu tun ist und mit ein bisschen Eigenrecherche und natürlich dem Leserbereich auf der Webseite, findest du alles, was du benötigst.

Wenn du an einer Stelle trotz Recherche nicht weiter kommst, schreib mir eine E-Mail. Wenn ich Zeit habe, sehe ich mir das Problem dann gemeinsam mit dir an.

3.1 Die Webseite zum Buch

Auf der Seite https://onlinebusinessakademie.net findest du viele aktuelle weiterführende Informationen rund um das Thema und auch Details zu meinen eigenen Projekten. Ergänzend dazu gibt es auch einen YouTube-Kanal. Da gibt es einige Videoanleitungen zu einigen der hier angesprochenen Themen.

Starte am besten hier:

https://onlinebusinessakademie.net/obfe

Du findest dort einen kostenlosen Login-Bereich für alle Leser, in dem du nochmal alles an einer Stelle findest. Im Leserbereich sind Videoanleitungen, alle im Buch verwendeten Werkzeuge, diverse Checklisten und Downloads. Dort ergänze ich auch regelmäßig neue Inhalte und es gibt eine Sammlung mit häufigen Fragen zum Buch, die ich beantworte.

3.2 Vernetze dich mit anderen Lesern

Wieso alles allein machen? Ich biete dir an, dich mit mir, anderen Lesern und Interessierten in sogenannten Mastermind-Gruppen zu verbinden. Ihr lest das Buch gemeinsam und trefft euch regelmäßig online in Skype, Zoom oder Facebook und wertet eure Ergebnisse aus oder helft euch gegenseitig bei den anstehenden Herausforderungen.

Für mich war das einer der wichtigsten Erfolgsfaktoren, dass ich mich mit anderen über mein Online-Business austauschen konnte.

Ich habe auf meiner Webseite dazu noch einmal einen ausführlichen Artikel geschrieben, wie das mit den Masterminds funktioniert. Du findest auf der Seite ein Mastermind-Verzeichnis, wo du nach Gleichgesinnten suchen und eigene Mastermind-Gruppen erstellen oder aber dich bereits bestehenden anschließen kannst.

Du findest das Mastermind-Verzeichnis und alle weiteren Informationen hier:

https://onlinebusinessakademie.net/masterminds

3.3 Die Online-Business Akademie

Wenn du dir eine ausführliche Videoanleitung wünschst, findest du diese auf der Webseite der Online-Business Akademie.

Die Akademie ist eine Community zum Thema Online-Business und digitale Produkte. Dort findest du Videoanleitungen, Fallstudien und das Allerwichtigste: Unterstützung. Du kannst mich und andere erfahrene Online-Unternehmer um Rat fragen, wenn du einmal nicht weiter kommst. Wir helfen uns gegenseitig und können so im Netzwerk gemeinsam mehr erreichen.

Die Online-Business Akademie ist genau die Plattform, die ich mir damals gewünscht hätte, als ich gestartet bin. Wenn du weitere Informationen dazu wünschst, kannst du dir die Webseite ansehen:

https://onlinebusinessakademie.net

4. Eine kurze Einleitung

Wenn du noch gar keine Ahnung hast, worum es hier geht und einfach nur online Geld verdienen willst, dann kläre ich dich kurz auf, über eines der besten Geschäftsmodelle für Einsteiger im Online-Business: digitale Produkte.

4.1 Was sind digitale Produkte?

Digitale Produkte sind alle Produkte, die du über das Internet verkaufen und verschicken kannst.

Beispiele:

- ein eBook / Buch / Hörbuch
- ein Video
- ein Onlinekurs
- eine E-Mail
- eine WhatsApp Sprachnachricht
- ein Bild / Video
- ein Online-Workshop
- eine Musikdatei
- ein Programm
- ein Skype-Gespräch / Anruf (Coaching)
- ein Webinar
- einen Zugang zu einem Mitgliederbereich
- und viele mehr

Digitale Produkte haben verschiedene Vorteile, auf die ich später noch eingehe. Erstmal stelle ich dir eine Unterkategorie dieser digitalen Produkte vor, die sogenannten Infoprodukte.

4.2 Was sind digitale Infoprodukte

Digitale Infoprodukte (Informationsprodukte) fassen dein Wissen über ein Thema deiner Wahl zusammen und helfen anderen dabei, ein Problem zu lösen.

Die Formate sind die gleichen wie oben, aber wir konzentrieren uns jetzt nur auf Produkte, die Probleme lösen. Also z. B. ein eBook mit einer Anleitung, wie du erfolgreich Ordnung im Haushalt hältst.

Die Unordnung ist ein konkretes Problem. Die Idee dazu kam mir, als ich mich in meinem Arbeitszimmer umgesehen habe.

Die Lösung könnte jetzt sein, die Sachen zu sortieren, aufzuräumen, Sachen auszusortieren und wegzugeben, Kleidung richtig zusammenzulegen, etc.

Das klingt erst einmal total belanglos und du fragst dich sicher, wer so ein eBook kaufen soll. Diese Zweifel höre ich ständig bei Einsteigern, die nach Ideen für ein digitales Produkt suchen.

Es gab jedoch eine Frau, die diese Zweifel nicht hatte. Marie Kondo. Sie hat ein Buch über das Thema Aufräumen und Ordnung im Haushalt geschrieben und darin ihre eigene Methode vorgestellt.

Das Buch schaffte es über 6 Monate lang auf die New York Times Bestseller Liste. Später kam ein Kurs, etliche freiberufliche Berater, die ihre Methode jetzt für tausende Euros verkaufen, eine Netflix-Serie. Ihr aktuelles Vermögen wird auf einen zweistelligen Millionenbetrag geschätzt.

Das ist eine von unzähligen Möglichkeiten eines digitalen Infoproduktes, das ein Problem löst, welches Millionen von Menschen betrifft. Du siehst, es muss noch nicht einmal kompliziert sein.

Ich zeige dir in diesem Buch, wie du so etwas umsetzt. Ich zeige dir, wie du Lösungen findest, für die sich die Menschen interessieren und wie du aus dieser Lösung ein digitales Produkt erstellst, das du erfolgreich verkaufen kannst.

4.3 Beispiele für digitale Infoprodukte

Bevor wir loslegen, nenne ich dir ein paar Beispiele für digitale Produkte:

- Dieses Buch hier ist selbst ein Beispiel: Es zeigt dir eine Lösung auf, wie du online Geld verdienst
- Ein Flirtratgeber eBook für schüchterne Männer
- Ein Kochbuch für die Paleo-Diät
- Eine Bastelanleitung für Hochzeitsschmuck
- Ein Rezeptbuch für glutenfreie Veganer
- Eine Anleitung, wie du eine T2 Bulli zum Camper umbaust
- Ein Japan-Crashkurs mit den wichtigsten Wörtern und Verhaltensweisen
- Eine Anleitung für die perfekte Lockenfrisur
- Eine Anleitung wie du der Katze beibringst, auf das Katzenklo zu gehen
- Deine Idee

Vielleicht hast du bereits eine Idee? Wenn nicht, sehen wir uns das Thema Ideenfindung im ersten Schritt an.

***Hinweis**: Falls du weitere Beispiele benötigst, habe ich auf der Seite zum Buch eine Liste mit 100 verschiedenen Ideen für dein erstes Infoprodukt zusammengefasst, die du hier herunterladen kannst:*

https://onlinebusinessakademie.net/obfe

4.4 Wie viel Geld kann man damit verdienen?

Das ist eine der häufigsten Fragen, die ich erhalte. Ich finde, viel wichtiger als Geld verdienen, ist, dass du etwas Sinnvolles tust, Spaß an der Tätigkeit hast und anderen Menschen hilfst. Wenn das der Fall ist, kommt das Geld von alleine.

Aber natürlich kann ich es auch verstehen, dass für viele Einsteiger Geld eine wichtige Motivation ist. Ich mache mein Zeug ja auch nicht umsonst.

Hier möchte ich dir aber keine falschen Versprechungen machen und die ehrliche Antwort ist: Alles ist möglich.

Ich kenne einige, die wenig verdient haben. Meist, weil sie zu früh aufgegeben haben oder das Thema nicht gut gewählt war.

Ich kenne einige, die wie ich, von ihrem Online-Business sehr gut leben können, also mindestens 10.000 Euro im Monat verdienen.

Aber, es gibt natürlich auch die Millionäre, wie das Beispiel von Marie Kondo zeigt.

Je besser deine Produkte sind und je mehr Menschen du damit hilfst, desto mehr wirst du damit auch verdienen.

4.5 Die Vorteile von digitalen Infoprodukten

Geld verdienen ist eine feine Sache und online sowieso, weil du das von überall aus machen kannst. Da sind Infoprodukte aber nicht die einzige Möglichkeit. Du kannst zum Beispiel als Freelancer arbeiten, Amazon FBA machen, Dropshipping, T-Shirts mit Merch by Amazon erstellen, einen Online-Shop betreiben, und vieles mehr. Die digitalen Informationsprodukte haben aber einige Vorteile, insbesondere für Einsteiger.

4.5.1 Du hilfst anderen Menschen

Infoprodukte lösen ein Problem für eine bestimmte Zielgruppe. Sie helfen Menschen ihre Wünsche zu erfüllen, ihre Träume zu erreichen oder dringende Herausforderungen, vor denen sie im Leben stehen, zu meistern.

Du hilfst anderen Menschen, ihre Probleme zu lösen, tust etwas Sinnvolles und verdienst damit sogar noch Geld. Klingt das nicht fantastisch?

Für mich ist die Dankbarkeit und Anerkennung mittlerweile mein größter Antrieb.

Schon Sokrates sagte einst, dass es das wahre Glück ist, anderen gutes zu tun.

4.5.2 Niedrige Einstiegshürden

Du kannst mit sehr wenig Startkapital und ohne Vorwissen sofort beginnen. In diesem Buch ist bereits alles wichtige für deinen erfolgreichen Start enthalten. Du musst nichts weiter kaufen, wirklich absolut gar nichts. Keine weiteren Kurse, keine Coachings und auch nicht die Online-Business Akademie, obwohl das natürlich nützlich sein kann.

Mit einem Computer, Internet und ca. 10 Euro im Monat kannst du beginnen. Egal welche Ausbildung du hast, wo du herkommst, wie alt du bist, welchen Schulabschluss du hast oder wo du gerade im Leben stehst.

4.5.3 Hohe Gewinnmargen

Da du nach der einmaligen Erstellung eines digitalen Produktes keine weiteren Produktions, Einkaufs oder Lagerkosten hast, sind die Gewinnmargen so hoch wie bei kaum einem anderen Geschäftsmodell. Je nachdem wie dein Marketingkonzept aussieht, sind Gewinnmargen von 80-90% realistisch. Also 80-90% des Produktpreises sind dein Gewinn!

Nur mal als Vergleich für diesen Wert: Der Einzelhandel hat laut Statistischem Bundesamt im Durchschnitt einen Rohertrag von 20-30% in den letzten 12 Jahren. Davon müssen dann aber noch Mieten oder Mitarbeiter bezahlt werden. Der Bundesverband des deutschen Lebensmittelhandels hat mal einen Gewinn von 0,7% ermittelt. Also von jedem Euro, den der Laden umsetzt, bleibt Nichteinmal ein Cent als Gewinn.

4.5.4 Passives Einkommen

Wenn dein Infoprodukt erst einmal fertig ist, hast du nur noch minimalen weiteren Aufwand, da ein Großteil der Prozesse leicht zu automatisieren sind.

Selbst wenn du dann eine Zeitlang nicht aktiv arbeitest, kannst du deine Produkte weiterhin verkaufen. Deshalb der Begriff passives Einkommen.

4.5.5 Skalierbares Einkommen

Skalierbares Einkommen bedeutet, dass du deine begrenzte Zeit nicht mehr direkt gegen Geld tauschst.

Du hast einmalig den Aufwand von X Stunden für die Erstellung deines Produktes und kannst es dann beliebig oft verkaufen, ohne dass sich dein Aufwand weiter erhöht.

Dadurch, dass dein Einkommen nicht mehr von deiner begrenzten Zeit abhängt, ist es theoretisch grenzenlos.

4.5.6 Vielzahl an möglichen Themen

Deine Bandbreite an Themen ist extrem groß und du kannst dir einen Bereich aussuchen, der für dich interessant ist oder in dem du besonders gut bist. Du hast die Möglichkeit deine persönlichen Interessen, Hobbys und Leidenschaften mit deinem Online-Business zu kombinieren.

Hinweis: *Und du kannst die Ausgaben für dein Hobby von der Steuer absetzen ;)*

4.5.7 Persönliche Freiheit

Dies ist ein für mich wichtiger Punkt. Ort, Arbeitsplatz, Arbeitszeiten und Kollegen suchst du dir selbst aus. Natürlich auch den Chef – nämlich dich.

Ein Online-Business, basierend auf digitalen Infoprodukten, ermöglicht dir einen größtmöglichen Grad an persönlicher Entfaltung, Unabhängigkeit und Freiheit.

4.5.8 Nachhaltiges Geschäftsmodell im Informationszeitalter

Probleme wird es in allen möglichen Bereichen des Lebens immer geben. Auch, wenn die Roboter viele Aufgaben übernehmen oder die KI in viele Lebensbereiche einzieht. Egal ob du viel oder wenig Geld hast. Die Menschen werden immer Probleme haben, für deren Lösung sie gerne bezahlen.

Es gibt gewisse Themenbereiche, die funktionieren immer und so kannst du dir ein langfristiges, nachhaltiges, mehrwertstiftendes Business aufbauen.

Was ist der Sinn des Lebens? Ein uraltes Problem mit dem sich antike Philosophen, große Weltreligionen, literarische Figuren, moderne Psychologen und unzählige Autoren von Selbsthilfebüchern befasst haben. Seit tausenden von Jahren fragt sich das die Menschheit. Und das wird sich wohl auch in den nächsten tausend Jahren nicht ändern. Ich empfehle dir, mit einem einfacheren Problem zu starten. Dieses Beispiel zeigt aber, dass gewisse Themen auch langfristig funktionieren. Ich zeige dir später genau, wie du diese Themen findest.

4.6 Weiterführende digitale Geschäftsmodelle

Das Hauptthema des Buches sind digitale Produkte und Infoprodukte. Sinnvoll ist es jedoch, das digitale Produkt mit anderen online Geschäftsmodellen zu kombinieren, da du so deine Einnahmen weiter steigern kannst.

Ich stelle dir jetzt kurz die drei wichtigsten digitalen Geschäftsmodelle vor.

4.6.1 Affiliate-Marketing

Affiliate-Marketing bedeutet, dass du ein Produkt eines anderen Anbieters empfiehlst und wenn jemand über deine Empfehlung das Produkt kauft, erhältst du eine Provision.

Im realen Leben kannst du das mit einem Immobilienmakler vergleichen, der für den Verkauf eines Hauses eine Provision erhält. So reduziert der Verkäufer des Produktes die Kosten für die Werbung und zahlt diese praktisch an dich aus. Beide Seiten gewinnen.

Das wohl bekannteste Beispiel dafür ist wohl Amazon. Das war übrigens auch eines der Erfolgsgeheimnisse, wieso das Unternehmen so schnell so erfolgreich wurde.

Amazon bietet das sogenannte Partnernet an. Das ist ein spezieller Bereich auf der Webseite, in dem du Links auf beliebige auf Amazon erhältliche Produkte erstellen kannst.

Wenn du dann beispielsweise auf deiner Webseite oder auch einfach nur im WhatsApp-Chat mit einem Freund ein Buch oder irgendein anderes Produkt auf Amazon mit so einem speziellen Link empfiehlst und jemand kauft über deinen Link das Buch, bekommst du bis zu 10% Provision vom Verkaufspreis. Kauft derjenige nicht nur das Buch, sondern beispielsweise noch eine viel teurere Waschmaschine, erhältst du davon auch noch eine Provision. Die Provision gilt also immer für den gesamten Einkauf.

Alles was du tun musst, ist einen Link erstellen. So kannst du innerhalb weniger Minuten online dein erstes Geld verdienen. Deshalb haben tausende von Webseitenbetreibern Produktlinks zu Amazon eingebaut. Amazon hat damit in sehr kurzer Zeit eine extrem große Reichweite aufgebaut und die Webseitenbetreiber verdienen so ein wenig Geld nebenbei.

Affiliate-Marketing gibt es in nahezu allen Branchen, von Software über digitale Infoprodukte bis hin zu Gewinnspielen. Unter der Rubrik „Nischenseiten Challenge“ findest du auf selbstaendig-im-netz.de viele Beispiele für reine Amazon-Affiliate-Marketing-Webseiten.

Hinweis: *Im Leserbereich der Webseite findest du eine Videoanleitung, wie du das praktisch umsetzen kannst.*

Im Rahmen des Buches ist Affiliate-Marketing aus zwei Gründen wichtig:

1. Du kannst innerhalb deines digitalen Produktes und auf deiner Webseite mit solchen Affiliate-Links arbeiten und so deine Einnahmen weiter erhöhen, ohne dass deine Kunden dadurch einen Nachteil haben. Ich verweise in diesem Buch auch an mehreren Stellen auf meine Webseite. Das hat einerseits den Grund, dass ich dort die Informationen leichter aktuell halten kann, aber andererseits sind auf meiner Seite gelegentlich auch solche Affiliate-Links platziert. Ich bekomme also eine Provision, wenn du dich über einen dieser Links anmeldest oder etwas auf Amazon kaufst.

2. Der zweite Grund, warum Affiliate-Marketing wichtig ist: Du kannst es auch für die Vermarktung deiner eigenen Produkte nutzen, indem du anderen, die dein Produkt verkaufen, eine Provision anbietest.

4.6.2 Coaching

Ein weiteres Geschäftsmodell ist das Coaching. Manchmal fehlt es nur an Wissen, um ein Problem zu lösen, manchmal fehlt aber auch der persönliche Kontakt und ein Ansprechpartner.

Als Coach bietest du genau das. Du bist Ansprechpartner bei Fragen zu deinem Thema und hilfst deinen Kunden im persönlichen

Gespräch, ihre Ziele zu erreichen und Probleme zu lösen. Wie viele von uns würden gerne abnehmen, gesünder leben oder mehr Sport machen, aber schaffen es einfach nicht?
Wie wäre es, wenn dich von nun an jeden Tag jemand dabei unterstützen und dich motivieren würde? Coaching kann einen enormen Mehrwert bieten und das Leben von Menschen grundlegend verändern.

Coaching kannst du sowohl im 1-zu-1-Gespräch oder aber auch in Gruppen anbieten. Beides hat seine Vor- und Nachteile.

So ein Coaching kannst du über Skype, WhatsApp, E-Mail, Zoom und praktisch jeden Chat-Kanal oder auch im echten Leben anbieten. Die Umsetzung ist denkbar einfach. Du bietest auf deiner Webseite die Möglichkeit an, einen Termin zu buchen, und bist dann für deine Kunden da, wenn sie dich brauchen.

Coaching ist außerdem eine großartige Möglichkeit, weiter in ein Thema einzutauchen, die Probleme deiner Zielgruppe besser kennenzulernen und verschiedene Sichtweisen zu erfahren.

Ich selbst habe durch unzählige Coachingstunden mit meinen Klienten gelernt, vor welchen Herausforderungen sie stehen und was ihnen wirklich hilft. Dieses Wissen half mir dabei, dieses Buch zu schreiben.

4.6.3 Dienstleistungen

Das Dritte und letzte Geschäftsmodell sind die Dienstleistungen. Also, dass du für deinen Kunden die Inhalte umsetzt und er die Problemlösung komplett an dich auslagert. Im Rahmen dieses Buches erstellen wir zum Beispiel eine Webseite für dein digitales Produkt.

Wenn du keine Zeit oder Lust auf das Thema Webseitenerstellung hast, könnte ich dir jetzt anbieten, das für dich zu übernehmen.

Während der Coach nur beratend zur Seite steht, geht es bei den Dienstleistungen also direkt um die Umsetzung.

5. Die Organisation deines Online-Business

Ich selbst bin ein Chaot und sollte dir nichts über richtige Organisation erzählen. Es gibt da sicherlich bessere Bücher, aber ich werde dir hier zeigen, wie ich mich organisiere.

Sämtliche Aufgaben halte ich in einer To-Do-Liste fest. Ich nutze die kostenlose Version von dem Projektmanagementtool Asana (asana.com). Wenn du lieber mit einem Blatt Papier arbeitest, ist das aber auch völlig ausreichend. Wichtig ist, dass du jederzeit einen Überblick hast, was als Nächstes zu erledigen ist und dass du nicht alle Sachen ständig im Kopf hast.

Ich versuche, jeden Tag mindestens ein oder zwei Aufgaben von dieser Liste zu erledigen. Egal wie lange es dauert, so komme ich jeden Tag voran und mache Fortschritte. Das gibt mir ein gutes Gefühl und motiviert mich, weshalb ich diese Aufgaben gleich als erstes morgens erledige.

Alle Ideen, die mir unterwegs einfallen, halte ich in dem digitalen Notizbuch Evernote auf dem Smartphone fest.

Alles was ich nicht weiß, gebe ich bei Google ein. Die meisten Probleme lassen sich so in kürzester Zeit lösen.

Mit der kostenlosen Version von toggle.com erfasse ich meine Arbeitszeit.

Das war es auch schon.

Du erhältst am Ende jedes Kapitels Aufgaben und kannst direkt damit beginnen, diese in deiner To-Do-Liste einzutragen.

Alle weiteren Programme, die ich nutze, findest du auf der Leserseite zu diesem Buch unter onlinebusinessakademie.net/obfe

***Tipp**: Du kannst dir auch eine Liste mit Dingen anlegen, die du vermeiden möchtest während du an deinem Online-Business arbeitest. Ablenkungen durch das Handy, Netflix, Facebook und Instagram stehen beispielsweise auf meiner Liste.*

Wenn dich das Thema Organisation und Produktivität interessiert, empfehle ich die "Getting Things Done" Methode von David Allen. Es gibt auch ein hilfreiches Buch darüber. Weitere Bücher zum Thema Produktivität, Fokus, Motivation und Organisation verlinke ich dir ebenfalls auf der Webseite.

6. Über mich

Die Tanzenden wurden für verrückt gehalten von denjenigen, die die Musik nicht hören konnten. (Nietzsche)

Ich bin Thomas, ich verdiene meinen Lebensunterhalt mit digitalen Infoprodukten, wie Büchern, Hörbüchern, Webinaren und Online-Kursen. In den mittlerweile über 10 Jahren, die ich im Online-Business unterwegs bin, konnte ich viele persönliche Erfahrungen sammeln, die ich in diesem Buch mit dir teile.

In den letzten 4 Jahren habe ich mich auf digitale Produkte spezialisiert und konnte erfolgreich über 100.000 davon verkaufen.

Ich habe das ganz ohne Startkapital erreicht und mir das Wissen in diesen Jahren größtenteils selbst über Online-Kurse, Coachings, Bücher und eigene Recherche angeeignet.

Aktuell habe ich einen Mentor aus den USA, der mit 8-stelligen Umsätzen zu den größten der Branche zählt, mich begleitet und seine Erfahrungen an mich weitergibt.

Wenn du meinen Weg verfolgen willst, findest du auf meiner Webseite thomasdahlmann.com mehr Details über mich und auch meinen Podcast, die "Wunderliche Weltklugheit" in der ich über den Aufbau meines eigenen Online-Business und andere spannende Sachen berichte.

Außerdem mag ich Pfannkuchen (eines der drei Gerichte, die ich kochen kann), gehe gerne zum Sport, bin ein paar Monate im Jahr auf Reisen, liebe das Meer, habe Schuhgröße 45/46, lebe minimalistisch, Esse gerne viel zu viel (ich könnte niemals nur eine halbe Tafel Schokolade essen, selbst wenn ich dann Bauchschmerzen bekomme), habe mal ein Jahr lang nur 2 Stunden am Tag geschlafen, hatte nie einen richtigen Job, mag Menschen, die Träume, Ziele und Hoffnung haben, versuche, seit 5 Jahren erfolglos zu meditieren, wurde mit meiner ersten Firma als Hacker dafür bezahlt, in fremde Computer und Webseiten einzubrechen, schlafe meist auf dem Bauch, es sei denn ich habe zu viel gegessen... ich bin leider oft zu ungeduldig, habe meine Schulzeit fast komplett verschlafen und hatte etliche Fehlstunden, was dann auch zum zweitschlechtesten Abschluss meines Jahrgangs geführt hat, na ja und so weiter.

Kommen wir mal zu dem, was für dich wichtig ist.

7. Über dich und das richtige Mindset für deinen Erfolg

Unglücklich ist nicht, wer etwas auf Befehl tut, sondern wer es widerwillig tut. Wir sollten daher die innere Einstellung gewinnen, dass wir wollen, was die Umstände von uns verlangen. (Seneca)

Ich kann dir den Weg zum erfolgreichen eigenen Online-Business nur zeigen. Gehen musst du ihn allein. Aber ich werde dich mit diesem Buch bestmöglich darauf vorbereiten.

Dazu gehört nicht nur das fachliche/ technische Wissen. In all meinen Jahren im Online-Business habe ich es nicht einmal erlebt, das eine Idee an der Technik oder an Fachwissen gescheitert ist.

Ideen scheitern oft aufgrund von Selbstzweifeln, Angst vor Fehlern, dem Gefühl, dass es alles schon gibt und anderen inneren Blockaden. Das ging mir in den letzten Jahren, und auch bis heute noch, oft so.

Dieser Abschnitt soll dich darauf vorbereiten und dir helfen, besser mit diesen Herausforderungen umzugehen.

Deshalb gebe ich dir einige wichtige Tipps für dein Mindset die für dein Online-Business, egal in welchem Bereich, gelten. Wenn du diese verinnerlichst und umsetzt, wirst du Erfolg haben.

Hinweis: *Ich mag das englische Wort Mindset nicht, aber irgendwie gibt es auch kein besseres deutsches, das ähnlich prägnant ist.* Für Hinweise bin ich dankbar.

Solche Sachen aufzuschreiben und kluge Tipps zu geben ist meist einfacher, als sie wirklich selbst einzuhalten. Auch mir gelingt das bei weitem nicht immer.

Aber: Wenn du wenigstens ein paar der Sachen Schritt für Schritt in deinen Alltag integrierst, wird dir das schon helfen und du wirst schnell Erfolge sehen.

7.1 Das große Ziel

Das große Ziel ist es, dass du alle 7 im Buch gezeigten Schritte für dich selbst umsetzt und dein eigenes Online-Business startest, mit dem du Geld verdienst.

Also brauchst du ein Angebot und Kunden, die bereit sind, dafür Geld auszugeben. Das wollen wir erreichen.

Alles, was du ab jetzt tust, bringt dich diesem Ziel entweder näher oder entfernt dich weiter davon. Es gibt keine neutralen Handlungen. Du kannst jetzt weiterlesen und gleich mit Schritt 1 beginnen und wirst diesem Ziel näher kommen.

Du kannst auch auf Netflix eine Serie anschauen und dann bist du ein paar Stunden weiter von deinem Ziel entfernt.

Klingt logisch, oder? Es sind ja nur ein paar Stunden, ist auch nicht weiter wild. Dir sollte nur klar sein, dass das Leben die Summe unserer Entscheidungen ist. Aus ein paar Stunden werden manchmal Tage, Wochen, Monate oder gar Jahre.

Das bedeutet nicht, dass du vollkommen auf Freizeit und Nichtstun verzichten sollst. Dein Online-Business ist kein Selbstzweck, es geht nicht darum, immer beschäftigt zu sein und sich gnadenlos selbst zu optimieren. Dein Business soll deine gewünschte Lebensweise unterstützen.

Ich möchte lediglich ein Bewusstsein dafür schaffen. Ich möchte, dass du in Zukunft diese Entscheidungen bewusst triffst.

Bringt mich diese Serie dem Leben, wie ich es mir wünsche, näher, oder was könnte ich jetzt direkt umsetzen, um meinem Ziel einen kleinen Schritt näher zu kommen? Triff diese Entscheidungen bewusst und finde den für dich passenden Weg, der sich für dich gut anfühlt.

7.2 Dein persönliches Warum

Dein großes Ziel kennst du jetzt. Die spannende Frage ist nun, warum willst du dieses Ziel erreichen?

Finde dein persönliches Warum und schreibe es dir auf. Wer ein starkes Warum hat, findet auch sein Wie.

Hast du dir schon einmal Gedanken über dein ganz persönliches Warum gemacht?

Wieso möchtest du dir ein erfolgreiches Online-Business aufbauen? Was ist dir im Leben wirklich wichtig?

Mein persönliches „Warum" war immer der Wunsch nach Freiheit und Unabhängigkeit.

Ich wollte nie 40 Jahre lang für jemand anderen arbeiten oder täglich das gleiche tun. Ich wollte mir die schönen Dinge des Lebens leisten können. Ich wollte reisen, gut und viel essen und mir keine Sorgen mehr um meine Finanzen machen müssen. Bis heute ist es mir sehr wichtig, dass ich selbstbestimmt lebe und das Gefühl habe, etwas Sinnvolles zu tun.

7.3 Deine Entscheidung

Wenn du ein Ziel und ein Warum hast, ist es an der Zeit, eine Entscheidung zu treffen. Entscheide dich, dass du dieses Ziel erreichen willst. Viele starten mit dem „Wie“ und sind dann von dem Weg, der vor ihnen liegt, abgeschreckt oder von möglichen Hindernissen gelähmt.

Aber dein Erfolg beginnt nicht mit dem „Wie“, sondern mit der Entscheidung, dass du ihn erreichst. Wenn du dich einmal endgültig entschieden hast, dein Ziel um jeden Preis zu verfolgen, wirst du immer auch das „Wie“ finden.

Also, triff deine Entscheidung.

Tipp: *Schließe doch einfach einen schriftlichen Vertrag mit dir selbst. Einen Beispielvertrag findest auf der Internetseite zum Buch.*

7.4 Kleine Schritte

Ein Online-Business zu starten oder ein Buch zu schreiben, das sind große Aufgaben. Immer wenn du vor einer großen Aufgabe stehst, unterteile sie in viele kleine für dich machbare Schritte.

Ein Buch zu schreiben ist eine große Aufgabe. Jedes Buch besteht aus Kapiteln, die Kapitel bestehen aus Abschnitten und die Abschnitte sind beispielsweise 100 Worte. 100 Worte am Tag zu schreiben ist möglich und wirkt auch gar nicht mehr so abschreckend oder? Eine kleine Aufgabe, aber mit großer Wirkung, wenn du sie täglich durchführst.

Der Start deines Online-Business besteht aus den im Buch enthaltenen 7 Schritten. Jeder dieser Schritte ist in weitere kleine Teilschritte untergliedert. Diese findest du am Ende des jeweiligen Kapitels. So kommt du Tag für Tag deinem großen Ziel näher.

Tipp: *Blicke auch regelmäßig auf deine Erfolge und die bisher gegangenen Schritte zurück. Nimm dir dafür mindestens einmal im Monat einen Tag Zeit, in dem du deine Erfolge feierst und dich dafür belohnst. Das ist motivierend und du wirst sehen, wie weit du bereits gekommen bist. Ich scrolle hier auch grad durch die etlichen Seiten und bin stolz darauf, wie weit ich mit dem Buch bereits gekommen bin.*

7.5 Das eine große Ding

Es gibt zwei wesentliche Faktoren für Erfolg, die du leider nur selten in Büchern findest und die auch viele erfolgreiche Menschen nicht immer wahrhaben wollen.

1. Glück
2. Der richtige Zeitpunkt

Mein erstes Buch war vor Veröffentlichung bereits jahrelang fertig. Ich hatte es nur für mich geschrieben und es war damals für mich unvorstellbar, selbst ein Buch zu veröffentlichen.

Glücklicherweise las es eine Freundin und gab mir den Hinweis, doch genau das zu tun. Ich hatte Glück, dass ich in dieser Situation jemanden hatte, der sich für das Thema interessierte und an mich und mein Werk glaubte. Hinzu kam, dass die Nachfrage nach diesem Thema damals sehr hoch war. Es war also zudem der richtige Zeitpunkt.

Glück und der richtige Zeitpunkt spielen für fast alle großen Erfolge eine enorm wichtige Rolle und doch können wir beides nicht beeinflussen.

Aber wir können trotzdem etwas tun: Wir können uns vorbereiten. Wir können so viele Projekte wie möglich umsetzen und es immer wieder erneut versuchen. Du kannst dir das wie eine Lotterie vorstellen. Mit jedem Projekt, das du umsetzt, erhöhst du deine Chancen.

Ob mein Buch ein Bestseller wird oder nicht, kann ich nur zum Teil beeinflussen. Aber was ich tun kann, ist, jeden Tag 1.000 Wörter zu schreiben und so nach und nach auch mehrere Bücher schreiben. Das ist ein Umstand, den ich kontrollieren kann und der meine Chancen wesentlich erhöht.

Deshalb versuche nicht „Das eine große Ding“ zu finden, das dich zum Erfolg führt. Mache viel, mache noch ein bisschen mehr, gib nicht auf und dann wird irgendwann auch eine gute Idee dabei sein, die außergewöhnliche Erfolge erzielt.

Tipp: *Damit du nicht den Fokus verlierst, solltest du 80% deiner Zeit in deine „Hauptidee“ investieren. Die restlichen 20% verwendest du zum Ausprobieren und für kleinere Projekte.*

7.6 Der Mythos vom schnellen Reichtum im Internet

Viele werben im Bereich Online-Business mit dem schnellem Geld und Erfolg über Nacht.

Ja, du kannst innerhalb weniger Tage dein erstes Geld online verdienen und manchmal ist es auch mehr als erwartet.

Aber je nach Umfang deines Ziels, kann es eine Weile dauern, bis dein Online-Business gewisse Umsätze erzielt. Hinter fast allen erfolgreichen Startups, Youtubern und Bloggern steckt jahrelange Arbeit.

Richard Branson hat mal so schön gesagt:

“Es dauert oftmals Jahre, um einen Übernacht-Erfolg zu haben.”

Auch ich habe lernen müssen, dass viele Dinge oftmals länger dauern, als geplant. Das fällt mir als ungeduldigem Menschen oft schwer. Aber nur, wer an einer Sache dran bleibt, wird sein Ziel erreichen.

Besonders beim Online-Business und als Selbständiger ist das manchmal gar nicht so einfach. Arbeitszeit und Ergebnis liegen weit auseinander.

Mein Erfolg heute hat mit dem Buch zu tun, dass ich vielleicht vor 10 Jahren gelesen habe. Wenn ich jetzt ein „passives Einkommen“ habe, von dem ich leben kann, ist das nicht das Ergebnis meiner Arbeit von heute. Sondern von der Arbeit in den Jahren zuvor.

Deshalb ist es wichtig, Vertrauen zu haben und durchzuhalten. Die meisten Menschen überschätzen, was sie in einem Tag erreichen können, aber unterschätzen völlig, was in einem Jahr möglich ist.

7.7 Biete einen Mehrwert an

Du hast erst dann ein profitables Business, wenn du zahlende Kunden hast, und die wiederum erhältst du langfristig nur, wenn du ihnen einen Mehrwert bietest.

Dieses Buch soll dich dabei unterstützen, ein seriöses und nachhaltiges Business aufzubauen.

Als erstes werde ich oft gefragt, wie viel man mit einem Online-Business verdienen kann.

Du wirst jedoch mehr Erfolg haben, wenn du bei deinen Kunden beginnst und was du für sie tun kannst.

Wer außer seinen Wünschen und Träumen nichts an den Markt bringt, wird keinen Erfolg haben. Tausend andere haben diese Wünsche auch und niemand wird dich für deine Träume bezahlen.

Wer jedoch umsetzt, lernt und die Probleme anderer löst, der wird mit Erfolg belohnt und auch mehr vom Markt und seinen Kunden zurückbekommen.

Auch der beste Business-Plan, die tollsten Büros und Mitarbeiter und Millionen an Startkapital sind langfristig nutzlos, wenn du keinen Mehrwert bietest.

Deine erste Frage für dein Online-Business sollte also immer sein: "Wie kann ich Menschen helfen?" Und nicht: "Was kann ich Menschen verkaufen?"

7.8 Geld verdienen ist gut

Wenn du diesen Mehrwert anbietest, ist es auch wichtig, zu erkennen, dass Geld verdienen gut ist.

Das hört sich für dich vielleicht erst einmal komisch an, aber viele haben in Ihrem Kopf ein Problem damit, Geld anzunehmen.

Aber: Denk einmal über dich und Situationen in deinem Leben nach, in denen du ein Problem hattest.

Hattest du nicht auch einmal Probleme, für deren Lösung du sofort Geld bezahlt hättest? Nachhilfe in der Schule, Tipps wie du die Prüfung schaffst oder dich traust die interessante Person im Club anzusprechen, wie du deine Traumfigur erreichst, dich selbstbewusster zu fühlen, Ängste vor dem Fliegen oder Prüfungen zu überwinden, eine neue Sprache zu lernen etc.

Auch die aktuell teuersten Unternehmen der Welt machen nichts anderes, als Probleme zu lösen.

Google hilft dir, Inhalte im Internet zu finden. YouTube sorgt für Unterhaltung. Facebook hilft dir, deine Zeit zu verschwenden oder mit Leuten in Kontakt zu bleiben, Apple hilft dir, dein hart verdientes Geld in ein Handy zu stecken das toll aussieht. Netflix hilft gegen Langeweile, Visa hilft beim Bezahlen, Nestle hilft dir jede Menge ungesundes Zeug zu essen und Johnson & Johnson verkauft dir die Pillen, die dich nach all dem ungesunden Essen wieder gesund machen sollen.

Leute geben gerne Geld dafür aus, dass Ihre Probleme gelöst werden.

Was ist Geld eigentlich? Ein Tauschmittel!

Du gehst in den Supermarkt, bestellst Sachen auf Amazon, gehst ins Restaurant, vielleicht ins Kino, vielleicht hast du auch ein Netflix oder Spotify Abo, vielleicht bist du im Sportverein angemeldet oder hattest mal Nachhilfestunden.

Egal was es ist: Alles davon kostet meist Geld. Ganz normal oder?

Du erhältst ja auch etwas im Gegenzug dafür, was dir einen Mehrwert liefert. Ob das jetzt Unterhaltung, Bildung oder ein neues Schlafsofa ist, ist völlig egal.

Du tauschst dein Geld gegen etwas ein, das für dich einen Mehrwert liefert.

Jetzt drehen wir das Ganze einmal um:

Was musst du tun, um Geld zu verdienen? Mehrwert liefern! Logisch, oder?

Wenn du Mehrwert lieferst, hilfst du anderen Leuten. Du tust ihnen was Gutes und weil sie nicht immer auch etwas Gutes für dich tun können, geben sie dir Geld dafür als anerkanntes Tauschmittel.

Je mehr Geld du verdienst, desto mehr Mehrwert lieferst du anderen Menschen.

Wobei Mehrwert für jeden etwas anderes bedeutet. Für den einen sind Ernährungs- und Fitnesstipps ein Mehrwert, für andere sind es Schminktipps, Beziehungstipps oder wie du mehr Selbstbewusstsein erlangst.

7.9 Wo ein Wille ist, ist auch ein Weg

1922 reiste Albert Einstein nach Tokio, um dort einen Vortrag zu halten. 2.500 Leute zahlten dafür, einen Physiker, der im Jahr zuvor den Nobelpreis gewonnen hatte, zu sehen und hörten sich 4 Stunden lang kompliziertes Physikzeug an.

Heutzutage wohl unvorstellbar, wenn da nicht gerade Rammstein auf der Bühne steht.

Ein Mitarbeiter des Hotels, in dem er übernachtete, brachte ihm eines Tages eine Lieferung. Einstein hatte kein Trinkgeld und so schrieb er als kleinen Dank zwei Notizen auf zwei kleinen Zetteln auf einem Hotelschreibblock. Er gab sie dem Mitarbeiter mit den Worten, dass er sie gut aufbewahren solle. Eines Tages werden diese Notizen mehr Wert sein, als alles, was er ihm jetzt geben könne.

Er sollte Recht behalten. Angehörige des Hotelmitarbeiters versteigerten diese beiden kleinen Notizen 95 Jahre später für über 1,5 Millionen Dollar.

Einstein ist ja eher für die Relativitätstheorie bekannt, die wir im Alltag jetzt nicht ganz so oft benötigen. Auf diesen Notizzetteln hielt er zwei einfache Wahrheiten über das Leben fest, die uns alle noch heute betreffen.

Die erste Wahrheit war: Wo ein Wille ist, ist auch ein Weg.

Oft höre ich, "Ich kann dieses nicht, ich kann jenes nicht, ich weiß nicht, wie das funktioniert, das habe ich noch nie gemacht, ich weiß nicht wie man sowas macht".

Diese Sätze solltest du in Zukunft aus deinem Wortschatz streichen, wenn du dein Ziel erreichen willst. Wenn du es wirklich willst, dann konzentriere dich nicht darauf, was du nicht kannst, sondern konzentriere dich auf die Lösungen.

Streiche den Satz "ich kann nicht" oder formuliere ihn um in "ich kann **noch** nicht" und dann finde heraus, wie du dein Ziel erreichen kannst.

Der Wille entscheidet, was auch immer aus dir wird. Willst du dein Leben vor Facebook, Netflix, Instagram und co. verbringen oder willst du das Beste aus dir herausholen, dein Potential entfalten und ein Leben leben, wie du es dir wünschst.

Es ist dein Wille und deine Willenskraft, die den Unterschied machen.

Hinweis: *Das Wort "wollen" ist hier entscheidend. Wollen, nicht müssen. Selbst wenn wir nicht mehr arbeiten, fallen wir nicht vom Erdboden. Wir müssen eigentlich gar nichts. Du kannst dich jetzt hinlegen und gar nichts mehr machen. In Deutschland würde man dich sogar zwangsernähren. Wir sind clever und wollen unser Leben selbst bestimmen und das Beste daraus machen. Unser Wille entscheidet, ob uns das gelingt. Verwende also bewusst das Wort „wollen". Du willst etwas tun, weil du dich dafür entschieden hast.*

Hinweis: *Auf dem zweiten Zettel stand: "Stilles bescheidenes Leben gibt mehr Glück als erfolgreiches Streben, verbunden mit beständiger Unruhe." Auch sehr schön und wahr.*

7.10 Neues lernen

Sei bereit, Neues zu lernen. In der Schule war Lernen für viele von uns doof. Ich habe die Schule gehasst, die Lehrer mochten mich nicht so besonders und ich verstand nicht, warum wir all das unnütze Wissen lernen mussten. Deshalb haben viele ihr gesamtes späteres Leben eine Abneigung gegen das Lernen. Ich habe zum Glück nie für die Schule gelernt und im Unterricht oft geschlafen und konnte mir so meine Begeisterung für neue Dinge und die Welt erhalten.

Denke einfach daran: Hier lernst du für dich, du lernst wichtige Sachen, die du sofort anwenden kannst. Mit denen du Geld verdienst und die dich im Leben weiterbringen.

Heutzutage sind nahezu alle Informationen im Internet verfügbar. Du könntest dir die Vorlesungen von Elite-Universitäten wie Harvard oder dem MIT kostenlos auf YouTube ansehen, für die andere hunderttausende Dollar zahlen.

Du kannst auf Blogs und Webseiten so ziemlich alles finden, was du benötigst, und in Foren und Chats andere Leute um Rat fragen.

Auch YouTube ist voll von nützlichem Wissen und nicht nur Schmink- und Katzenvideos.

Auch ein guter Ansatz ist es, bei anderen erfolgreichen Unternehmen zu sehen, wie sie Dinge umsetzen. Jede erfolgreiche Webseite im Internet ist ein praktisches Beispiel, von dem du lernen kannst. Jede Seite, die nichts verdient, ist ein Beispiel, wie du es nicht machen solltest.

Die Ausrede, dass du etwas nicht kannst oder weißt, zählt heutzutage nicht mehr.

Notfalls suchst du jemanden, der es für dich erledigt. Es war nie so einfach wie heute, ein eigenes Geschäftsmodell umzusetzen. Fast alle Komponenten sind vorhanden.

Achte aber darauf, dass dein Lernen nicht nur zu neuem Wissen führt, sondern zu neuem Handeln. Nur, wenn du die Dinge auch praktisch anwendest, wird neues Wissen dich weiterbringen.

7.11 Aufgaben auslagern

Neues lernen ist wichtig, doch zum Glück musst du nicht alles selbst können. Du kannst Aufgaben einfach an andere übertragen und solltest dich immer auf deine Hauptaufgaben und Fähigkeiten konzentrieren (Kernkompetenzen).

Aber wenn du zu viel auf externe Mitarbeiter angewiesen bist, kann die Kommunikation und das Warten auf die Ergebnisse deinen Erfolg verzögern. Deshalb solltest du zu Beginn so viele Aufgaben wie möglich selbst umsetzen und erst später gegebenenfalls mit dem Auslagern beginnen.

Du lernst dadurch die Prozesse und Tätigkeiten kennen und kannst sie dokumentieren und später leichter abgeben. Du solltest Aufgaben immer dann auslagern, wenn eine der folgenden vier Bedingungen zutrifft:

- Wenn dein Startkapital oder die Einnahmen es zulassen und dein Geschäft so schneller wachsen kann
- Eine Aufgabe liegt außerhalb deines Kompetenzbereiches und eine Einarbeitung dauert zu lange/ entspricht gar nicht deinen Interessen

- Eine externe Dienstleistung lässt sich so günstig einkaufen, dass es wirtschaftlich nicht sinnvoll ist, diese selber zu erbringen
- Du hast einen Engpass, der dich am Wachstum hindert, beispielsweise wenn du 10 Anfragen von Kunden hast, aber nur 5 davon selbst in angemessener Zeit selbst erledigen kannst

Wenn du Autor von Büchern bist, ist dein Kompetenzbereich das Schreiben. Somit könntest du das Design des Buchcovers oder das Korrigieren von Fehlern abgeben. Ebenfalls solltest du rechtliche und steuerliche Themen beispielsweise so schnell wie möglich den Profis überlassen.

7.12 Fokus

Es ist wichtiger, das Richtige zu tun, als etwas richtig zu tun.

Fokus bedeutet also nicht nur, zu einer Sache Ja zu sagen, sondern auch zu all den anderen tausend Ideen und Ablenkungen erst einmal Nein zu sagen.

Steve Jobs sagte einmal, er sei genauso stolz auf das, was er tut, wie auf das, was er nicht tut.

Fokus bedeutet, die Ablenkungen zu reduzieren: Smartphone aus, Facebook aus, WhatsApp aus, Netflix aus, Tinder aus, etc. Business an.

Das ist ja kein Dauerzustand, aber für eine Weile bis dein Online-Business läuft, oder wenigstens eine Stunde am Tag.

Wenn du wenig Zeit hast, prüfe, welche unwichtigen Ablenkungen du in deinem Alltag streichen kannst, um mehr Zeit zu haben. Notfalls schläfst du jeden Tag für eine Weile eine Stunde weniger, lässt den Fernseher aus, vermeidest die “sozialen Netzwerke”, etc.

Ein anderer Aspekt des Fokus ist es, die wichtigen Dinge zu tun.

Achte darauf, dich nicht nur in Tätigkeiten zu verlieren, die du gerne machst. Du kannst dich so wochenlang beschäftigen und doch nicht vorankommen. Das ist ein produktives, aber dennoch nicht zielorientiertes Arbeiten.

7.13 Priorisierung

Schreibe dein Ziel auf, dann erstelle dir eine Liste mit Aufgaben und erledige immer die Aufgabe zuerst, die dich deinem Ziel näher bringt. Niemand bezahlt dich für eine besonders schöne Webseite, ein superkreatives Logo oder die perfekte Rechtschreibung, wenn du nicht gerade Lektor oder Designer bist.

Damit dein Online-Business erfolgreich wird, sind unter anderem folgende Aspekte wichtig:

- Die richtige Idee
- Dass du einen Mehrwert lieferst und Probleme löst
- Die richtigen Mitarbeiter
- Dass du deine Zielgruppe kennst
- Dass du ein passendes Angebot für deine Zielgruppe anbietest

Konzentriere dich anfangs nur auf diese Punkte.

Erhöht das, was du jetzt gerade tust den Mehrwert für deine Kunden? Hilft es dir, neue Kunden zu gewinnen?

Mit solch einfachen Überlegungen, bevor du handelst, setzt du deine Prioritäten automatisch richtig.

Viele Leute optimieren tagelang das Design ihrer Webseite, bevor sie auch nur einen einzigen Besucher außer sich selbst haben. Ein klares Beispiel für falsche Priorisierung. Wenn irgendwann die zahlenden Kunden sagen: "die Seite schreckt mich ab" oder du trotz vieler Besucher nichts verkaufst, dann, und auch erst dann, optimierst du das Design.

7.14 Kümmere dich dann um Probleme, wenn sie auftreten

Mark Twain sagte mal so schön:

„Ich hatte mein ganzes Leben viele Probleme und Sorgen. Die meisten von ihnen sind aber niemals eingetreten."

So war es bei mir auch viel zu oft. Deshalb mein Tipp an dich: kümmere dich dann um Probleme, wenn sie auftreten.

Oft sehe ich es, dass jemand seine Webseite nicht startet, weil er sich ewig lange auf Probleme konzentriert, die noch gar nicht wichtig sind.

Automatisiere nicht den Bestellprozess, bevor du noch keine Kunden hast.

Optimiere nicht die Webseite oder das Logo, bevor du Besucher auf der Seite hast.

Miete kein teures Büro, wenn es der Schreibtisch zuhause auch ausreicht.

Mach dir keine Gedanken über eine zweisprachige Webseite, sondern fang mit einem Markt und einer Zielgruppe an.

Gründe noch keine Firma und befasse dich nicht mit diesen ganzen rechtlichen und steuerlichen Themen, bevor du überhaupt Geld verdienst!

Deutschland ist leider eine bürokratische Katastrophe und legt jungen motivierten Menschen viele Steine in den Weg. Aber sobald du Geld verdienst, kannst du dir entsprechende Experten oder auch andere Lösungen suchen, die dir bei diesen Themen helfen. Du kannst die Gründung auch immer rückwirkend erledigen.

Ich habe die Reihenfolge der 7 Schritte des Buches so gewählt, damit dir all das nicht passiert.

Wenn Probleme auftreten, dann löst du sie.

7.15 Leistung und Service

Leiste immer mindestens das, was du versprichst. Gerade am Anfang solltest du dein Angebot lieber übertreffen, als zu wenig liefern.

Das beste Marketing sind zufriedene Kunden, die ihre positiven Erfahrungen mit deinem Angebot verbreiten.

7.16 Definiere messbare Kennzahlen für deinen Erfolg

Setze dir konkret messbare Ziele. So kannst du deinen Fortschritt regelmäßig überprüfen, während du die Inhalte aus dem Buch umsetzt.

Hinweis: *Du lernst später im Buch noch wichtige Kennzahlen kennen, mit deren Hilfe du den Erfolg deines Business messen kannst.*

Die wichtigste Kennzahl vorweg: dein Gewinn.

Tipp: *Du investierst entweder Zeit oder Geld in dein Online-Business. Aus diesen beiden Ressourcen willst du den maximalen Gewinn herausholen. Da Geld im Gegensatz zu Zeit erneuerbar ist, solltest du, wenn möglich, lieber Geld investieren.*

7.17 Deadline

Damit es dir leichter fällt, dich zu fokussieren, solltest du dir eine möglichst knappe, aber realistische Deadline schriftlich setzen. Also einen klaren Termin, bis zu dem du fertig sein willst. Alle gängigen Projektmanagementprogramme wie das erwähnte Asana unterstützen auch Deadlines.

Du solltest dir maximal einen Monat für eine erste Version deines Produktes geben. Wie du das erreichen kannst, zeige ich dir im vierten Schritt.

Wenn du weißt, du hast nur 14 Tage Zeit, dann wirst du in 14 Tagen fertig. Wenn du dir ein Jahr Zeit lässt, wird es auch ein Jahr dauern. Hier spricht man auch vom parkinsonschen Zeitgesetz, welches in etwa besagt:

Je länger wir für eine Aufgabe Zeit haben, desto länger werden wir auch benötigen.

Dies gilt unabhängig davon, wie kompliziert die Aufgabe ist. Bei mir war es oft so, dass ich ausgerechnet die unangenehmen Aufgaben unnötig lange hinausgezögert und besonders langsam erledigt habe.

In dieser Zeit kannst du aber einerseits kein Geld mit deiner Idee verdienen und viel wichtiger, du erfährst auch nicht, ob sie funktioniert.

Du lernst erst, wenn du veröffentlichst und Feedback von echten Kunden erhältst.

Studien haben auch gezeigt, dass uns eine Deadline hilft, Prokrastination zu überwinden. Sie vermittelt uns ein gewisses Gefühl von Dringlichkeit und hilft uns, endlich anzufangen.

Der dritte große Vorteil von Deadlines ist, dass sie helfen Perfektionismus zu überwinden. Insbesondere Einsteiger wollen oftmals alles perfekt machen, aber das dauert unnötig lange, Perfektion gibt es nicht und es ist den Aufwand meist auch gar nicht wert.

Es gibt das Paretoprinzip, welches besagt, dass 80% der Ergebnisse mit 20% des Gesamtaufwands erreicht werden. Die letzten 20% der Ergebnisse benötigen 80% des Aufwands. Du solltest dich also besser auf die ersten 20 % konzentrieren.

Deshalb setze dir für jede Aufgabe in diesem Buch eine Deadline.

Tipp: *Du kannst dir auch innerhalb eines Tages Deadlines setzen und mit Belohnungen arbeiten. Meine produktivsten Phasen habe ich meist, wenn ich weiß, dass wir beispielsweise abends weggehen. Dann habe ich einerseits etwas, worauf ich mich freuen kann und andererseits, eine Zeit, bis zu der alles fertig sein muss.*

7.18 Vermutungen und Annahmen vermeiden

Vermeide Vermutungen über das mögliche Marktverhalten und deine Kunden so weit wie möglich.

Ein paar Beispiele für Irrtümer sind die folgenden Zitate: „Ich denke, dass es weltweit einen Markt für vielleicht fünf Computer gibt“, vom IBM Vorsitzendem Watson.

Bill Gates soll einmal gesagt haben: „Niemand braucht mehr als 640kB RAM in seinem PC“.

Steve Jobs sagte: „Das Abonnement-Modell für den Kauf von Musik ist gescheitert“.

Diese Beispiele zeigen, wie sehr Vermutungen falsch liegen können. Verifiziere deine Idee am echten Markt und lasse sie von deinen Kunden bewerten.

In diesem Buch lernst du, wie du Ideen auch ohne großen Aufwand testen kannst. Ich stelle dir das wichtige MVP-Prinzip vor, mit dem du Produkte schnell an den Markt bringst und echte Kennzahlen und Feedback erhältst.

7.19 Angst, Unsicherheit, Selbstzweifel

Jeder Mensch kennt Ängste, Unsicherheit und Selbstzweifel. Sie sind einfach da und werden denke ich auch nie ganz verschwinden. Bei mir ist es auch heute nach so langer Zeit noch so, dass ich vor jeder Produktveröffentlichung unsicher bin. Auch beim Schreiben dieses Buches hier, begleiten mich ständig Zweifel, ob es den Lesern hilft, ob alles klar verständlich ist oder ob ich etwas wichtiges Vergessen habe.

Die Zweifel gingen nie weg, aber ich habe gelernt, besser damit umzugehen, weil ich zwei für mich entscheidende Dinge erkannt habe:

1. Es gibt nur einen einzigen Weg, die Zweifel auszuräumen: Ich muss das Buch veröffentlichen.

2. Wir hatten wohl vor den meisten besonderen Momenten in unserem Leben diese Aufregung oder gar Angst. Dieses Gefühl der Angst und Unsicherheit zeigt uns, an welchen Stellen wir als Person wachsen und uns entwickeln können, indem wir diese Angst immer und immer wieder überwinden.

Die zwei häufigsten Gründe, Ideen nicht umzusetzen, sind die Angst vor Fehlern und das Gefühl, dass es alles schon gibt. Den ersten Punkt betrachten wir im nächsten Abschnitt und beginnen mit dem Gefühl, dass es schon alles gibt.

Wenn du dich heute im Internet umsiehst, gibt es schon zu allen möglichen Themen Webseiten, Coaches, Hilfsangebote, Apps, eBooks, Bücher, Kurse, Motivationszitate oder auch Unterwäsche.

Bei Informationsprodukten handelt es sich aber um einen Markt mit Milliarden von Kunden und täglich kommen neue dazu. Jeden Tag werden alleine in Deutschland 1.800 Babys geboren. Das sind 1.800 Menschen, die irgendwann vor vielleicht den gleichen Herausforderungen im Leben stehen, wie du jetzt.

Das sind Menschen, die jetzt wiederum anderen Menschen Herausforderungen bereiten: Schreiende Babys, die nicht durchschlafen, sind beispielsweise ein Problem, für dessen Lösung sicher viele Eltern einiges geben würden.

Es gibt vieles, wenn auch nicht alles, aber das Geheimnis für deinen Erfolg ist die sogenannte Nische. Die Nische ist ein kleiner Teilmarkt mit einer sehr genauen Zielgruppe. Wir werden uns das Thema später noch genauer ansehen.

Noch eine gute Nachricht: Wenn es bereits erfolgreiche Produkte in deinem Zielmarkt gibt, kann man da auch Geld verdienen. Außerdem kannst du von der Konkurrenz lernen. Die schwere Arbeit der Marktrecherche, Produktdefinition usw. wurde alles bereits erledigt.

Du musst jetzt nur noch die Idee übernehmen, ergänzen oder verbessern.

Manchmal musst du dazu eine Idee auch gar nicht verbessern. Es kann reichen, sie nur anders zu vermarkten. Neue Zielgruppe oder neuer Markt, neues Glück.

Tipp: *Wenn du Angst vor etwas hast, hilft dir vielleicht die sogenannte Fear Settings Übung. Meist sind es auch unbewusste Ängste, die unser Handeln beeinflussen. Deshalb schreibst du im ersten Schritt der Übung deine Ängste auf, und was konkret im schlimmsten Fall passieren kann. Im zweiten Schritt dann, schreibst du auf, was du machst, wenn dieser schlimmste Fall eintritt. Oftmals wirst du dann feststellen, dass alles gar nicht so schlimm ist.*

7.20 Umgang mit Fehlern

Eine Person, die nie einen Fehler gemacht hat, hat nie etwas probiert.

Ein Zitat dazu von Micheal Jordan: „I've missed more than 9000 shots in my career. I've lost almost 300 games. 26 times, I've been trusted to take the game winning shot and missed. I've failed over and over and over again in my life. And that is why I succeed".

Erfolgreich sein ist letztendlich nichts anderes, als von Fehler zu Fehler zu gehen, ohne die Begeisterung für das, was du tust, zu verlieren. Es gibt auch noch viele andere tolle Sprüche dazu, aber im Prinzip helfen sie alle nicht.

Mir hat es geholfen, als mir bewusst wurde, dass es eigentlich nur zwei Fehler waren, die mich immer wieder an meinem Erfolg hinderten:

1. Nicht anzufangen
2. Nicht beenden

Alle anderen „Fehler“ kannst du korrigieren, aus ihnen lernen. Ich würde sie also eher als Erfahrungen oder Lektionen bezeichnen. Dieses falsch und richtig denken oder das Fehler bestraft werden, kommt aus der Schulzeit und halte ich für Unsinn.

Kinder lernen Laufen, indem sie etliche Male hinfallen. Das ist kein Fehler, das ist eine Erfahrung und kann außerdem noch voll witzig aussehen. Ja, sie könnten diese „Fehler“ vermeiden, aber dann würden sie den Rest des Lebens kriechen.

Also ich hoffe, dass du lieber laufen willst und bereit bist, dafür auch ein paar Mal hinzufallen. Dafür lasse ich auch das nächste unnütze Motivationszitat mit dem „mehr Aufstehen als Hinfallen“ weg und wir sehen uns den nächsten praktischen Tipp an.

7.21 Nutze bestehende Dienste

Stelle dir mal vor, du willst ein Haus bauen. Dann rufst du vielleicht einen Architekten an, vielleicht suchst du dir auch ein fertiges Haus aus oder gehst zumindest in den Baumarkt und holst dir da ein paar Werkzeuge. Von bestimmten Aufgaben wie Stromleitungen verlegen, würde ich auch immer die Finger von lassen. Also im Großen und Ganzen nutzt du, je nach Budget, so viel wie möglich von dem, was bereits vorhanden ist.

Genauso ist das mit dem Online-Business. Nur dass die Rendite viel besser ist, als bei Häusern und du zum Glück nicht so viel Geld brauchst. Du konzentrierst dich nur auf deine Kunden und dein Produkt und die ganzen Aufgaben drumherum lässt du andere erledigen. Es gibt Zahlungsanbieter, bei denen du einfach nur dein Produkt hochlädst. Es gibt Baukastensysteme für Webseiten, wo du mit wenigen Klicks ganz ohne Programmieren und kompliziertes Zeug in wenigen Stunden deine Webseite erstellen kannst.

Nutze solche Angebote und informiere dich darüber, was es bereits auf dem Markt gibt, was dir hilft. Versuche, Komponenten und das Wissen von Experten zu nutzen, wie einem Steuerberater, fertige Funktionen für die Webseite, Tools für die Automatisierung von Aufgaben oder virtuelle Assistenten.

Es gibt auch viel kostenlose Software im Open-Source-Bereich.

Erfinde das Rad nicht neu, sondern konzentriere dich auf dein Kerngeschäft. Immer wenn du vor einer Herausforderung stehst, überprüfe, ob und wie andere das Problem bereits gelöst haben. Das erspart dir viel Zeit und Geld.

7.22 Netzwerken mit Gleichgesinnten

Ein ganz wichtiger Bestandteil meines Erfolges war der Kontakt zu anderen Unternehmern. Wenn die Selbstzweifel mal wieder groß waren, ich nicht weiter kam, keine Ideen mehr hatte oder alle in meinem persönlichen Umfeld sagten, „das kann man so nicht machen", dann half es mir, die richtigen Leute zu finden.

Kontakte zu Gleichgesinnten können dich enorm voranbringen und deinen Erfolg um ein Vielfaches beschleunigen. Warum jahrelang einen Blog mit großer Reichweite aufbauen, um dein Produkt zu verkaufen, wenn du auch einen bereits erfolgreichen Blogger anschreiben kannst?

Biete diesem eine Provision für den Verkauf deines Produktes an (Affiliate-Marketing) und erschaffe so eine Win-Win-Situation für beide.

Business besteht zum Großteil aus dem Netzwerken mit anderen, egal ob mit Kunden, Lieferanten oder anderen Geschäftspartnern.

So erhältst du ein Gefühl der Zugehörigkeit und siehst, dass du nicht total "verrückt" bist, wenn du über Wochen an einer Idee arbeitest, auch während andere feiern gehen oder vor dem Fernseher abhängen.

Diese Gleichgesinnten können dich in schwierigen Zeiten motivieren und ihr könnt euch gegenseitig unterstützen und inspirieren.

Genau aus diesem Grund habe ich die Online-Business Akademie gegründet. Ich wollte für mich selbst und andere so ein Netzwerk ermöglichen.

Neben dem reinen Fachwissen, das in der Akademie durch die unterschiedlichsten Menschen vorhanden ist, sind die sozialen Aspekte extrem wertvoll. Es entsteht ein Gefühl, unter Gleichgesinnten zu sein, während man im Alltag oftmals von den Mitmenschen nur belächelt wird, wenn man ihnen erzählt, dass man ein Online-Business aufbaut.

7.23 Leidenschaft, Interesse, Herzensbusiness

Folge deinem Herzen, finde deine Berufung, tue was du liebst, Bla Bla Bla. Alles schön und gut, aber letztendlich geht es hier ums Business, also Geld verdienen.

Von daher finde einen Mehrwert, den du liefern kannst. Finde einen Weg, Menschen zu helfen. Das ganze Thema dem Herzen folgen und Leidenschaft halte ich da für zweitrangig. Wenn du für dich selbst genug Geld verdient hast, wird das Thema Leidenschaft, Interesse und Herzensbusiness automatisch kommen.

Rein aus geschäftlicher Sicht kann es aber sinnvoll sein, etwas zu tun, was dir Spaß macht. Wenn du nur, um Geld zu verdienen, Steuerberater wirst, obwohl du darauf überhaupt keine Lust hast, dann wirst du immer mit Menschen konkurrieren, die genau darauf

Bock haben. Die mit leuchtenden Augen vor tausenden Zahlen und Bilanzen sitzen und selbst abends im Bett noch komplizierte Steuergesetze lesen.

Mit viel Disziplin und Motivation wirst du zwar auch ein mittelmäßiger Steuerberater, aber um erfolgreich zu sein, sind Grundinteresse und Leidenschaft von Vorteil.

Ich sehe bei der Leidenschaft oder dem Thema Herzensbusiness auch einige Gefahren.

Wenn du dich entscheidest, deiner Leidenschaft zu folgen, dann achte darauf, dass sie dich nicht blind macht.

Viele handeln zu emotional, wenn Leidenschaft im Spiel ist. Sie übersehen rationale Gründe, die gegen eine Idee sprechen. Sie werden blind für Kritik und alternative Chancen und Möglichkeiten.

Im Business ist ein klarer Kopf mehr wert, als blinde Leidenschaft für eine Idee.

Die zweite Gefahr, die ich sehe, ist, dass du die Liebe zu dem was du tust verlierst. Klingt erst einmal komisch, aber das Stichwort hier ist intrinsische Motivation.

Ein einfaches Beispiel: Viele Leute gehen ins Fitnessstudio und zahlen sogar Geld dafür, schwere Arbeit zu verrichten.

Jetzt geh mal auf die Straße und biete jemandem zehn Euro pro Stunde dafür an, eine gleichschwere Arbeit für dich zu verrichten.

Die meisten würden es nicht tun. Die intrinsische Motivation nach Status, Gesundheit, Körpergefühl, etc, bricht weg und wird durch diese zehn Euro ersetzt (extrinsische Motivation).

Das kann dazu führen, dass du ein Thema, welches du eigentlich liebst, nur noch als Job siehst und letztendlich das Interesse daran verlierst. So erging es mir mit meinem ersten Startup und das war einer der Gründe, warum ich das Thema irgendwann aufgab.

Also kurz gesagt: Ein eigenes Online-Business ist eine der besten Möglichkeiten mit seinen Interessen und der Leidenschaft Geld zu verdienen.

Aber: Leidenschaft ist am Anfang nicht dringend notwendig und pass auf, dass du dir deine Leidenschaft erhältst.

7.24 Du kannst anderen Menschen helfen

Ein häufiger Einwand, den ich oft höre, ist „Ich kann doch nichts besonderes, wie soll ich denn anderen Menschen helfen können“. Das Beispiel von Marie Kondo mit dem Aufräumen zeigt aber schön, dass es gerade alltägliche Themen sein können, mit denen du anderen helfen kannst.

Häufig kommt dann der Einwand, dass man ja kein Experte sei, aber: Nehmen wir mich als Beispiel. Ich kann nicht kochen und würde das gerne lernen. Dazu braucht es keinen Sternekoch, das wäre eine absolute Verschwendung. Ich kann genau drei Gerichte und jeder, der mehr als diese drei Gerichte kann, ist bereits weiter als ich und kann mir etwas beibringen.

Dabei ist es mir auch egal, ob du Koch bist, Lebensmitteltechnik studiert hast oder Ernährungswissenschaftler bist. Wenn du ein leckeres Essen kochst, mir zeigst, wie das geht und es mir auch schmeckt, bin ich überzeugt. Deine Ergebnisse zählen und nicht irgendwelche theoretischen Qualifikationen, Zeugnisse oder Abschlüsse.

Ich bin mir sicher, dass du bereits anderen Menschen oder dir selbst geholfen hast, auch wenn du es dir bisher nicht so bewusst war.

Jeder von uns hat einzigartige Fähigkeiten und Erfahrungen, die wertvoll sind und von denen andere etwas lernen können.

Was ist es bei dir?

Meine Fähigkeit ist dieses Online-Business-Zeug. Aber damit wurde ich auch nicht geboren und ich habe es nicht studiert und doch hast du für dieses Buch Geld bezahlt und doch kann ich dir helfen, dein Online-Business zu starten. Nicht, weil ich irgendein herausragendes Talent habe, sondern ganz einfach, weil ich mich seit über 10 Jahren mit dem Thema befasse und währenddessen extrem viele Fehler gemacht habe. Dank dieses Buches musst du diese Fehler hoffentlich nicht mehr machen.

Welche Fehler und Erfahrungen hast du gemacht?

Welche Herausforderungen gemeistert?

Glaubst du, dass du der einzige mit diesen Problemen warst?

Ich denke, das ist nur sehr selten der Fall und dass es garantiert Menschen da draußen gibt, die von deinem Wissen profitieren können.

Du musst auch nicht der Beste auf deinem Gebiet sein, du musst nicht alles wissen und du musst auch nicht jahrelange Erfahrung haben. In einigen Fällen musst du noch nicht einmal selbst das erreicht haben, wobei du deinen Kunden hilfst.

Joachim Löw war einer der erfolgreichsten Nationaltrainer aller Zeiten und hat selbst nie für die Nationalmannschaft gespielt. Wichtig ist, dass du deinen Kunden helfen kannst, ihr Ziel zu erreichen.

Eine inspirierende Geschichte dazu ist die aus dem Film „Catch Me If You Can“ mit Leonardo Di Caprio, die auf der wahren Geschichte von Frank Abagnale Jr. basiert. Dieser kam von einer Privatschule auf eine staatliche Schule und trug noch seine alte Schuluniform. Da das auf einer öffentlichen Schule ungewöhnlich war, wurde er von den anderen Schülern bereits am ersten Tag schlecht behandelt. Da an seinem ersten Tag der Vertretungslehrer, den die Schüler noch nicht kannten, ausgefallen war, beförderte er sich kurzerhand selbst zum Lehrer.

Über mehrere Monate unterrichtete er die Klasse mit gleichaltrigen Mitschüler.

Als er später gefragt wurde, woher er dann das Wissen hatte, antwortete er nur:

“Ich war meinen Mitschülern immer eine Seite im Lehrbuch voraus.”

7.25 Einfach einmal etwas "Dummes" tun

Dies klingt vermutlich nicht nach dem Rat, den du vielleicht für den Start eines Online-Business erwartest.

Aber es ist oft besser, "dumm" anzufangen und vielleicht zu scheitern, als intelligent zu warten und es nie zu versuchen. Denn im ersten Fall hast du wenigstens etwas gelernt, was dir bei deinem nächsten Versuch sicher helfen wird.

Der intelligent Wartende lernt gar nichts. Gerade intelligente Menschen sorgen sich mehr und zweifeln häufiger an sich selbst. Ihnen fällt meist leicht, was sie tun. Deshalb gehen sie davon aus, dass es auch anderen leicht fällt und halten diese besonderen Fähigkeiten für durchschnittlich. Sie unterschätzen sich und ihre Fähigkeiten und sind oftmals viel zu selbstkritisch. Während "dumme" Menschen all diese Zweifel oft nicht haben und zur Selbstüberschätzung neigen. In der Psychologie spricht man hier vom Dunning-Kruger Effekt. Dunning und Kruger haben dieses Phänomen gemessen und bestätigt.

Intelligente Menschen glauben oft, sie können alles im Voraus planen und sich gegen alles absichern. Gerade bei neuen Ideen funktioniert das jedoch nicht. Selbst die anfangs intelligenteste Idee kann sich am Ende als "dumm" herausstellen. Selbst die am besten geplanten Maßnahmen und Entscheidungen können sich als Fehlentscheidungen herausstellen.

Wenn du mit deinem Online-Business neue Wege gehst, gehört es dazu, dass du viel ausprobierst, Fehler machst und aus den Fehlern lernst.

Manchmal solltest du da sogar einfach mal "dumm" denken, auf dein Bauchgefühl hören und gucken, was passiert.

7.26 Motivation und Momentum

Es gibt Menschen, die scheinen immer motiviert zu sein. Für andere wiederum ist jede noch so kleine Aufgabe ein Kampf.

Dieses Buch soll dich motivieren, dein eigenes Online-Business zu starten. Jetzt verrate ich dir, was die beste Motivation ist:

Zu sehen, dass es funktioniert. Wenn du Geld damit verdienst. Wenn du Menschen mit deiner Idee nachhaltig hilfst. Wenn du dein Leben so lebst, wie du es dir wünschst.

Aber um so weit zu kommen, musst du erst einmal losgehen. Die Motivation muss nicht vor der Handlung bereits vorhanden sein und was auch ganz wichtig ist, du solltest niemals auf Motivation von außen warten.

Ein neuer Anfang kostet manchmal Überwindung. Aber wenn du nach und nach sichtbare Erfolge erzielst, werden diese Erfolge dich motivieren. Erst kommt also die Handlung und dann folgt die Motivation.

Weil aber gerade dieser Anfang oft so schwer ist, ist es ganz wichtig, Momentum zu entwickeln, also in Bewegung zu bleiben.

Wenn ein Zug losfährt, mag ein kleiner Stein auf den Schienen ausreichen, um den Zug zu stoppen. Wenn er erst einmal in rasender Fahrt ist, wird auch eine große Mauer ihn nicht aufhalten.

Du musst in rasende Fahrt kommen und in Bewegung bleiben. Dann wird es sich auch nicht mehr wie ein Kampf für dich anfühlen. Mauern, die in deinem Weg stehen, werden dich nicht mehr stoppen können.

Es wird nach und nach für dich immer einfacher, jeden Tag an deinen Zielen zu arbeiten. Jeder einzelne Erfolgsmoment wird dich motivieren und auch Herausforderungen werden dich nicht stoppen.

Und weil du jetzt natürlich schon schwer motiviert bist, fangen wir jetzt auch gleich endlich an. Eine einzige Frage hab ich noch an dich.

Willst du mit mir gehen? Den Weg zu deinem erfolgreichen Online-Business?

7.27 Aufgaben zum Mindset

Damit du direkt anfangen und es immer wieder für dich nachlesen kannst, beginnen wir damit, dass du dir ein paar Dinge aufschreibst.

Mach das in deinem digitalen Notizbuch oder auch auf Zettel und Papier, so dass du es immer sehen kannst. Wir nehmen schriftliche Dinge einfach ernster und diese Notizen sind wie ein Vertrag mit dir selbst, den du in schwierigen Stunden einfach nochmal nachlesen kannst.

1. Mache die Übung „Der perfekte Tag“, in der du dir deinen perfekten Tag ausmalst und daraus ableitest, was du tun willst und was du dazu benötigst.

2. Setze dir eine knappe aber für dich und deine Lebenssituation realistische Deadline bis zu der du alle 7 Schritte umgesetzt hast.

3. Schreibe deine wichtigsten Gründe auf, warum du dein eigenes Online-Business starten willst. Lies dir diese am besten täglich durch und jedes Mal, bevor du mit der Arbeit daran beginnst.

4. (optional) Suche dir zwei oder drei Leute, mit denen du das Buch und die Aufgaben gemeinsam umsetzt. Dazu eignen sich sogenannte Mastermindrunden, wo man sich regelmäßig online trifft und die Ergebnisse auswertet. Wenn du noch niemanden kennst, findest du auf onlinebusinessakademie.net/masterminds auch eine Plattform, wo du dich mit anderen Lesern vernetzen kannst.

5. (optional) Gehe auf onlinebusinessakademie.net/obfe und melde dich dort für den Leserbereich an. Du erhältst dann ein paar ergänzende motivierende Worte, wichtige Hinweise und praktische Tipps zur Umsetzung.

6. Schreibe Situationen oder Themen auf, zu denen du häufig um Rat gefragt wirst. Frage andere, wo sie deine persönlichen Stärken sehen.

7. Schließe einen Vertrag mit dir selbst. Halte dein Ziel und dein Warum schriftlich fest und dann entscheide dich bewusst, dass du dieses Ziel erreichen wirst und bis wann. Wenn du magst, kannst du mir den Vertrag auch gerne zukommen lassen an

vertrag@onlinebusinessakademie.net und ich werde dich dann daran erinnern.

8. Erstelle einen Amazon Partnernet-Account und deinen ersten Affiliate-Link. Das nächste Mal wenn dir ein Produkt gefällt, oder jemand dich nach einer Produktempfehlung fragt, schickst du ihm diesen Partnerlink. So wirst du bereits innerhalb weniger Tage deinen ersten Euro zur Motivation verdienen. Du kannst auch gerne dieses Buch an Freunde und Bekannte empfehlen, damit diese auch ihr eigenes / oder mit dir gemeinsam ein Online-Business starten. Die Anleitung findest du im Leserbereich auf er Webseite.

8. Der Fahrplan

Wer den Hafen nicht kennt, in den er segeln will, für den ist kein Wind der richtige. (Seneca)

Diese klugen Zitate von alten Philosophen sind schon eine tolle Sache. Praktisch betrachtet, heißt das, es kann nie schaden, einen Plan zu haben.

Deshalb starten wir mit einem groben Überblick über die Inhalte und was das große Ziel ist. Weil große Ziele manchmal etwas abschreckend sein können, hat es mir immer sehr geholfen, große Aufgaben in kleine machbare Schritte zu unterteilen. Das habe ich mit diesem Buch für dich getan. Der Fahrplan besteht aus 7 einfachen Schritten und am Ende eines jeden Schrittes erhältst du nochmal eine Reihe von Aufgaben, die du nur noch umsetzen musst.

Es ist nicht immer notwendig, dass du alle Schritte sofort umsetzt. Aber es hilft dir das Konzept eines Online-Business besser zu verstehen.

Das heißt, wir sehen uns alle Schritte gemeinsam an und ich zeige dir die Möglichkeiten auf, die du innerhalb der jeweiligen Schritte hast.

Schritt 1: die Idee

Im ersten Schritt zeige ich dir, wie du eine gute Idee für ein Produkt findest und was überhaupt eine „gute Idee" ist.

Schritt 2: die Webseite

Im zweiten Schritt erstellen wir eine Webseite. Die Webseite hilft dir, dass Interessenten dich und dein Angebot finden können.

Schritt 3: die Inhalte

Im dritten Schritt erstellen wir die ersten Inhalte für deine Webseite und ich zeige dir, wie du passende Inhalte findest, bei der Recherche vorgehst und worauf du achten solltest.

Schritt 4: das Produkt

Im vierten Schritt zeige ich dir, wie du ein "Mini-Infoprodukt" erstellst - in Form eines einfachen eBooks, mit dem du deinen ersten Euro online verdienen kannst.

Als Bonus zeige ich dir, wie du einen Videokurs mit ganz einfachen Mitteln und ohne große Kosten erstellst.

Schritt 5: der Verkauf

Der fünfte Schritt zeigt dir, wie du dieses Produkt erfolgreich und voll automatisiert verkaufst. Wir richten den Prozess ein und ich zeige dir wieder, welche Möglichkeiten du an dieser Stelle hast.

Schritt 6: die Vermarktung

Im sechsten Schritt dann sorgen wir dafür, dass möglichst viele Besucher auf die Webseite kommen. Nur so können wir lernen, ob die Idee gut ist und Leute bereit sind, dafür Geld auszugeben.

Schritt 7: der Start

Im siebten und letzten Schritt kümmern wir uns um ein paar Details, die für dich später noch relevant sein werden.

Abschließend gebe ich dir noch einen kleinen Ausblick, wie du dein Online-Business skalieren kannst und was es außerdem zu beachten gibt.

9. Schritt 1: die Idee

Menschen mit einer neuen Idee gelten solange als Spinner, bis sich die Sache durchgesetzt hat. (Mark Twain)

Ziel: Nach diesem Schritt hast du eine Idee für ein Thema deines digitalen Produktes und ein konkretes Angebot, das du deinen Interessenten unterbreiten kannst.

Dies ist für viele Einsteiger bereits die größte Hürde, deshalb werde ich das Thema besonders ausführlich behandeln und dir zusätzlich als kleinen Gedankenanstoß auf der Webseite zum Buch unter https://onlinebusinessakademie.net/obfe eine Liste mit 100 Ideen zur Verfügung stellen, mit denen du sofort starten kannst.

Ganz wichtig: Es ist erst einmal egal, ob es eine Idee schon gibt oder ob du noch Zweifel hast. Du musst nur anfangen, den ersten Schritt gehen und die Inhalte des Buches einmal mit einer Idee umsetzen.

Wenn du das geschafft hast, bist du deinem großen Ziel einen ganz wichtigen Schritt näher gekommen.

Wenn die erste Idee nicht gleich funktioniert, hast du trotzdem alle Schritte bereits einmal durchgeführt und weißt jetzt, wie es geht. Du wirst garantiert noch weitere Ideen finden und hast dann bereits das notwendige Handwerkszeug, um diese schnell umzusetzen.

Das Einzige worauf du bei deiner ersten Idee unbedingt achten solltest, ist, dass diese ein konkretes Problem löst.

Die Idee muss dazu nicht neu oder einzigartig sein. Eine gewöhnliche Idee wird außergewöhnlich, wenn du die für die Kunden wichtigsten Punkte besonders gut umsetzt.

Es gibt beispielsweise tausende Diät-Bücher. Im Prinzip kannst du die alle streichen und einfach sagen, „iss die Hälfte und beweg dich mehr, dann nimmst du ab“. Dafür braucht niemand ein Buch.

Ein gutes Diätbuch aber informiert mich darüber hinaus und ganz wichtig, gibt mir ein positives Gefühl, dass ich es schaffen kann.

Niemand will ein Buch über Diäten lesen. Das, was die Menschen wirklich möchten, ist, 10 kg abnehmen. Noch einen Schritt weiter gedacht, sie wollen sich in ihrem Körper wieder wohl fühlen, im Sommer selbstbewusst halbnackt am Strand liegen können, gesünder sein und vieles mehr. Dieses Ergebnis muss dein Ziel sein. So wie es mein Ziel mit diesem Buch ist, dass du den Mut findest, dein Online-Business zu starten.

Es geht also nicht um die reine Information. Informationen gibt es zu Genüge. Es geht um die Transformation, also wie bringe ich meinen Kunden von da, wo er jetzt steht, dahin, wo er hin möchte.

Außerdem bist du es, der deine Idee einzigartig macht. Du bist einzigartig. Deshalb wirst du auch immer ein einzigartiges Ergebnis für dich und deine Kunden erzielen.

Steve Jobs sagte einmal, dass die Leute nicht wissen, was sie wollen, bis du es ihnen zeigst. Als Einsteiger solltest du dich aber auf bestehende aktuelle Probleme konzentrieren. Am besten auf Ideen, für die Leute bereits bezahlen.

Deine „großen Visionen“ kannst du dann als zweite oder dritte Idee umsetzen. Eine Etablierung von neuen Verhaltensweisen bei Kunden ist immer wesentlich schwerer als das Ändern oder Vereinfachen bestehender Verhaltensmuster. Der entscheidende Unterschied zwischen Steve Jobs und dir ist ganz einfach, dass ihm durch Apple ein Milliardenbudget zur Verfügung stand. Neue Ideen und Verhaltensweisen zu etablieren, ist teuer.

Also finde Probleme, nach dessen Lösung bereits gesucht wird und biete eine konkrete Lösung an.

Stelle dir vor, du bist ein Arzt, der eine Krankheit bei einem Patienten heilt. Der Patient hat ein Problem, für das er Hilfe benötigt. Als guter Arzt erfindest du keine neuen Krankheiten und infizierst niemanden. Du musst auch kein neues Medikament erfinden. Hauptsache der Patient erhält eine Lösung für sein Problem und wird gesund.

9.1 Geld stinkt nicht

Schon zu Zeiten des Römischen Reiches gab es das Problem der leeren Staatskassen. Da maßlose Überschuldung noch keine so beliebte Option wie heutzutage war, griff der damalige römische Kaiser Vespasian zur heute immer noch sehr beliebten Methode, eine Steuer einzuführen.

Er erhob eine Steuer auf öffentliche Toiletten, die an belebten Straßen aufgestellt waren. Der gefaulte und besonders nach Ammoniak stinkende Urin wurde damals in öffentlichen Toiletten gesammelt und später für die Ledergerbung verwendet.

Als sein Sohn Titus ihn dann fragte, ob das nicht eines Kaisers unangemessen wäre, mit dem Urin der Leute Geld zu verdienen, hielt Vespasian seinem Sohn das eingenommene Geld unter die Nase und fragte, ob der Geruch ihn denn störe? Als dieser verneinte, antworte Vespasian nur: „Und doch ist es vom Urin“. Daraus wurde heute die Redewendung, „Geld stinkt nicht“, oder noch klüger auf Latein „Pecunia non olet“.

Perfekt umgesetzt hat diesen Gedanken Jacob D’Aniello mit seiner Firma doodycalls.com. Er hörte in einem Radio Interview, dass ein professioneller Reiniger von Tierkot mehr verdiente, als er in seiner damaligen Position als Management Consultant.

Er professionalisierte diesen Service und gründete eine Firma zur Beseitigung von - Scheiße. Egal, ob der allseits beliebte Hundehaufen im Park, das Katzenklo zu Hause oder der Balkon voller Taubenscheiße.

Er kümmert sich mit seinem Team darum und gründete basierend auf dieser Idee ein erfolgreiches Franchise-Unternehmen.

Man kann also mit der richtigen Idee auch sprichwörtlich „Scheiße zu Geld machen". Wie du die richtige Idee findest und welche Kriterien es gibt, erfährst du jetzt.

9.2 Das richtige Thema für deine Idee

Wenn du mit deinem Produkt Geld verdienen möchtest, gibt es einige große Themenbereiche, die besonders gut funktionieren.

Wir leben in einer Zeit, in der sich alle für unglaublich individuell halten und jeder seine Persönlichkeit so frei wie möglich entfalten möchte. Unsere Grundbedürfnisse aber sind fast immer gleich.

9.2.1 Die Maslowsche Bedürfnishierarchie

Der amerikanische Psychologe Abraham Maslow, der als Gründer der humanistischen Psychologie gilt, hat dazu bereits 1943 eine Bedürfnishierarchie erstellt, oftmals bekannt als Maslowsche Bedürfnispyramide.

Diese verdeutlicht die Bedürfnisse der Menschen anhand einer Pyramide aus fünf Stufen. Wenn die Bedürfnisse einer Stufe erfüllt sind, beschäftigen wir uns mit der nächst höheren.

Das Fundament der Pyramide bilden die Grund- oder Existenzbedürfnisse, wie Atmen, Essen, Trinken, Fortpflanzung und Schlafen, die jeder von uns hat.

Auf der nächsten Stufe der Pyramide folgen die Sicherheitsbedürfnisse, wie eine eigene Wohnung, die körperliche und seelische Sicherheit oder eine materielle Grundsicherung.

Die dritte Stufe bilden die sozialen Bedürfnisse, wie Freunde, Beziehungen, Sex, Familie, Zugehörigkeitsgefühl und der Austausch mit anderen.

In der vierten Stufe dann, kommen die Individualbedürfnisse wie Wertschätzung, Anerkennung, Erfolg, Freiheit oder Unabhängigkeit.

In der fünften und letzten Stufe, wenn alle vorherigen Bedürfnisse befriedigt sind, folgt die Selbstverwirklichung. Menschen auf dieser Stufe wollen ihre Talente entfalten, ihr Leben sinnvoll gestalten und ihre Persönlichkeit weiterentwickeln.

Diese fünf Kategorien von Bedürfnissen sind für fast alle Menschen gleich. Wenn du anderen hilfst, diese Bedürfnisse zu befriedigen, wirst du mit deinem digitalen Angebot Erfolg haben.

9.2.2 Die vier großen Themenbereiche, mit denen du deine Idee starten solltest

Aus der Bedürfnishierarchie ergeben sich vier große Themenbereiche, mit denen du deine Idee starten kannst.

- **Geld**: Geld verdienen / Geld investieren / Geld sparen
- **Gesundheit**: Sport / Ernährung / Fitness / Diät
- **Beziehungen**: Sex / Dating / Flirten / Kommunikation
- **Glück**: Persönlichkeitsentwicklung / Lebensfreude / Hobbys

Dieses Buch ist beispielsweise deshalb interessant, weil es dir zeigt, wie du mehr Geld verdienen kannst. Also ein gutes Beispiel für die erste Kategorie. Geld ist wichtig und wenn du heute auf die Straße gehst und 100 Leute fragst, ob sie mehr Geld verdienen möchten, werden vermutlich die meisten mit Ja antworten.

Das Thema Gesundheit ist auch immer interessant. Hier musst du aber rechtlich etwas aufpassen. Wer zum Beispiel verspricht, mit irgendwelchen Mondsteinen und seltenem Quellwasser Krebs zu heilen, wird vermutlich rechtliche Probleme bekommen.

Wenn du aber selbst einmal 50 kg abgenommen hast und über deine Erfahrungen berichtest, dann funktioniert das.

Diät-Bücher und Kurse haben besonders in der Zeit der guten Neujahrsvorsätze im Januar bis zum Sommeranfang eine absolute Hochphase.

In diesem Bereich gibt es viele Probleme, die uns aber meist erst bewusst werden, wenn wir selbst oder unser Umfeld davon betroffen sind. Beispiele dafür sind Lebensmittelunverträglichkeiten, vegane oder glutenfreie Trends, Herausforderungen als körperlich eingeschränkter Mensch im Rollstuhl, Haarausfall, den ersten Marathon laufen, besser Fußball spielen, etc.

Die Themen Beziehungen und Sex werden ebenfalls immer aktuell bleiben. Von Themen wie andere Menschen ansprechen, Outing als Homosexueller, über glücklicher werden in einer Beziehung bis hin zur Überwindung des Ex-Partners, gibt es hier etliche Möglichkeiten. Sicher kennst du schon das ein oder andere aus deinem eigenen Leben, wie Millionen anderer Menschen auch.

Der vierte große Bereich ist das Glück. Darunter fallen Themen wie die Persönlichkeitsentwicklung oder Hobbys. Das ist auch wieder eine Sache, die wir irgendwie alle wollen. Wer will schon nicht glücklich sein? Hast du vielleicht mal eine Trauerphase oder schwere Zeit überwunden? Hast du vielleicht eine Angst besiegt? Vielleicht helfen deine Erfahrungen auch anderen Menschen, das zu schaffen. Bist du vielleicht den Jakobsweg gewandert, hast dich selbst gefunden und neue Erfahrungen gesammelt? Teile deine Erkenntnisse mit anderen!

Hast du ein Hobby wie Angeln, tanzt du gerne, fliegst du Drohnen-Rennen, oder bist du in deinem Freundeskreis der absolute Grillmeister? Das sind alles Themen, die andere Menschen auch interessieren. Gerade weil sie so beliebt sind, ist die Konkurrenz in diesen Bereichen jedoch besonders groß. Das ist einer der Gründe, warum dann oft das Gefühl entsteht, es gibt schon alles.

Aber jetzt kommt ein ganz entscheidender Punkt für deinen Erfolg:

Wähle deine persönliche Nische!

9.3 Mehr Erfolg durch die Wahl einer speziellen Nische

Eine Nische ist ein kleiner Teilmarkt des gesamten Themas, welche eine klar definierte Zielgruppe anspricht und dein Angebot von anderen abgrenzt.

Gesundheit ist das große Oberthema. „Erfolgreich 50 kg abnehmen" könnte das Unterthema sein. „Erfolgreich 50 kg abnehmen für Frauen über 50" könnte deine spezielle Nische sein.

Eine Nische bedeutet also, dass du den großen Markt weiter unterteilst und eine ganz spezielle Zielgruppe, die abnehmen will, ansprichst.

Weitere Beispiele für Nischen im Abnehm-Bereich sind:

- Abnehmen für Männer mit Bierbauch

- Abnehmen nach der Schwangerschaft
- Abnehmen für Leute mit wenig Zeit für Sport
- Abnehmen für Krankenschwestern trotz Berufsstress und Schichtdienst
- Abnehmen für Köche und Bäcker, die den ganzen Tag von geilem Essen umgeben sind

Frauen über 50 haben andere körperliche Voraussetzungen als jemand, der seinen Bierbauch abtrainieren will oder einem Teenager, der aus emotionalen Gründen zu viel isst und damit vielleicht andere Probleme ausgleichen möchte.

Je genauer du deine Zielgruppe ansprichst, je besser sie sich mit dir und deinem Produkt identifizieren kann und je mehr du auf genau deren Lebensumstände eingehst, desto erfolgreicher kannst du dein Produkt später vermarkten.
Die genaue Zielgruppe hilft dir dein Produkt an die Bedürfnisse deiner Kunden anzupassen und außerdem grenzt du dich so von deiner Konkurrenz und bereits bestehenden Angeboten ab.

Mache niemals den Fehler, ein Produkt für "Alle" erstellen zu wollen.

Wer alle als Kunden haben will, hat am Ende niemanden als Kunden.

Viele glauben, sie verkaufen mehr, wenn Sie jetzt einen allgemeinen Abnehm-Ratgeber schreiben, weil dieses Thema ja für alle interessant ist. Die Frage ist, wie möchtest du deine Interessenten später ansprechen?

Die Zeiten der anonymen Massenwerbung sind vorbei. Gib deinen Kunden das Gefühl, dass du sie verstehst und genau ihnen helfen kannst.

In der Vermarktung wirst du nur schwer einen Text finden, der sowohl die Frau nach der Schwangerschaft anspricht, als auch den Mann, der zu viel Bier trinkt. Außerdem ist es natürlich auch für dich wesentlich einfacher, dich als Experte zu positionieren, wenn du dich nur auf eine Zielgruppe einstellen musst und für ein Thema stehst.

Im Idealfall wählst du eine Nische und Zielgruppe, mit der du dich persönlich auch identifizieren kannst. Wenn du beispielsweise selbst gerade Student bist und Prüfungsangst hast, finde für dich heraus, wie du diese Angst erfolgreich überwindest und effizienter lernen kannst. So profitierst du selbst davon und im nächsten Schritt hilfst du anderen Studenten, die sich aktuell in der gleichen Situation befinden.

Wähle am Anfang immer eine konkrete Nische mit einer klar definierten Zielgruppe. Deine Nische sollte im Idealfall bisher noch nicht von anderen Angeboten besetzt sein.

Diese Auswahl der Nische ist nicht einfach, aber sie ist extrem wichtig für den Erfolg deiner Idee.

Zwei wichtige Hinweise zur Wahl der Nische möchte ich dir noch mit auf den Weg geben:

Erstens, du startest mit einer Nische, aber das bedeutet nicht, dass du dein Thema später nicht erweitern kannst. Facebook startete mal als digitale Version des Jahrbuches der Harvarduniversität. Das war eine sehr spezielle kleine Nische. Dann kamen andere Unis in den USA dazu und später dann der Rest der Welt.
Du kannst, wenn du einen Markt vollständig durchdrungen hast, ebenso dein Thema auf weitere Zielgruppen und Nischen ausdehnen.

Zweitens, die Zielgruppe in deiner Nische sollte bereit und in der Lage sein, Geld auszugeben. Das obige Beispiel mit den Studenten als Zielgruppe kann eine gute Idee sein, aber: Studenten leiden meist unter chronischem Geldmangel und wenn sie Geld haben, wird das oft in Bier und andere Freizeitaktivitäten investiert. So war es zumindest bei mir. Das ist also eine Zielgruppe, die gewisse Preise gar nicht erst bezahlen kann. Selbst wenn du ihnen helfen könntest. Ein anderes Beispiel: Ich habe auf meiner Webseite einen Artikel über das Thema Minimalismus geschrieben. In dem geht es darum, möglichst wenig zu besitzen. Tolles Thema, gute Idee dahinter, aber versuche einmal in einem Artikel, in dem es darum geht, weniger zu besitzen und Geld zu sparen, etwas zu verkaufen. Diese Zielgruppe ist vermutlich nicht bereit, Geld auszugeben. Solche Umstände solltest du bei der Auswahl deiner Nische und der Zielgruppe auf jeden Fall berücksichtigen.

Ein guter Tipp dazu ist es, wenn du zu bereits bestehenden Produkten eine sinnvolle Ergänzung findest. So konkurrierst du nicht mit anderen Angeboten, sondern erweiterst sie.

Beispiel:

Das Thema ist „Geld“, spezieller „Geld investieren“. Es gibt bereits die Nischen mit bestehenden Produkten wie „Geld investieren in Immobilien“ oder „Geld investieren in Aktien“. Du könntest jetzt als Ergänzung das Thema „Geld investieren in P2P-Kredite“ nehmen oder aber „Geld investieren in Edelmetalle“. Wenn diese Nischen schon besetzt sind, könntest du statt allgemein „Edelmetalle“ dich zum Beispiel nur auf Goldmünzen konzentrieren. Du wirst also vom großen Thema bzw. der großen Zielgruppe solange immer spezifischer, bis du ein einzigartiges Angebot mit wenig Konkurrenz hast, bei dem du die Zielgruppe genau ansprichst.

Die spannende Frage ist jetzt, wie groß oder klein sollte so eine Nische für den Anfang sein?

Wenn du ein Kochbuch für vegane kleinwüchsige rothaarige Frauen schreibst, die in Berlin Mitte leben, ist das sicherlich eine Nische, in der du wenig Konkurrenz hast. Wenn es dort eine Frau gibt, auf die alles zutrifft, wirst du sicher auch einfach an sie verkaufen können.

Aber, du solltest die Nische so groß wählen, dass du damit auch deine persönlichen Ziele erreichen kannst. Das Stichwort dazu ist der sogenannte Smallest Viable Market.

9.4 Smallest Viable Market

In seinem großartigen Buch "This is Marketing" erläutert der Marketing-Experte Seth Godin das Konzept des "Smallest Viable Market", welches eine einfache Antwort auf die Frage gibt, wie groß die Nische sein sollte.

Für deine Nische überlegst du dir dazu Folgendes:

Deine Idee sollte es dir ermöglichen, so zu leben, wie du es dir vorstellst. In der Anfangszeit wird das noch nicht immer möglich sein, aber langfristig. Wenn du einen bestimmten Geldbetrag für dein Leben benötigst oder verdienen möchtest, sollte dein Business diese Summe einbringen können.

Setze dir also ein konkretes Ziel. Starte zum Beispiel mit 1.000 Euro im Monat.

Dann suchst du dir im nächsten Schritt die kleinstmögliche Nische heraus, die dir dieses Ziel ermöglicht.

Du siehst also nach, wie viele kleinwüchsige rothaarige Frauen es in Berlin Mitte gibt und wie viele von denen nach einem veganen Kochbuch recherchieren. Wenn es davon 100 Stück gibt, und realistisch gesehen 5% dein Produkt kaufen, müsste dein Kochbuch 200 Euro kosten.
Problematisch wäre dann aber, dass du das Einkommen ja jeden

Monat verdienen möchtest. Also ist die Zielgruppe im wahrsten Sinne des Wortes leider zu klein.

Wie du diese Zahlen herausfindest, erkläre ich dir später. Jetzt ist erst einmal nur wichtig, dass du klein anfängst.

Du musst auch keine Sorge haben, dass deine Zielgruppe immer so klein bleibt. Wir fangen ja gerade erst an und bauen das Thema dann später weiter aus.

9.5 Positive Nischen und Negative Nischen

Eine wichtige Unterscheidung, die ich beim Thema Nischen noch gerne treffe und die später für deine Vermarktung entscheidend ist, ist die Unterteilung in positive und negative Nischen.

Positive Nischen umfassen alles, was aus einem Lustgewinn heraus gekauft wird. Mehr Unterhaltung, weniger Langeweile, Spaß haben, Hobbys, Tipps für Kleidung oder Styling, Gitarre spielen lernen und so weiter.

Negative Nischen dagegen behandeln ein konkretes, meist akutes Problem. In vier Wochen ist mein Strandurlaub und ich muss schnell abnehmen, plötzlich schwanger, Ansprechangst bei Frauen, Haarausfall, Pickel, Krankheiten, Verluste, etc.

Aus meiner Erfahrung heraus ist es einfacher, günstige Infoprodukte in negativen Nischen zu verkaufen. Die Leute haben ein akutes Problem, suchen nach einer Lösung und wenn du ihnen diese kurzfristig liefern kannst, kaufen sie meist spontan.

9.6 Was macht eine gute Idee aus?

Bevor wir uns gleich auf die Suche nach guten Ideen machen, sehen wir uns erst einmal an, was überhaupt gute Ideen sind.

Eine schlechte Idee, egal wie gut du sie ausführst, wird keinen Erfolg haben. Die Idee muss aber am Anfang noch nicht perfekt sein, sondern du kannst sie nach und nach verbessern.

Du solltest du dir von vorneherein ein Thema suchen, welches du dir längerfristig vorstellen kannst. Du solltest das Gefühl haben, etwas Sinnvolles zu tun.

Geld verdienen ist nicht alles im Leben. Wer ein erfolgreiches Business führt, führt nicht automatisch auch ein erfolgreiches Leben.

Stelle dir vor, du triffst einen guten Freund von früher in zwei Jahren ab heute wieder und er fragt dich, wie es dir geht und wie dein Leben so läuft? Du antwortest: „Es läuft großartig, es könnte nicht besser sein, weil ...“.

Dies ist dein Ausgangspunkt. Warum läuft es großartig und was muss in diesen zwei Jahren passieren, damit du so antworten kannst?

Wenn es dir schwerfällt, so weit in die Zukunft vorauszudenken, kannst du auch sämtliche Aufgaben, Jobs und Tätigkeiten, die du bisher gemacht hast, aufschreiben. Zu jeder Tätigkeit schreibst du auf, was dir daran gefiel und was du nicht mochtest.

So findest du vielleicht die richtige Richtung für deine zukünftigen Ideen.

Für mich gibt es dann noch drei wichtige Kriterien, die eine Idee oder ein Thema erfüllen muss:

- Ich muss von der Idee überzeugt sein und darauf Lust haben
- Die Idee muss ein Problem lösen
- Die Idee muss das Potential haben, mir meinen Lebensstil zu ermöglichen, wie ich ihn mir vorstelle

Meine Erfahrung hat auch gezeigt, dass Ideen die polarisieren und ein bisschen abseits der breiten Masse angesiedelt sind, besser funktionieren. In einem meiner Podcastinterviews (Wunderliche Weltklugheit Ausgabe #47) hatte ich beispielsweise ein Gespräch mit Christoph Heuermann. Er lebt staatenlos und steuerfrei und zeigt in seinen digitalen Produkten, wie andere das auch erreichen können. Sein Lebensmodell ist so außergewöhnlich, dass er es damit bereits in die Massenmedien wie Galileo oder diverse Zeitungen schaffte und inzwischen sehr gut davon leben kann.

Das Gute an seiner Idee ist, dass sie nicht der weit verbreiteten Ansicht entspricht. Er hat keinen Wohnsitz, zahlt keine Steuern und lebt auch ein wenig außerhalb dieser Konsumgesellschaft. Das ist eine sehr polarisierende Lebensweise, weil es natürlich viele überzeugte Steuerzahler, Neider und das Finanzamt gibt. Aber genau solche Ideen sind interessant. Niemand zahlt dafür, zu erfahren, wie er ein Leben lang arbeiten muss, um dann mehr als die Hälfte davon dem Staat zu geben. Das lernen wir alle mehr oder weniger in der Schule. Aber einen Ausweg aus dieser Situation aufzuzeigen, das ist interessant.

Ebenso zeigt dir dieses Buch einen Ausweg vom normalen Job als Angestellter, hin zu einem freieren und unabhängigeren Leben.

Hinweis: *Wenn du dich für ein polarisierendes Thema entscheidest, solltest du dich allerdings auch auf Kritik gefasst machen. Gerade im Internet gibt es viele Leute, die in gefühlter Anonymität besonders angriffslustig sind.*

Ein besonderes Highlight guter Ideen ist eine virale Komponente. Also das deine Kunden von sich aus einen Anreiz haben, die Idee

mit anderen zu teilen. Das kannst du teilweise über Affiliate-Marketing und Provisionen erreichen. Vielleicht kennst du das auch, dass du bei einem Anbieter einen Bonus für die Empfehlung eines Freundes erhältst. Interessante Beispiele hierfür sind Facebook und Instagram. Der Nutzen beider erhöht sich für dich, wenn deine Freunde es auch nutzen. Dann erst können sie deine Bilder liken und ihr könnt euch austauschen. Du hast einen Anreiz, möglichst vielen von diesen Plattformen zu erzählen, das wiederum ist kostenloses Marketing für Facebook und Instagram.
Eine virale Komponente ist nicht bei allen Themen möglich und sinnvoll, aber du kannst ja mal überlegen, ob es da etwas gibt, was dir einfällt.

9.7 Gute Ideen finden

Nachdem wir uns jetzt die groben Themen und das Konzept der Nische angesehen haben, komme ich dazu, wie du nun eine gute Idee finden kannst. Falls du bereits eine Idee hast – umso besser. Dann kannst du diesen Abschnitt erst einmal überspringen.

Hinweis: *Schreibe sämtliche Ideen auf, die die einfallen. Egal, wie doof es zunächst erscheinen mag. Manchmal sind es die verrücktesten Ideen, die am Ende den Erfolg bringen und am meisten Spaß machen.*

Ziel ist es, dass du eine Liste mit Ideen hast, die du nach und nach erweitern, testen oder aber auch wieder streichen kannst.

Tipp: *Ich verwende ein digitales Notizbuch wie OneNote oder Evernote als App auf dem Smartphone. Dort halte ich immer alle Ideen fest. Die meisten Ideen kommen mir nicht, wenn ich mich hinsetze und versuche, genau in diesem Moment eine Idee zu haben. Ideen kommen, wenn ich am Strand spazieren gehe, manchmal auch abends in der Kneipe oder einfach, während ich etwas ganz anderes tue.*

9.7.1 Leidenschaft, eigene Interessen und Stärken

Wenn du eine Leidenschaft für ein Thema hast und Experte auf diesem Gebiet bist, ist dies ein guter Ansatzpunkt. Mit fast jedem Experten-Wissen gibt es die Möglichkeit, Geld zu verdienen. Zum Thema Experte beachte aber unbedingt den Punkt „Du kannst anderen Menschen helfen“ im Kapitel über dich. Dies ist auch einer der schönen Vorteile der digitale Produkte. Du kannst dir aussuchen, womit du dich befassen möchtest und was dich interessiert.

Die meisten meiner Produkte sind genau so entstanden. Mich interessieren viele Themen und ich mag es, über diese zu schreiben. Ich schreibe häufig nur für mich, tausche mich aber auch gerne mit anderen aus.

Mein erstes „richtiges“ Buch entstand, als ich selbst viel an der Börse aktiv war und wenig Erfolg hatte. Es geht um die Themen Daytrading und Börse. Das ist bis heute für mich eine meiner großen Leidenschaften. Ich analysierte all meine Fehler und ich schrieb Regeln für mich auf, an die ich mich während des Börsenhandels halten wollte. Ich dokumentierte mein Wissen und meine Erfahrungen einfach nur für mich.

Dann lag es erst einmal jahrelang auf meiner Festplatte. Als ich es ab und zu Freunden zum Lesen gab, die zu dem Börsenthema Fragen hatten und es ein überraschend positives Feedback dazu gab, veröffentlichte ich es.

Mir kam der Gedanke, dass das Buch anderen Menschen helfen könnte vorher gar nicht in den Sinn. Ich hatte das Thema nicht studiert, keine formale Ausbildung und auch keine Zertifikate oder Ähnliches vorzuweisen. Jetzt ist es ein Bestseller und hat bereits tausenden Menschen geholfen. Und noch immer erhalte ich viele positive Rückmeldungen dazu, was mich sehr glücklich macht.

Inzwischen glaube ich, es war sogar ein Vorteil, dass ich diese formale Ausbildung nicht hatte. Erst einmal, weil 99% meiner Leser diese auch nicht haben. Dann stand ich vor genau den gleichen Problemen, wie meine zukünftigen Leser, als ich das Buch schrieb, und zu guter Letzt ist es so erfolgreich, weil ich ohne diese ganze komplizierte Fachsprache die Dinge so einfach erklärt habe, wie ich sie selbst verstehen konnte.

Und genau dieses Vorgehen funktioniert in so vielen Bereichen.

Ein sehr erfolgreicher Online-Kurs befasst sich zum Beispiel damit, wie man der Katze beibringt, auf die Toilette zu gehen. Gerade Tierliebhaber sind eine gute Zielgruppe. Egal, ob Aquarien oder das Halten von exotischen Krabbel- und Kriechtieren, wer ein Tier hat, will immer nur das Beste für seinen Liebling. Andere Hobbys wie Bauanleitungen für Drohnen, Fotografiekurse und Anleitungen fürs Häkeln oder Stricken, können aber auch gute Infoprodukte darstellen.

Schreibe eine umfassende Liste mit all den Dingen, die du besonders gut kannst, die dich interessieren und die andere auch spannend sein könnten.

Das ist oftmals gar nicht so einfach, da wir für unsere eigenen Stärken meist blind sind. Wenn uns etwas leicht fällt, nehmen wir meist nicht wahr, dass es anderen vielleicht schwer fallen könnte. Frage dazu am besten auch Freunde und Bekannte, wo sie deine Stärken sehen.

Der Vorteil ist, dass du bereits Experte bist. Du musst also nur dein bestehendes Wissen in Form von Webseiten, Videos oder einem anderen Infoprodukt aufbereiten. Du musst nicht alles wissen oder perfekt sein. Du solltest nur genügend Erfahrung haben, um glaubwürdig und authentisch zu sein.

***Tipp**: Wenn du etwas Neues lernst – egal was es ist - halte den Prozess fest. So mache ich das immer und so sind die meisten meiner Bücher oder Kurse entstanden. Ich schreibe die Dinge für mich auf, und wenn es mir geholfen hat, hilft es meist ebenso anderen. Du kannst hierzu auch deine eigene Reise vom Anfänger zum Experten dokumentieren.*

9.7.2 Bestehende Ideen übernehmen

Du kannst bereits bestehende Ideen übernehmen und auf einen anderen Markt oder eine neue Zielgruppe übertragen.

Du könntest beispielsweise auf Marktplätzen wie Amazon.com sehen, welche Themen in den USA gut funktionieren und diese nach Deutschland bringen.

Du könntest ein Thema wie Finanzen nehmen, das bereits etabliert ist und dieses speziell für Studenten anbieten. Im Idealfall bist du selbst Student und kennst dich mit den Bedürfnissen gut aus.

Hierbei geht es nicht darum, dass du Ideen oder Themen kopierst. Es geht darum, sie an einen neuen Markt oder eine neue Zielgruppe anzupassen und deinen eigenen Mehrwert zu ergänzen.

Solltest du noch einen Fernseher haben (dann ist es höchste Zeit, ihn zu vernichten), kannst du ja mal überprüfen, wie viele der Sendungen, die dort laufen, in Deutschland ihren Ursprung haben. Viele Themen in Deutschland wurden aus den USA oder anderen Teilen der Welt übernommen. Warum also nicht auch deine?

9.7.3 Ergänzende Ideen finden

Du kannst auf Marktplätzen nach bestehenden Ideen suchen und ergänzende Produkte dazu finden.

Wenn es zum Beispiel ein sehr erfolgreiches Buch über die Paleo Diät gibt, kannst du ein passendes Rezepte Buch dazu veröffentlichen. Wenn es ein Buch gibt, wie du die Ex-Freundin zurückgewinnst, das sich sehr gut verkauft, kannst du für alle, die es nicht schaffen, ein Buch herausbringen, welches dabei hilft, die Ex-Freundin endlich zu vergessen.

Dazu kannst du dir auf verschiedenen Marktplätzen ansehen, was es aktuell gibt und dann deine eigene Nische und dein eigenes Thema finden.

Marktplätze die du dir unterstützend dazu ansehen kannst, sind:

- Clickbank (größte und älteste Seite für digitale Produkte im amerikanischen Raum)
- JVZoo (großer amerikanischer Marktplatz)
- Digistore24 (größter deutscher Marktplatz)
- Udemy (eine der größten internationalen Seiten für den Verkauf von Onlinekursen)
- Amazon (Bücher)

9.7.4 Brainstorming, Recherche und Zuhören

Schreibe alles auf, worüber die Menschen sich in deinem Umfeld beschweren. Lies Support-Foren, Frageportale oder Facebook-Gruppen und suche, was immer wieder nachgefragt wird. Schaue auf Youtube nach häufig gesehenen Anleitungen und Problemlösungen. Suche bei Google nach „how to ...“ Oder Tutorials, die du für andere anbieten kannst. In diesem Schritt suchst du Probleme und es gibt etliche Leute, die sich gerne über ihre Probleme austauschen und diese der ganzen Welt mitteilen möchten.

Alles was du tun musst, ist, aufmerksam sein.

Die Kritik anderer in Support-Foren, Fehlermeldungen oder negative Bewertungen andere Produkte betreffend, sind gute Indikatoren, dass dort ein Problem existiert, das nur darauf wartet, von dir gelöst zu werden. Dies klingt zunächst komplizierter, als es ist. Du bist dabei auch nicht auf Online-Probleme beschränkt.

9.7.5 Welche Probleme hast du bereits gelöst?

Setze dich hin und schreibe eine Liste aller Probleme, die du in der Vergangenheit bereits erfolgreich gelöst hast. Hast du Freunden gute Tipps gegeben, in schwierigen Zeiten beigestanden oder eine besondere Lebenssituation gemeistert? Gibt es Themen, mit denen Freunde immer wieder auf dich zukommen? Hast du vielleicht durch deine Arbeit bereits besondere Erfahrungen, die andere nicht haben?

Egal, in welchem Bereich du gerade tätig bist, betrachte dein eigenes Umfeld und deine Probleme genau. Überlege, was du verbessern oder vereinfachen kannst.

Ein schönes Beispiel dafür die eigenen Probleme zu lösen, ist Stephanie Johnson. Während ihrer eigenen Schwangerschaft stand sie vor vielen Problemen. Angefangen bei der Anmeldung, der Geburtshilfe, den Krankenhausterminen, den Registrierungen bei Ämtern. Als das Kind dann da war, kamen Windeln, Babyzubehör und vieles mehr hinzu. Da ist es gar nicht so einfach, den Überblick zu behalten. Erst recht nicht, wenn man sich auch noch um das Baby selbst kümmern muss.

Also gründete sie einen Concierge- und Beratungsservice für schwangere Frauen, der verschiedene Infoprodukte in diesem Bereich anbietet. Außerdem bietet sie den kompletten Bedarf vor und nach der Geburt als einen Service an, der optimal auf die Bedürfnisse der Frauen in dieser schwierigen Situation abgestimmt ist.

9.7.6 Frage Experten

Manchmal musst du auch selbst gar kein Experte sein. Du kannst auch das Wissen aus diesem Buch nehmen und gemeinsam mit anderen Experten ein digitales Produkt erstellen. Die meisten erfolgreichen Menschen und Experten werden gerne bereit sein, dir zu helfen. Diese Leute haben eine Leidenschaft für ihr Thema und da ist es nur ganz natürlich, dass sie auch gerne darüber sprechen.

Vor einer Weile sind ein paar meiner Freunde den Berlin-Marathon mitgelaufen. Für mich ist das eine total verrückte und abwegige Vorstellung, aber sie haben sich monatelang darauf vorbereitet, recherchiert und sind voll in diesem Thema aufgegangen und haben sich gegenseitig immer weiter angespornt.

Ich habe von dem Thema keine Ahnung und wäre wohl nach 100 Metern bereits völlig fertig. Ausdauerlauf war einfach nie mein Ding und mal ganz ehrlich, wie viele dieser Jogger sehen denn wirklich glücklich aus, wenn sie an dir vorbeilaufen?

Aber anstatt loszulaufen, könnte ich diese 7 Schritte aus dem Buch nehmen und trotzdem ein digitales Produkt erstellen. Dazu frage ich 10 Teilnehmer, die einen Marathon mitgelaufen sind, wie sie sich vorbereitet haben. Was haben sie gegessen, welche Schuhe haben sie getragen und was war das für ein Gefühl, als sie dann endlich im Ziel waren?
Dies sind alles Fragen, die etliche mit dem gleichen Ziel auch haben. Ich sammele das Wissen, bereite es entsprechend auf und habe am Ende ein fertiges Produkt, das Mehrwert liefert.

Das Beste daran: Ich muss selbst keinen einzigen Kilometer laufen.

9.7.7 Orientiere dich an aktuellen Trends

Trends kommen und gehen. Von daher ist dies für ein langfristiges Business nicht immer die beste Wahl, jedoch kann es eine gute Möglichkeit sein, anzufangen.

Als Kryptowährungen ein großes Thema waren, hatte ich in dem Bereich ein Infoprodukt und eine Webseite, die innerhalb weniger Monate über 60.000 Aufrufe pro Monat zählte. Mit den darauf folgenden Einbrüchen der Kurse, war der Hype aber auch genauso schnell vorbei und keiner hat sich mehr für meine Seite und mein Produkt interessiert.

Aber wenn es gerade einen aktuellen Trend gibt, der dich interessiert, dann fange einfach damit an.

Ein guter Tipp ist die Schaufel für die Goldgräber Technik: Der Name kommt aus der Zeit des großen Goldrausches in den USA.

1848 fand der ausgewanderte Schweizer Johann August Suter Gold auf seinem Grundstück in Kalifornien. Er versuchte, den Goldfund zunächst geheim zu halten, dies gelang ihm allerdings nicht. Nachdem er in einem Eisenwarengeschäft des Händlers Samuel Brannan mit Goldnuggets bezahlte, wurde dieser auf ihn aufmerksam.
Aber Brannan machte sich nicht selbst auf die Suche nach dem Gold. Er fuhr nach San Francisco, kaufte alle Schaufeln der Stadt auf und stellte sich mit einer mit Goldstückchen gefüllten Flasche auf den Marktplatz und schrie „Gold, Gold, Gold gefunden!“ Nun kauften die Menschen Schaufeln bei ihm, um auf Goldsuche zu gehen. Und während Suter Pleite ging, weil die Goldsuche sein Land zerstörte und die meisten Goldsucher ohnehin nichts fanden, wurde Brannan zum Millionär.

Also wenn es einen aktuellen Trend gibt, musst du dich gar nicht unbedingt an dem Trend beteiligen, sondern kannst einfach ein Infoprodukt darüber erstellen. Wenn es gerade Trend ist, auf

Amazon über FBA Produkte zu verkaufen, die man aus China importiert, dann zeige den Leuten, wie sie passende Produkte dort finden und einkaufen können. Davon gibt es viele Beispiele, die dir helfen können, eine gute Idee zu finden. Finde die Goldgräber und wo sie sich aufhalten und dann überlege, welche Werkzeuge sie benötigen.

9.8 Ideen überprüfen

Du hast jetzt eine Liste mit Ideen erstellt. Bevor du nun mehr Zeit in eine Idee investierst, ist es ratsam, diese zu überprüfen.

Manchmal war ich selbst total begeistert von einer Idee, aber am Ende stellte sich heraus, dass es leider nur mir so ging. Andersherum kenne ich es aber genauso. Oft sind meine Ideen an meinen eigenen Zweifeln gescheitert.
Deshalb wollen wir jetzt als Nächstes eine kurze Vorabüberprüfung deiner Idee durchführen.

***Hinweis**: Immer wenn du erkennst, dass du das Potential einer Idee falsch eingeschätzt hast, weil das Interesse an dem Thema beispielsweise viel zu gering ist, dann kannst du jederzeit mit einer neuen Idee starten.*

Bevor du aber neue Ideen startest, prüfe immer ganz genau, ob es wirklich zahlen- und faktenbasiert ist oder ob unterbewusste Ängste vor Fehlern oder Scheitern und andere innere Hürden der wahre Grund sind. Ist zweiteres der Fall, solltest du unbedingt die Idee zuerst beenden.

Ich stelle dir in diesem Abschnitt einige Hilfsmittel vor, mit denen du kostenlos das Potential deiner Idee überprüfen kannst. Im Buch ist es natürlich etwas schwierig. Ich möchte hier auch nicht etliche Screenshots hineinpacken, die schnell veralten, weil sich solche Online-Tools ständig ändern.

Ich stelle dir hier deshalb die Programme nur grob vor, sage dir, worauf du achten solltest und auf der Webseite verlinke ich dann alle weiteren Details. Sämtliche vorgestellten Tools sind kostenlos für dich.

Bevor wir uns die Tools ansehen, noch eine kleine Geschichte für dich.

9.8.1 Vom Priester, dem Bischof und dem goldenen Kerzenhalter

Ein Bischof lud einen jungen Priester zum Essen in sein Haus ein. Bereits während des Essens fiel dem jungen Priester das vertraute, fast schon intim wirkende Verhältnis zwischen dem Bischof und seiner Haushälterin auf.

Als sich der Priester nach dem Essen aufmachte, zu gehen, flüsterte der Bischof ihm zu: „Ich kann mir schon denken, wie das vielleicht aussieht, aber da läuft absolut gar nichts."

Einige Tage später dann bemerkte die Haushälterin, dass seit dem Besuch des jungen Priesters ein wertvoller antiker goldener Kerzenhalter fehlte. Sie informierte den Bischof darüber und dieser entschloss sich, dem jungen Priester einen Brief zu schicken.

„Sehr geehrter Kollege, ich sage nicht, dass Sie während Ihres Besuches einen goldenen Kerzenhalter genommen haben. Ich sage aber auch nicht, dass Sie den Kerzenhalter nicht genommen haben. Aber Fakt ist, seit Ihrem Besuch fehlt dieser."

Wenige Tage später kam die Antwort des jungen Priesters: „Sehr geehrter Bischof, ich sage nicht, dass Sie mit Ihrer Haushälterin schlafen. Aber ich sage auch nicht, das Sie nicht mit ihr schlafen. Aber Fakt ist, wenn Sie in Ihrem eigenen Bett schlafen würden, hätten Sie den Kerzenhalter bereits gefunden".

Genau wie der junge Priester hast du mit deiner Idee zunächst eine Annahme. In diesem Kapitel lernst du, wie du diese Annahme in Form deiner Idee validieren kannst. Du solltest deine Idee immer validieren, bevor du viel Zeit oder Geld investierst.

9.8.2 Ubersuggest

Ubersuggest (ubersuggest.com) ist ein kostenloses Tool zur Analyse des Suchvolumens von Suchbegriffen (Schlüsselwörtern) auf Google. In der Fachsprache spricht man hier auch von SEO-Tools.

In Ubersuggest kannst du sehen, wie viele Leute im Monat nach einem bestimmten Begriff oder Thema suchen.

Das ist genial, denn die meisten, die heutzutage ein Problem haben, geben das in die Suchmaschine ein. Du kannst also sehen, was die Menschen interessiert und wie viele sich für die jeweiligen Themen oder Suchbegriffe interessieren. Im Abschnitt über den Smallest Viable Market, habe ich die Größe der Nische ja bereits angesprochen. Hier findest du jetzt die ersten konkreten Zahlen, wie groß so eine Nische ist.

Wenn du auf die Webseite gehst, wird das alles klarer. Deshalb erkläre ich dir hier nur kurz, was die dargestellten Begriffe und Kennzahlen bedeuten und du siehst dir die Seite in der Praxis mal an. Dazu gehst du auf ubersuggest.com und gibst einen beliebigen Suchbegriff ein. Du kannst beispielsweise mit dem Thema Online-Business anfangen.

Folgende Werte findest du in Ubersuggest:

- **Schlüsselwort**: Das ist der jeweilige Suchbegriff.
- **Volumen**: Dort kannst du sehen, wie viele Anfragen es monatlich zu einem Suchbegriff gibt. Dieser Wert ist der Durchschnittswert aus den letzten 12 Monaten.

- **Trend**: Du kannst die Entwicklung der Suchanfragen über die letzten 12 Monate sehen, das ist wichtig, weil einige Suchbegriffe wie “Grillen” oder „Feuerwerk“ saisonal sind. Um zuverlässige Prognosen für dein Business zu erstellen, solltest du unbedingt darauf achten, wie gleichmäßig ein Trend ist und ob die Zahlen ansteigen oder abfallen.
- **CPC (Cost per Click)**: Kosten pro Klick - wenn du später bezahlte Werbung schaltest, ist das der Preis, den du pro Besucher auf deiner Webseite ungefähr bezahlst. Hier ist ein möglichst niedriger Wert gut. Die Kosten variieren je nach Thema und beginnen bei ca. 5 Cent pro Klick und reichen bis hin zu 10 Euro und mehr in sehr schwierigen Nischen. Du kannst daran aber auch sehen, ob in dem Markt grundsätzlich Geld verdient wird. Wenn jemand bereit ist, für Werbung Geld auszugeben, dann wird dahinter meist auch ein Geschäftsmodell stecken und du kannst dir ansehen, wie die anderen Leute in den Bereich Geld verdienen. Außerdem ist der CPC ein Hinweis auf die Stärke der Konkurrenz. Je höher dieser Wert ist, desto härter ist der Markt umkämpft.
- **Paid Difficulty (PD)**: Dieser Wert zwischen 0 und 100 gibt an, wie schwer es ist, in diesem Bereich Werbung zu schalten. Niedrige Werte sind für dich als Einsteiger immer besser, weil das bedeutet, dass es weniger Konkurrenz gibt und dass die Werbung günstiger ist.
- **Search Difficulty(SD)**: Dieser Wert zwischen 0 und 100 gibt an, wie schwer es ist, in der Suchmaschine mit diesem Schlüsselwort gefunden zu werden. 0 ist leicht auffindbar und 100 sehr schwer. Für dich als Einsteiger ist ein möglichst niedriger Wert gut, weil du so langfristig sogenannte organische Besucher, die deine Seite bei Google finden, kostenlos erhältst. Dazu musst du nur passende Inhalte zu dem Suchbegriff erstellen. Als Einsteiger solltest du dich auf Begriffe mit einem geringeren Wert als 35 konzentrieren, diese werden dir grün angezeigt.

***Hinweis**: Die Zahlen in diesen Tools sind immer nur Schätzwerte und müssen nicht exakt übereinstimmen!*

9.8.3 Google Keywordplanner

Der Google Keywordplanner ist ein Hilfsmittel für diejenigen, die auf Google Werbung schalten möchten. Dort kannst du die gleichen Informationen wie in Ubersuggest sehen, auch wenn sie etwas anders heißen.

Ich verwende in der Regel beide Anbieter, um so genaue Informationen, wie möglich zu erhalten. Manchmal gibt es im Keywordplanner Daten zu Suchbegriffen, die du in Ubersuggest nicht findest oder umgekehrt. Von daher mache dich am besten mit beiden Programmen vertraut.

***Hinweis:** Es gibt noch eine Reihe kostenpflichtiger Anbieter in diesem Bereich die preislich meist zwischen 50 Euro und 100 Euro pro Monat liegen. Auf der Webseite findest du einige verlinkt, die ihr Geld auf jeden Fall wert sind. Jedoch solltest du als Einsteiger deine Kosten niedrig halten und dir diese erst später ansehen.*

9.8.4 Google

Das dritte Werkzeug, das ich dir empfehle, ist ganz einfach Google selbst. Hier kannst du nach möglicher Konkurrenz, Produkten, die bereits existieren, ergänzenden Produkten oder nach Webseiten für mögliche Partnerschaften recherchieren.

Wir betrachten jetzt in konkreten Beispielen gemeinsam zwei Ideen und ich bewerte anhand der Werte, ob ich diese umsetzen würde oder ob nicht. So erhältst du einen Einblick in meine Denkweise. Die Zahlen können bei dir abweichen, je nachdem, wann du das Buch liest, aber das Prinzip sollte klar werden.

9.8.5 Praxisbeispiel: Balkongarten

Nehmen wir an, du hast einen Balkon und auf diesem einen Balkongarten. Das ist ein praktisches Hobby, da du vielleicht ab und zu eine Tomate ernten kannst. Nun würdest du damit auch gerne Geld verdienen.

Sehen wir uns die Idee einmal genauer an.

Wenn ich in Ubersuggest den Suchbegriff „Balkongarten" eingebe, sehe ich im Schnitt 880 Suchanfragen pro Monat. Im Sommer sind es bis zu 2400 Anfragen pro Monat und der Tiefpunkt ist im November mit nur 260 Anfragen. Das Suchinteresse ist also nur saisonal.

Ich hätte im kalten Winter auch keinen Bock auf den Balkon zu gehen, weder als Mensch noch als Tomate.

Ich bevorzuge Nischen, die immer gut funktionieren und das ganze Jahr über konstante Einnahmen einbringen. Aber wenn Balkongärten dich interessieren, warum nicht.

An dieser Stelle kommt oft die Frage, ob 880 Suchanfragen viel oder wenig sind und ob sich das überhaupt lohnt?

Die Berechnungen sehen wir uns später nochmal im Detail an, aber ganz grob (die Zahlen sind lediglich Schätzwerte, die auf meinen Erfahrungen beruhen):

Nehmen wir an, du erstellst ein digitales Produkt für 20 Euro. Das könnte beispielsweise eine Anleitung für das Anlegen eines Balkongartens. In dieser stellst du die wichtigsten Hilfsmittel vor, wie Balkonkästen, Pflanzenerde oder den richtigen Dünger. Ein leerer Balkonkasten ist langweilig, also empfiehlst du eine Reihe von Pflanzen, wie Tomaten, Gurken, Kräuter oder Salate, die sich für den Anbau auf den Balkon eignen. Als kleinen Bonus ergänzt du dann gleich noch ein paar Kochrezepte, was du aus dem ganzen Grünzeug dann zubereiten kannst.

Von 880 Suchanfragen schaffst du es, irgendwie 10% auf deine Seite zu holen, durch einige gute Platzierung in der Suchmaschine oder bezahlte Werbung. Also hast du 88 Besucher pro Monat auf deiner Balkongarten-Seite.

Von diesen 88 Besuchern, kaufen 1-2% dein Produkt (in der Fachsprache spricht man von Conversion-Rate). Das klingt zunächst sehr wenig, ist aber realistisch, da dich noch niemand zu dem Thema kennt. Wenn ein bekannter TV-Koch ein Rezeptbuch herausbringt, sieht das anders aus, da bereits Vertrauen besteht. Manchmal liegt dieser Wert auch höher, aber selten über 5%. Anhand dieser Zahlen siehst du, dass du erst einmal nicht viel mehr als 20-40 Euro im Monat verdienen wirst. Bezahlte Werbung wird sich in dem Bereich so kaum lohnen.

In Ubersuggest siehst du, wenn du auf das Schlüsselwort klickst, auch die Webseiten, die in der Suchmaschine bereits auf den vorderen Plätzen angezeigt werden und die geschätzte Anzahl von Besuchern pro Monat.

Die oberste Webseite auf Platz 1 bei Google hat geschätzt 300 Besucher im Monat zu diesem Suchbegriff.

Wenn du es auf Platz 1 schaffst, wäre der mögliche Verdienst immer noch relativ gering mit ca. 60-120 Euro durchschnittlich pro Monat.

***Hinweis**: Du könntest jetzt auch auf einen größeren Suchbegriff wie nur "Balkon" oder "Balkon dekorieren" gehen. Damit hättest du eine viel größere Zielgruppe und sprichst sämtliche Balkonbesitzer an. Du könntest sie von den Vorteilen eines Balkongartens überzeugen, auch wenn sie das Konzept bisher nicht kennen. Aber wie bereits erwähnt, ist es oft nicht einfach, Menschen von neuen Ideen zu überzeugen. Du wirst also wesentlich mehr Budget für Werbung* *etc. benötigen. Ich rate dir dazu, dich am Anfang nur auf Lösungen zu konzentrieren, nach denen bereits gesucht wird.*

Ein Balkongarten ist auch kein wirklich dringendes Problem. Oder bist du schonmal morgens aufgewacht und hast dir gedacht:

„Ich brauche dringend jetzt sofort und zwar noch heute einen Balkongarten!“

Vermutlich nicht. Mir ging das jedenfalls noch nie so.

Wie du siehst, ist der Anreiz dein Produkt zu kaufen, eher gering, da die dringende Notwendigkeit fehlt.

Ich betreibe auch Webseiten mit Nischen, die ein noch geringeres Suchvolumen aufweisen. Diese Seiten sind trotzdem interessant für mich, weil ich ein teureres Produkt verkaufen oder aber gegen Provision vermitteln kann (Affiliate-Marketing).

Balkongärten sind jedoch kein teures Produkt mit hohen Provisionen. Die Preise für Balkongärten, die Google vorschlägt, liegen alle unter 100 Euro. Samen und Blumentöpfe sind auch nicht gerade teuer. Daher ist meine erste Einschätzung an dieser Stelle: Es ist schwer, mit einem Infoprodukt in diesem Bereich ernsthaft Geld zu verdienen.

Dazu kommt, dass der CPC Preis mit 0,64 Cent relativ hoch und die Konkurrenz sehr stark ist. Das erkenne ich an der Search Difficulty von 64, was sehr hoch ist. Das bedeutet, ich müsste Werbung kaufen und dann wird es nochmal schwerer, in diesem Preissegment profitabel zu werden.

Wenn Balkongärten deine absolute Leidenschaft sind, du da total Bock drauf hast, oder aber langfristig ein teureres Produkt, wie einen Kurs für mehrere hundert Euro planst, dann würde ich es trotzdem empfehlen. Du kannst alle wichtigen Prozesse lernen und dein eigenes erfolgreiches Online-Business starten. Und, 100 Euro nebenbei verdienen, ist doch auch großartig.

Mein Fazit zu diesem Begriff wäre deshalb: Ich würde das Thema nicht angehen.

9.8.6 Praxisbeispiel: Rückenschmerzen

Ok, neues Thema, neues Glück.
Rückenschmerzen sind auf jeden Fall eine negative Nische und für die Betroffenen ein sehr dringendes Problem. Wer bereits einen Hexenschuss oder Bandscheibenvorfall oder sonstige Probleme mit dem Rücken hatte, wird wissen, dass man in der Situation ganz sicher auch für fast jede Lösung, die akut wirkt, bezahlt hätte.

Ubersuggest zeigt ein Suchvolumen zu dem Begriff von 49.500, Tendenz steigend und fast immer gleich hoch, in den Wintermonaten etwas höher, vielleicht weil die Menschen in der Jahreszeit weniger draußen sind und sich somit weniger bewegen.

Das ist auf jeden Fall schon ein sehr großer Bereich, so groß, dass ich als Einsteiger weiter in eine kleinere Nische gehen würde.

Weiter unten in der Ideenauflistung für Suchbegriffe auf Ubersuggest findest du diverse interessante Teilnischen, die wesentlich kleiner und spezifischer sind:

- Rückenschmerzen unterer Rücken - 5.400 Suchanfragen
- Rückenschmerzen Frühschwangerschaft - 4.400 Suchanfragen

Statt „unterer Rücken“ gibt es auch „oberer Rücken“. Natürlich können auch Schmerzen im linken, rechten, oder mittleren Rücken auftreten. Du kannst also die Nische nach der Stelle der Schmerzen unterteilen. Interessanterweise haben einige Leute anscheinend auch Rückenschmerzen im Fuß?!

Die zweite Möglichkeit eine Nische zu finden, ist, anhand der Situation. Einige haben Rückenschmerzen während der Schwangerschaft, andere stressbedingt, andere beim Schlafen etc. Sicher gibt es für alles eine Lösung.

Mein tiefstes Beileid für die 320 Leute die Rückenschmerzen und Durchfall suchen, sich nicht bewegen können und dann ständig auf Klo rennen. Das klingt Übel.

Das Prinzip sollte klar sein: Suche dir einen kleineren Teilbereich. Dann hast du eine gute Chance, eine attraktive Nische zu finden.

Grundsätzlich solltest du bei medizinischen Themen etwas vorsichtig sein. Wenn jemand einen ernsthaften Bandscheibenvorfall hat, gehört die Person meist in professionelle Behandlung. Aber zu den Themen „Fehlverhalten vermeiden", „Rückenprobleme vorbeugen" etc, dazu gibt es viele gute und einfach umsetzbare Tipps, die du mit einiger Recherche finden kannst.

Es gibt in dem Bereich bereits einiges an Konkurrenz, von Tabletten, über Dehnübungen bis hin zu speziellen Matratzen.

Ich würde mich für einen Bereich entscheiden, in dem ich mich bereits auskenne, zum Beispiel Kraftsport oder Yoga, und das miteinander kombinieren:

Schmerzen im unteren Rücken vermeiden, durch Yoga oder gezielten Muskelaufbau, gegen Rückenprobleme, durch Kraftsport.

Beide Nischen scheinen bisher nicht stark besetzt zu sein.

Mein Fazit zum Thema Rückenschmerzen: Das Suchvolumen ist hoch, das Problem ist dringend, ich habe persönliche Erfahrungen in dem Bereich, ich kann Mehrwert liefern und Menschen helfen, ich kann mich genug von der Konkurrenz abgrenzen und in dem Bereich wird eine Menge Geld ausgegeben und es gibt viele interessante Teilnischen.

Deshalb wäre dies eine Nische bzw. ein Thema, welches ich angehen würde.

9.8.7 Weitere Zahlen aus Social-Media

Die Suchmaschinen geben dir oft die konkretesten und aussagekräftigsten Zahlen, weil fast alle da nach Lösungen suchen. Ich habe mich auch nur auf diesen Bereich spezialisiert und ignoriere Social-Media weitestgehend.

Bei speziellen bestimmten Themen kannst du dir aber auch andere Daten dazu ansehen. Beispielsweise in den Bereichen Fashion und Unterhaltung. Dort gibt es viele Instagram-Influencer oder Youtuber. Du kannst dir ihre Inhalte, Aufrufzahlen und Follower ansehen. Das kann dir in solchen Bereichen auch wichtige Hinweise auf das Potential eines Themas geben.

Die YouTube zahlen inklusive der geschätzten Einnahmen, findest du beispielsweise auf socialblade.com. Da siehst du, dass die besten Kanäle monatlich über 1 Millionen Euro verdienen.

Du wirst dann aber auch sehen, dass diejenigen, die wirklich gut verdienen in der Regel die oben gezeigten Geschäftsmodelle umsetzen. Sie nutzen Affiliate-Marketing mit anderen Produkten oder haben eigene Produkte am Markt. Viele Influencer im Fitnessbereich beispielsweise bewerben diverse Nahrungsergänzungsmittel oder Muskelaufbaupläne. Die hier gezeigten 7 Schritte sind also eine optimale Ergänzung, falls du diesen Weg gehen willst.

9.9 Positionierung und Zielgruppe festhalten

Nachdem du jetzt eine Idee gefunden und überprüft hast, betrachten wir noch kurz das Thema Positionierung.

Die Positionierung beinhaltet folgende Überlegungen:

- Wer bist du
- Was ist dein Produkt
- Was kann dein Produkt
- Wer sollte dein Produkt kaufen
- Name / konkretes Angebot
- ggf. Alleinstellungsmerkmal / Abgrenzung zur Konkurrenz
- Preisfindung

Die wichtigsten dieser Punkte fassen wir dann in einem kurzen Positionierungsstatement zusammen.

Amazon beispielsweise startete 2001 mit folgendem Statement:

For World Wide Web users who enjoy books, Amazon.com is a retail bookseller that provides instant access to over 1.1 million books. Unlike traditional book retailers, Amazon.com provides a combination of extraordinary convenience, low prices, and comprehensive selection.

In Kürze ist die Zielgruppe genannt, welches Problem Amazon löst und wie sie sich von der Konkurrenz abgrenzen.

Das Thema Positionierung umfasst ein Riesengebiet und viele machen da eine Wissenschaft draus. In diesem Buch machen wir nur das Notwendigste, damit du schnell durchstarten kannst und das Prinzip schonmal gehört hast.

9.9.1 Deine Position

Beginne damit, ein wenig über dich zu erzählen und warum du geeignet bist, das Problem zu lösen.

Beispiel:

Ich bin Thomas, Experte für Schmerzen im unteren Rücken. Auch ich litt jahrelang an Rückenschmerzen, weil ich, während ich all diese wertvollen Bücher schreibe, immer krumm am Laptop sitze. Ich habe meine Gesundheit dem Wissensdurst meiner Leser geopfert.

Dank gezieltem Krafttraining habe ich es aber geschafft, das Problem in den Griff zu bekommen und lebe seitdem schmerzfrei.

Das Prinzip sollte klar sein.

9.9.2 Markenaufbau

Für deine Positionierung ist es hilfreich, wenn du eine Marke aufbaust! Diese ist bereits ein Alleinstellungsmerkmal. Du selbst, deine persönliche Marke und deine Erfahrungen sind einzigartig.

Dies ist meiner Meinung nach einer der einfachsten und in vielen Bereichen sinnvollste Wege, einen neuen Markt zu erobern.

Eine Rolex kostet das tausendfache von einer Casio Uhr. Trotzdem kannst du damit weder die Zeit anhalten noch Zeitreisen unternehmen. Letztendlich haben beide den gleichen praktischen Nutzen. Aber die Marke Rolex stillt beim Käufer noch ganz andere Bedürfnisse, wie soziale Anerkennung, Prestige, Luxus, Autorität, sozialem Status etc.

Eine gute Marke ist Gold wert und langfristig sollten all deine Produkte zu deinem Markenaufbau beitragen.

Für den Aufbau einer Marke hast du zwei Möglichkeiten. Du kannst einerseits Personenmarke aufbauen, wie ich das auf thomasdahlmann.com mache.

Oder andererseits eine Phantasiemarke erschaffen, wie onlinebusinessakademie.net oder die gerade erwähnte Rolex, dessen Gründer wohl nur die wenigsten kennen.

Beides hat Vor- und Nachteile. Der Aufbau einer Personenmarke ist wesentlich günstiger, aber dafür legst du dich fest, wofür du stehst und es wird schwerer, dein Geschäft irgendwann zu verkaufen. Außerdem musst du mit deinem Namen und Gesicht nach außen für das Thema stehen, wovor viele sich scheuen.

Die Phantasiemarke aufzubauen kostet wesentlich mehr Geld, aber durch die Trennung von Person und Marke bist du leichter ersetzbar und kannst dein Business später leichter verkaufen.

Für welche Richtung du dich entscheidest, hängt von deinen Zielen ab und womit du dich wohl fühlst. Beide Wege funktionieren und werden deinen Verdienst oder das Potential deiner Idee nicht einschränken.

9.9.3 Kundenavatare

Als nächsten Schritt erstellst du sogenannte Kundenavatare. Das sind Beschreibungen von potentiellen Interessenten für dein Produkt. Du beschreibst möglichst genau ihre aktuelle Situation und das konkrete Problem.

Ich nenne dir ein paar Beispiele anhand des Problems mit den Rückenschmerzen von oben.

Stefan 27, Angestellter aus Berlin, verdient ca. 3.000 Euro netto, arbeitet viel am Computer als Programmierer und bewegt sich zu wenig. Nimmt sich kaum Zeit für Sport, weil er so viel arbeitet.

Heike 32, Verkäuferin, sitzt den ganzen Tag an der Kasse auf viel zu unbequemen Stühlen. Nach der 8 Stunden Schicht hat sie nur noch wenig Lust auf Sport, aber ihre Rückenprobleme machen ihr immer mehr zu schaffen.

Alexander 29, selbständiger Autor aus Las Palmas. Schreibt den ganzen Tag Bücher am Strand in der Hängematte und bewegt sich zu wenig. Außerdem ist das Portmonee, das er lässig in der Arschtasche trägt, ständig zu voll, so dass er beim Gehen immer leicht nach hinten geneigt ist, was seine Rückenschmerzen verstärkt.*

**(Name aus redaktionellen Gründen geändert)*

Also du versuchst dich so genau wie möglich in einzelne Personen hineinzuversetzen. Was ist ihr Problem? Was ist der größte Schmerz? Welche Wünsche haben sie? Wie alt sind deine Kunden und was denken sie? Wie fühlen sie sich? Welche Bedenken haben sie? Sprichst du eher Frauen oder eher Männer an? Wie ist die Ausgangssituation und wo wollen deine Kunden hin?

Diese Denkprozesse helfen dir nachher bei der Ansprache deiner Zielgruppe im Verkauf. Du siehst jetzt an den Beispielen oben schon, dass die Ausgangssituation und die Bedürfnisse sehr unterschiedlich sind. Wenn du später erfolgreich verkaufen willst, solltest du möglichst genau auf diese beiden Punkte eingehen.

Du könntest der Heike an der Kasse ein paar Übungen zeigen, die sie unauffällig in Ihren Arbeitsalltag integrieren kann. Beispielsweise könntest du ihr eine bessere Sitzposition oder Übungen zwischendurch für die Pausen empfehlen. Ihre Rahmenbedingungen und Möglichkeiten sind aber ganz andere als die von Alexander, der jederzeit aufstehen könnte, um im Meer zu schwimmen.

Je besser du diese wahren Bedürfnisse und Probleme erkennst, desto besser wird dein Produkt später und umso leichter wirst du es auch verkaufen können.

9.9.4 Zielgruppen

Ein einziger Kunde ist etwas langweilig. Also nehmen wir jetzt das wichtigste Merkmal dieser Person und leiten daraus aus dem einzelnen Kundenavatar eine Zielgruppe ab.

Beispiele:

- Kassiererinnen mit Rückenproblemen
- Programmierer mit Rückenproblemen
- Schwangere Frauen mit Rückenproblemen

Wie bereits erwähnt, wenn du versuchst, alle als Kunden zu gewinnen, hast du am Ende meist keine Kunden. Wenn ich „Hallo Alle!" In den vollen Bahnhof rufe, was glaubst du, wer fühlt sich angesprochen?

Aber wie wäre es, wenn ich „Hallo Thomas!" Rufe? Wenn ein Thomas dabei ist, wird er sich sehr wahrscheinlich umdrehen.

Suche dir eine konkrete Zielgruppe.

Nehmen wir dieses Buch hier als weiteres Beispiel, zum Finden von Zielgruppen. Eine Möglichkeit, Zielgruppen zu finden, ist, anhand der Vorteile, die deine Lösung bietet.

Das Online-Business mit digitalen Infoprodukten bietet dir beispielsweise mehr Freiheit, mehr Zeit und mehr Geld.

Einige deiner Interessenten wünschen sich mehr Freiheit oder mehr Zeit. Andere sind bereit, 100 Stunden pro Woche zu arbeiten, wenn sie sich irgendwann die Rolex oder andere Statussymbole kaufen können. Wieder anderen genügt es, wenn sie die Miete zahlen können und genug zu Essen auf dem Tisch haben.

Es gibt auch diejenigen, denen das alles egal ist. Sie wollen das Gefühl haben, etwas Sinnvolles zu tun und starten deswegen mit ihrem eigenen Business.

Wie du siehst, sind es völlig unterschiedliche Bedürfnisse und Ziele. Aus diesem Grund musst du jede einzelne Zielgruppe später anders ansprechen. Den sinnsuchenden Freidenker wirst du nicht mit dem Porsche beeindrucken können.

Wenn du bereits eine Webseite hast, kannst du anhand der Seitenaufrufe sehen, für welche Themen sich deine Besucher interessieren.

Ich habe beispielsweise einen Artikel zum Thema „polyphasisches Schlafen“. Das Thema klingt erst einmal so gar nicht nach Online-Business. Aber ich habe es damit geschafft, ein Jahr lang nur zwei Stunden pro Tag zu schlafen und hatte so wesentlich mehr Zeit.

Da mein Artikel auf Position 1 für den Suchbegriff “polyphasischer Schlaf” bei Google ist, kommen darüber relativ viele Besucher auf meine Seite. Ich sehe also den Bedarf meiner Besucher, dass einige von ihnen auch mehr Zeit haben möchten. So ergibt sich eine mögliche Zielgruppe und Ansprache. Selbst wenn es sich eigentlich um ein kompeltt anderes Thema handelt.

Eine weitere Möglichkeit, Zielgruppen zu finden, ist der bereits gezeigte Prozess der Schlüsselwortanalyse mit Hilfe von ubersuggest oder dem Keywordplanner.

Ein Suchbegriff ist beispielsweise “Heimarbeit”. Also Leute, die von zu Hause aus arbeiten wollen.

Ein weiterer für mich interessanter Suchbegriff ist “Studium abgebrochen was jetzt?” Also Studenten, die eine Idee brauchen, was sie jetzt tun können, denen kann ich ebenfalls vorschlagen, ein Online-Business zu starten.

***Tipp**: Facebook ist das aktuell größte soziale Netzwerk mit ca 30-40 Millionen aktiven Nutzern alleine in Deutschland. Mit Hilfe des kostenlosen Tools Facebook Insights kannst du Informationen über deine Zielgruppe und deren Größe herauszufinden. Du kannst sehen wie viele Prozent der Facebook Nutzer welches Geschlecht haben, welche Interessen, den Beziehungsstatus, die Berufsgruppe und vieles mehr.*

So gibt es viele weitere Möglichkeiten, Zielgruppen zu finden. Wichtig ist, dass du jetzt im ersten Schritt eine Reihe von Zielgruppen oder aber zumindest eine hast.

9.10 Die Transformation

Bei dem Verkauf von digitalen Produkten ist nicht nur das vermittelte Wissen wichtig. Was für deine Kunden zählt, ist das Ergebnis. Dein Kunde will seine aktuelle Situation verändern, hin zu seiner neuen Wunschsituation. Dieser Prozess nennt sich Transformation, die er mit Hilfe deines Produktes erreicht.

Menschen kaufen kein Diätbuch, sondern ein leichteres Leben mit 10 kg weniger auf der Waage. Sie kaufen mehr Selbstbewusstsein, Fitness oder Gesundheit.

Das erreichen sie mit deinem Produkt.

Aber damit eine Transformation stattfinden kann, muss in den meisten Fällen eine der folgenden Voraussetzungen erfüllt sein:

- Der Leidensdruck sollte groß genug sein (Rückenschmerzen)

- Oder aber sie müssen inspiriert werden („Du hast aber einen tollen Balkon, wie wäre es, wenn du dort jetzt eine frische saftige Tomate ernten könntest?“)

Für jede deiner Zielgruppen schreibst du dann zwei Dinge auf:

Den Status vorher, bevor sie dein Produkt haben und den Status hinterher, nachdem sie dein Produkt haben.

Du hilfst ihnen, in ihrem Kopf eine starke Vision zu erschaffen, wie ihr Leben aussehen könnte.

Mit dieser Vision beginnt jeder Verkauf. Sie muss den aktuellen Status deiner Kunden herausfordern! Die meisten Menschen neigen dazu, nicht zu handeln, wenn das Problem nicht bereits extrem dringend ist. Du könntest ganz provokativ Fragen: "Willst du noch einen Sommer dich am Strand schämen? Unnötige gesundheitliche Risiken eingehen?"

Da den meisten Menschen Veränderungen schwerfallen, ist es wichtig, dass du ihnen ein überzeugendes Warum gleich mitlieferst. Warum sollte er sich ändern? Was kann er gewinnen und noch viel wichtiger, welche Verluste kann er vermeiden? Studien haben gezeigt, dass die Angst vor Verlusten uns stärker motiviert, als die Chance auf einen Gewinn.

Beispiel: Ein Ratgeber für Aktien mit dem Titel „10 teure Fehler an der Börse vermeiden", erzielte wesentlich bessere Ergebnisse, als der gleiche Ratgeber mit dem Titel „10 Tipps für die Börse".

***Tipp**: Für die Darstellung der Transformation eignet sich das sogenannte Story-Marketing besonders gut. Du erzählst die möglichst emotionale Geschichte eines Kunden und seine Transformation durch dein Produkt.*

***Hinweis**: Ich werde das ganze Thema in verkürzter Form anhand dieses Buch zeigen, auch wenn du das Angebot schon wahrgenommen hast, motiviert es dich hoffentlich weiterhin, alle Schritte umzusetzen.*

9.10.1 Der Status ohne dein Produkt

Eine Transformation beginnt immer bei der IST-Situation. Also der Status, in dem sich deine Kunden ohne dein Produkt befinden. Diese schreibst du für **jede** deiner Zielgruppen auf.

Versuche dich dabei so genau wie möglich in deine Zielgruppe hineinzuversetzen. Du kannst auch mit dir selbst bzw. Bekannten starten. Oder noch besser, sprich direkt mit deiner Zielgruppe, um herauszufinden, wo deren Herausforderungen liegen.

Der Einfachheit halber fasse ich das mal für die obigen Zielgruppen meines Buches zusammen. Es geht hier nur um das Prinzip und die Vorgehensweise.

Die IST-Situation könnte wie folgt aussehen.

- zu wenig Zeit
- zu wenig Geld
- vielleicht doofe Kollegen oder Chef
- einen Job, auf den sie keine Lust haben oder arbeitslos
- ein abgebrochenes Studium / Ausbildung
- fehlender Sinn im aktuellen Job / Leben
- ...

Als Nächstes sind natürlich auch immer die Gefühle wichtig. Also schreibe auf, wie sie sich vorher fühlen:

- gestresst vom Job
- Unsicher über die Zukunft
- fremdbestimmt
- abhängig
- finanzielle Sorgen

- ...

Du kannst auch aufschreiben, wie der Tag aussieht und im Idealfall ein möglichst starkes Bild im Kopf des Lesers erzeugen, mit dem er sich identifizieren kann. Etwas übertrieben könnte das wie folgt aussehen:

Kennst du das? Du stehst morgens früh auf, ziehst dich an und fährst zur Arbeit. Naja, wenn man das Fahren nennen kann. Eigentlich stehst du nur im Stau und kommst dann irgendwann genervt auf der Arbeit an, wo du den doofen Kollegen trotzdem „Guten Morgen" wünschst und dann als Dankeschön vom Chef angemeckert wirst. Auf dem Heimweg geht dir dann noch das Auto kaputt, du weißt noch nicht, wie du die Rechnung bezahlen sollst, geschweige denn, wie das Geld mal für den nächsten Urlaub reichen soll. Nagut, aber wenigstens arbeitest du so viel, dass eh keine Zeit für Urlaub ist.

Der Status vorher ist also vielleicht nicht für jeden erfüllend.

Wie müsste sich die Situation ändern, damit sie sich verbessert? Das betrachtest du im nächsten Schritt.

9.10.2 Der Status mit deinem Produkt

Dein Produkt bringt deinen Kunden von der IST-Situation hin zur SOLL-Situation (Transformation).

In dieser betrachtest du die gleichen Punkte wie oben und hältst fest, wie das Leben deiner Kunden mit deinem Produkt aussehen könnte. Was haben sie jetzt erreicht? Was hat sich zum positiven verändert?

- Mehr Zeit für Kinder, Freunde, Familie und Hobbys
- Mehr Geld für Reisen, Autos und Geschenke

- Sie sind ihr eigener Chef und suchen sich selbst aus, mit wem sie arbeiten
- Haben neue Hoffnung, wie man auch ohne Studium oder Ausbildung genug Geld verdienen kann
- Sie helfen anderen Menschen und gehen einer sinnvollen Tätigkeit nach

Und wie fühlt man sich mit deinem Produkt? Das ist wieder ganz wichtig bei der gesamten Transformation. Das Geld oder die Zeit sind ja meist nur Mittel zum Zweck, das, was wir wirklich wollen, ist ein gewisser Status und die Gefühle, die damit verbunden sind.

- Unabhängig, selbstbestimmt und freier
- Weniger Stress
- Selbstsicher, weil man etwas eigenes aufgebaut hat
- Wertvoll, weil man anderen Menschen mit seinem Angebot hilft
- Anerkannt, weil zufriedene Kunden positives Feedback geben
- ...

Idealerweise verpackst du dieses neue Leben mit deinem Produkt auch wieder in eine Geschichte:

Du wachst morgens auf, gehst bequem in Unterhose zur eigenen Kaffeemaschine in der Küche und startest gemütlich in den Tag. Kein Wecker, der nervt und wenn du willst, musst du das Haus auch nicht mehr verlassen. Chef bist du jetzt auch selbst. Du setzt dich an deinen Computer zu Hause, schreibst einige Texte für deine Webseite und das war es. Du beschließt, wann und wie lange du arbeitest. Du machst ein wenig Sport, ein leckeres Frühstück und verbringst vielleicht deine Zeit mit Freunden und Familie. Wenn es dir zu Hause zu langweilig wird, kannst du auch verreisen. Den Computer nimmst du einfach mit, falls dich unterwegs die Motivation packt und du an deinem Online-Business arbeiten willst.

Also ein wesentlich besserer Status. Du weißt jetzt, was du für deine Kunden erreichen willst und kannst daraus ein konkretes Produkt ableiten.

9.11 Dein Produkt

Jetzt erst, nachdem du weißt, welche Veränderung du im Leben deiner Zielgruppe bewirken willst, überlegst du dir was dein Produkt sein könnte. Das ist ein ganz wichtiger Prozess und so vermeidest du einen der häufigsten Fehler: ein Produkt zu entwickeln, das niemand kauft.

Viele starten mit solchen Überlegungen erst, nachdem ihr Produkt am Markt ist, aber dann ist es zu spät.

Außerdem wirst du genau diese Überlegungen nachher für deine Vermarktung benötigen. Es wird dir damit viel leichter fallen, Produktideen zu entwickeln.

Beschreibe als nächstes dein Produkt in ein bis zwei Sätzen und hebe den Mehrwert hervor.

Als Vorlage kannst du folgenden Satz verwenden:

(PRODUKT) hilft (ZIELGRUPPE), (ZIEL) zu erreichen ohne (BEDENKEN).

In diesem BUCH erfährst du, wie du als KASSIERERIN SCHMERZEN IM UNTEREN RÜCKEN VERMEIDEST, ohne dass du viel SPORT treiben musst.

In diesem BUCH zeige ich dir, wie du als EINSTEIGER ein ONLINE-BUSINESS AUFBAUEN KANNST ohne STARTKAPITAL und VORWISSEN.

Es muss nicht immer ein Buch sein. Je nach Thema sind Videokurse oder andere Formate besser geeignet. Wie du unterschiedliche Produkt erstellst, sehen wir uns im vierten Schritt an.

9.11.1 Der Name für dein Produkt / Business

Dazu ein wichtiger Hinweis gleich vorweg: Der Name einer Firma oder Idee wird von vielen völlig überbewertet und entscheidet nur in den wenigsten Fällen über den Erfolg.

Wenn eine Firma namens Apple zu den erfolgreichsten der Welt gehört und selbst ein Unternehmen wie Google sich noch in Alphabet umbenennen kann, kannst du ebenfalls mit den meisten Namen erfolgreich sein oder deinen Namen später ändern, ohne all deine Kunden zu verlieren.

Wenn dein Produkt gut ist, ist der Name fast egal. Wichtig ist lediglich, dass ein passender Domainname frei ist (den brauchen wir für Schritt 2) und recherchiere, ob der Name bereits vergeben, markenrechtlich geschützt oder in Benutzung ist.

Wenn das nicht der Fall ist und der Name leicht auszusprechen, für deine Idee repräsentativ und möglichst kurz ist, ist die Namensfindung abgeschlossen.

Je nachdem, was dein Produkt ist, kann es manchmal am einfachsten sein, deinen eigenen Namen und deine Person als Marke zu verwenden.

Beispiele für passende Namen für Personenmarken sind:

- „Die Stimmgeberin". Jana Catharina Schmidt gibt den Menschen ihre Stimme zurück, damit sie endlich gehört werden.
- „Der Balkongärtner - gesundes Essen vom eigenen Balkon."
- oder der „Rückendoktor - endlich schmerzfrei".

Beispiele für Produktname / Phantasienamen:

- Rise Up & Shine - ein Kurs zum Thema Persönlichkeitsentwicklung von Laura Malina Seiler
- Neukundenlawine oder Wunschkunden Formel von Jakob Hager
- Bosstransformation von Kollegah

Tipp: *Wenn dir absolut kein Name einfällt, halte dich nicht zu lange mit dem Thema auf. Beginne mit einem beliebigen Projektnamen. Während ich dieses Buch geschrieben habe, hat sich der Titel auch mehrfach geändert. Mir hilft es gefühlt aber trotzdem, wenn ich einen Namen für jedes meiner Projekte habe.*

9.11.2 Der Preis

Ein weiterer wichtiger Aspekt deines Produktes ist der Preis. Bevor ich zum Thema komme, noch etwas Hintergrundwissen.

Das Preisschild wurde von John Wanamaker erfunden, der gleichzeitig einer der ersten Offline-Marketer war. 1874 ließ er die ersten Werbeanzeigen drucken. Bis zu seiner Erfindung des Preisschildes wurden Produktpreise immer durch Verhandeln ausgemacht.

John war sehr religiös. Er war der Meinung, „wenn vor Gott alle gleich sind, sollen auch alle vor dem Preis gleich sein". So begann er einen fixen Preis auf die Waren seiner Läden zu drucken.

Weil diese Erfindung so effizient und beliebt war, verbreitete sie sich schnell und ist heutzutage Standard.

Wenn du dein erstes Produkt erstellst, ist es leider extrem schwer, einen guten Einstiegspreis zu finden, den wir auf unser „Preisschild" schreiben können.

In meinen Coachings ist das eine der häufigsten Fragen, wie teuer ein Produkt sein soll.

Ich gebe dir hier ein paar konkrete Strategien zur Preisfindung mit und einige Gedanken dazu.

9.11.2.1 Der Preis muss deine Kosten decken

Grundsätzlich gilt, dass du natürlich als Erstes deine Kosten decken musst, inklusive eventueller Gebühren, Steuern, Werbeausgaben, etc.

Alles darüber hinaus ist später dein Gewinn. Also sollte dein Preis noch nicht einmal die Kosten decken, solltest du ihn dringend erhöhen.

Es gilt aber auch die sogenannte „Customer Lifetime Value (CLV)“ zu bedenken. Die CLV bedeutet, wie viel Umsatz dir ein Kunde über den gesamten Zeitraum eurer Geschäftsbeziehung einbringt.

Ich verkaufe teilweise Produkte für lediglich 7 Euro und meine Bücher auf Amazon sind ebenfalls sehr günstig. Aber wer eines der Bücher gelesen, Vertrauen aufgebaut, die Inhalte erfolgreich umgesetzt hat und sieht, dass es funktioniert, der kauft mit einer wesentlich höheren Wahrscheinlichkeit erneut bei mir z. B. einen meiner Kurse oder ein Coaching. So kann ich langfristig trotz eines günstigen Einstiegsproduktes, das kaum oder kein Gewinn macht, sehr profitabel sein.

Ein Beispiel für dieses Prinzip sind die ganzen “Ich schenke dir mein Buch”-Coaches, wo du nur die Versandkosten für ein Buch bezahlst. Die Coaches bauen so zum Selbstkostenpreis eine Datenbank mit potentiellen Interessenten auf und verkaufen später hochpreisige Produkte.

Dieses Prinzip nennt man auch Tripwire. Ein günstiges Einstiegsprodukt, über das du später weitere Produkte verkaufst. Doch dazu später mehr.

Mit den Kosten zu starten, ist grundsätzlich ein guter Anhaltspunkt zur Preisfindung deines Produktes.

Auch digitale Produkte verursachen Kosten. Sei es die Erstellung, deine Supportzeit, die Pflege / Wartung oder die Kosten für das Marketing. Jeder Kundenkontakt, jeder Artikel, den du schreibst, jede Werbeanzeige, das sind alles Kosten die anfallen und die du mit bedenken solltest.

9.11.2.2 Komplexität des Problems

Grundsätzlich gilt, je komplizierter und dringender das Problem deines Kunden und je größer dein Mehrwert ist, desto mehr Geld kannst du auch verlangen.

Ich habe nie Lust aufzuräumen, also suche ich mir jemanden, der meine Küche säubert. Das können theoretisch mindestens 1 Milliarde Menschen auf der Welt, praktisch jeder der halbwegs körperlich gesund ist. Mittlerweile gibt es sogar Roboter, die das können.

Das heißt, ich kann für so eine Fähigkeit nicht viel Geld verlangen.

Hinweis: *Das Beispiel mit Marie Kondo zeigt aber, dass man damit trotzdem viel Geld verdienen kann, weil es ein Problem ist, das sehr viele Menschen haben und sie es auf ihre ganz eigene Art und Weise löst.*

Wenn du mit deinen Fähigkeiten und deinem Wissen in der Lage bist, ein komplexeres Problem zu lösen, ist ein höherer Preis gerechtfertigt. Das sind die ganz normalen Prinzipien des Marktes von Angebot und Nachfrage.

Du kennst dich im Lösen von Differentialgleichungen aus? Du sprichst fließend eine Fremdsprache? Du kannst anderen helfen, Schmerzen zu vermeiden? Oder du hilfst anderen, dass sie sich in irgendeiner Weise besser fühlen?

Das ist Expertenwissen, welches nicht jeder hat. Du wirst keine Milliarde Menschen finden, die Differentialgleichungen dritten Grades lösen können. Ich habe von Mathe keine Ahnung und mit den Sprachen klappt das irgendwie auch nicht so recht. Jeder von uns hat seine eigenen Stärken und Schwächen.

Mein Tipp: Spezialisiere dich langfristig so weit es geht. Dann kannst du deine Preise erhöhen.

9.11.2.3 Der Preis ist ein Marketing-Werkzeug

Dein Preis ist mehr als nur ein Weg, Geld zu verdienen. Es ist in gewisser Weise auch ein Marketing Tool.

Vor einer Weile gab es zur Veröffentlichung des neuen Bentley SUVs die Aussage von einem ranghohen Bently-Vertreter, dass es bisher leider nicht möglich war, mehr als 160.000 Euro für ein SUV auszugeben. Er sagte, dass sie genau diese Marktlücke und diesen Bedarf ihrer Kunden decken wollen. Ich mag ja Leute die so lösungsorientiert denken.

Mit dem aktuellen Bentayga Speed ist ihnen das auch mal wieder gelungen, da er ab ca. 240.000 Euro der teuerste seiner Klasse ist.

Der Preis ist in diesem Beispiel ein Marketing Werkzeug. Er sorgt für ein Alleinstellungsmerkmal und um sich von der Konkurrenz abzuheben.

9.11.2.4 Nicht der Preis ist wichtig, sondern die Geschichte

Nicht der Preis als solches ist also entscheidend, sondern die Marke, die Geschichte dahinter.

Am Strand, wo ich zurzeit täglich bin, parkt immer eine Harley. Geiles Motorrad. Kostet aber ab 25.000 Euro, wenn ich es mir kaufen will.

Motorrad fahren kann ich aber auch für 5.000 Euro, wenn ich mich für eine günstigere Motorradmarke entscheide. Aber nur eine Harley Davidson vermittelt dieses Gefühl von Freiheit, Outlaw sein, Zugehörigkeit zu einem exklusiven Kreis der Harley-Fahrer etc. Wer eine Harley kauft, kauft mehr als nur ein Motorrad, der kauft eine emotionale Geschichte und zahlt dafür halt 25.000 Euro. Dahinter steckt eine gut durchdachte Geschichte, bei der immer der Kunde und nicht das Motorrad der Held ist und gutes Marketing, das über Jahrzehnte in unsere Köpfe gepflanzt wurde.

Und das ist ein wichtiger Punkt bei der Preisgestaltung. Die Geschichte, die Marke, die Emotion, welche du mitverkaufst.

Ich kann leicht den Preis eines Produktes um 100 Euro oder 1.000 Euro erhöhen. Das ist für mich nicht mehr als ein Klick beim Zahlungsanbieter.

Aber: Die Geschichte meines Produktes muss zu diesem Preis passen.

Ich habe beispielsweise vor einer Weile damit begonnen, meine Reise zu einem passiven Einkommen von 100.000 Euro im Monat zu dokumentieren. Das ist meine Geschichte hinter diesem Buch. In dem Moment, wo ich diese erzählen und belegen kann, könnte ich meine Preise auch verdoppeln. Diese Geschichte ist einer der Gründe, warum ich so viele verschiedene Projekte erfolgreich umsetze. Schritt für Schritt zu zeigen, dass es funktioniert, nicht nur mit Worten, sondern auch mit Taten. Ich wollte nie nur einer von denen sein, die nur reden oder theoretisches Wissen verkaufen. Ein wichtiger Bestandteil dieser Geschichte ist also, dass ich praktische Erfahrungen sammle und diese Erkenntnisse in diesem Buch mit dir teile.

Wichtig ist also: Der Preis ist zweitrangig, solange er zur Geschichte passt. Wenn du nichts verkaufst, arbeite als Erstes an der Geschichte hinter deinem Produkt. Preise senken kannst du später immer noch.

9.11.2.5 Der Preis erzählt auch eine Geschichte

Was erwartest du von einem Burger für 99 Cent?
Vor einer Weile aß ich einen Burger für 20 Euro. Er übertraf meine Erwartungen sogar noch.

Was erwartest du von einem Smartphone für 50 Euro. Vermutlich nicht viel, außer dass es telefonieren kann. Was erwartest du von einem Smartphone für 1000 Euro? Es sollte die beste Kamera haben, genügend Speicher, einen schnellen Prozessor und was es noch so alles gibt.

Das Prinzip sollte klar sein. Die Erwartungen und das Ergebnis müssen halbwegs zusammen passen. Ob das so ist, entscheidet letztendlich aber immer der Kunde.

9.11.2.6 Produkte, die zu billig sind

Was sagst du damit aus, wenn dein Produkt zu billig ist? Meist nur, dass du Angst hast, zu wenig zu verkaufen oder aber, dass deine Inhalte nicht einzigartig genug sind und sich deshalb über den günstigen Preis verkaufen müssen.

Ein weiterer Aspekt eines zu günstigen Preises, ist Misstrauen:

Nehmen wir an, ich verkaufe einen Online-Kurs mit unglaublich guten Inhalten, der dir zeigt, wie du erfolgreich finanziell frei wirst - für 5 Euro.

Was passiert? Unser Kopf wird skeptisch! Zu Recht!

Wenn dir jemand eine Rolex für 100 Euro anbietet, solltest du auch skeptisch werden. Studien haben gezeigt, dass wir in solchen Situationen dazu neigen, eher nicht zu kaufen, sondern uns für ein teureres Produkt entscheiden.

Also, noch ein Grund, nicht zu günstig zu sein.

Letztendlich ist das immer die allerletzte Maßnahme, die du in Erwägung ziehen solltest, wenn sich dein Produkt nicht verkauft. Solltest du gar keine Ideen mehr haben, dann reduziere den Preis. Aber niemals vorher.

Viele beginnen damit und geben großzügige Rabatte oder viel zu viel kostenlos heraus. Aber so funktioniert leider kein nachhaltiges Business. Wenn du mit deinem Produkt kein oder nur wenig Geld verdienst, kannst du leider auch nur wenig in das Produkt, die Erstellung und die Vermarktung investieren.

Das führt zwangsläufig dazu, dass die Produkte irgendwann wirklich "billig" sind.

Anstatt zu billig zu werden, kannst du beispielsweise die Zielgruppe anpassen. Du kannst deine Zielgruppe besser verstehen und ansprechen. Du könntest auch deine Positionierung überdenken, usw. Also es gibt viele bessere Möglichkeiten, als den Preis zu senken.

9.11.2.7 Produkte, die zu teuer sind

Es gibt keine zu teuren Produkte, wenn du die richtige Zielgruppe ansprichst und deren Erwartungen erfüllst. Der Preis formt natürlich auch die Erwartungen, aber ist gewisser Maßen manchmal auch selbsterfüllende Prophezeiungen.

Schön zu sehen ist das bei einigen “Weinkennern”. Auf einer Weinmesse wurde dazu eine Studie durchgeführt. Die Testpersonen tranken zwei Mal exakt den gleichen Wein. Einmal aus einem Tetrapack und einmal aus einer teuren Flasche. Direkt hintereinander.

Alle waren sich einig, wie viel besser doch der Flaschenwein schmecke. Das Gehirn rechtfertigt unterbewusst sogar solche Entscheidungen.

Der Preis sagt erst einmal gar nichts über den Geschmack oder Wert aus. Beides ist total subjektiv und das ist wichtig zu erkennen. Der Preis ist nichts Absolutes oder objektiv Messbares. Er hat auch gar nichts mit dem eigentlichen Wert einer Sache zu tun, sondern definiert sich einzig und allein darüber, was jemand anderes bereit ist zu zahlen.

Deshalb: Ein zu teuer gibt es nicht. Der Preis sagt einzig und allein aus, wie gut deine Fähigkeiten im Verkauf sind.

9.11.2.8 10 Euro oder 1.000 Euro

Wenn du vor der Entscheidung stehst, ob du 10 Euro oder 1.000 Euro für dein Produkt nehmen sollst, nimm die 1.000 Euro.

Einen Kunden zu gewinnen der 1.000 Euro für dein Angebot zahlt, ist sicher schwieriger, als einen Kunden von einem 10 Euro Produkt zu überzeugen. Aber um den gleichen Betrag zu verdienen, müsstest du 100 kleine Kunden überzeugen, was deinen Aufwand wesentlich erhöht.

Wenn du also Zweifel beim Preis deines Produktes hast, beginne lieber mit dem teuren Preis.

9.11.2.9 Rabatte und Sonderangebote

Rabatte und Sonderangebote sind kurzfristig sicher hilfreich, um mehr zu verkaufen. Studien belegen, dass Sonderangebote und Rabatte unsere Kaufbereitschaft erhöhen.

Ein spannendes Experiment dazu wurde in einer größeren Supermarktkette durchgeführt. Direkt im Kassenbereich gab es zwei große Verkaufstürme mit Weihnachtsstollen. Die Stollen des ersten Turmes kosteten wie bisher 3,99 Euro. Oben auf dem zweiten Verkaufsturm war ein großes rotes Schild „Sonderangebot, reduziert auf 4,99 Euro".

Ein und dasselbe Produkt direkt nebeneinander platziert.

Du kannst es dir sicher denken, der Stollen für 4,99 Euro wurde mehr gekauft. Sonst wäre das ja auch ein unspektakuläres Beispiel für dieses Buch.

Als Erstes solltest du dich also fragen, warum gibst du überhaupt einen Rabatt? Ist das sinnvoll? Oder ein Marketing Trick, um dort einen wesentlich höheren Preis durchzustreichen?

Tricks funktionieren kurzfristig, aber langfristig? Wie würdest du dich fühlen, wenn du mehr als jemand anderes für das gleiche Produkt bezahlt hast? Auf der anderen Seite, wie fühlst du dich, wenn du einen ganz exklusiven Rabatt hast, den sonst niemand hat?

Du musst hier für dich selbst entscheiden, inwieweit du mit Rabatten und Sonderangeboten arbeitest. Ich empfehle dir, es nicht zu übertreiben und sehr bewusst einzusetzen. Im Idealfall nutzt du Rabatte nur auf nicht öffentlichen Kanälen wie der eigenen E-Mail-Liste.

9.11.2.10 Bewusst auch Grenzen setzen

Eine Rolex ist nicht für jedermann gedacht. Nicht jeder kann sie sich leisten und viele würden auch nie im Leben so viel Geld für eine Uhr ausgeben. Absolut ok. Die Uhren sind ja trotzdem immer ausverkauft und teilweise sehr schwer zu bekommen, wodurch sie sogar noch im Wert steigen.

Das ist ein ganz wichtiger Punkt. Wer unbedingt 10 Euro sparen will, gehört nicht zu meinen Kunden. Diesen Mut solltest du haben und das solltest du dir selbst auch wert sein.

Meist sind das ohnehin die anstrengenden Kunden, die dann noch viel Folgeaufwand nach sich ziehen.

Letztendlich biete ich in meinem Portfolio dafür ja auch die sehr günstigen Bücher. Wer die 10 Euro nicht hat, der ist zu faul zum Lesen oder ohnehin nicht bereit, in sich und seine Bildung zu investieren.

Wer keine 10 Euro in sich selbst und seine Bildung investiert, hat die falsche Einstellung zum Business. Denn das eigentlich große Investment sind nicht die 10 Euro für ein Buch oder 100 für einen Kurs, sondern die Zeit und Energie die nachher in die Umsetzung fließen.

Kurse oder Bücher sind da nur eine Abkürzung, um Zeit zu sparen und Fehler zu vermeiden, die manchmal auch teurer sind als Kurse. Außerdem kann die Zeit und Energie dann bereits weiter in die nächsten Schritte im Business investiert werden.

9.11.2.11 Was soll das Produkt ermöglichen?

Mein Ziel ist es, dass meine Produkte Leben verändern. Hoffnung geben, alternative Lebensentwürfe und Perspektiven aufzeigen, die zu mehr Zeit, Freiheit, Unabhängigkeit und Geld führen.

Diese Veränderung versuche ich zu bewirken und manchmal ist der Supportaufwand da auch etwas höher. Weil das für viele Leute, die gedanklich noch sehr im System verankert sind, oft unvorstellbar ist, dass so etwas wie ein Online-Business auch für sie funktioniert. Mit mehr Kapital kann ich mehr Menschen erreichen und mehr Veränderungen bewirken.

Ein weiterer Grund, etwas teurer zu werden und nicht mit dem Preis großzügig zu sein. Erhöhe lieber den Mehrwert und die persönliche Unterstützung.

9.11.2.12 Kostenlose Inhalte?

Auf meiner Seite und der Seite der Online-Business Akademie findest du sehr viele kostenlose Inhalte.

Ich habe am Anfang sogar mal einen meiner Onlinekurse komplett verschenkt. Das Ergebnis? Nichts ist passiert. Mehrere hundert Eintragungen und niemand hat ihn beendet. Viele haben sich noch Nichteinmal eingeloggt.

Als ich denselben Kurs für 149 Euro anbot, kauften die Leute, loggten sich ein, gaben mir begeistertes Feedback und einige starteten auch erfolgreich ihr eigenes Online-Business nach meiner Anleitung. Je mehr wir investieren, desto mehr wertschätzen wir es.

Kostenlose Inhalte können sinnvoll sein. Sie bauen Vertrauen auf, erzeugen Reichweite und sind meist die Vorstufe zu einem Verkauf.

Das ist der Grund, warum ich auf meiner Seite vieles kostenlos anbiete. Aber eben nicht alles.

Ich mache alles kostenlos, was hilft, meine Idee, meine Vision und meine Werte zu verbreiten. Werte wie zum Beispiel Freiheit und Unabhängigkeit.

Die Umsetzung der Ideen andererseits, beispielsweise mit digitalen Infoprodukten Geld zu verdienen, kostet etwas.

So kann ich meine Produkte verbessern und dann wiederum meine Idee weiter verbreiten.

9.11.2.13 Unterschiedliche Preise – unterschiedliche Kunden

Du wirst in der Business Class sicher auf eine andere Art von Reisenden treffen, als auf dem Budget Flug bei Ryan Air und co. Genauso isst du im 5 Sterne Restaurant meist mit anderen Gästen, als beim Döner um die Ecke.

Muss jeder für sich selbst entscheiden, mit wem er arbeiten will.

Fakt ist jedoch, der Preis definiert auch deine Kunden und die Zielgruppe, welche du ansprichst.

9.11.2.14 Konkrete Strategien zur Preisfindung

Das waren soweit schonmal ein paar Gedanken zu dem Thema Preisfindung. Jetzt gebe ich dir noch einfache Strategien aus der Praxis mit, wie du für dich den optimalen Preis für dein Produkt bestimmst.

1. Nimm den aktuellen Marktpreis: Wenn es bereits in deiner Nische Produkte gibt, dann orientiere dich am Durchschnittspreis dieser Produkte.

2. Starte mit deinem Bedarf: Du möchtest 1.000 Euro im Monat verdienen. Dann lege den Preis so fest, dass du dein Ziel erreichst.

3. Umfragen: Wenn du noch gar keinen Ansatz zur Preisfindung hast, kannst du mit Google Forms oder Typeform leicht Umfragen erstellen und diese an deine Zielgruppe verteilen. Da dein Produkt aber derzeit noch nicht fertig ist, ist es für Kunden nicht so einfach, den Wert richtig zu bemessen.

4. Gestaffelte Preismodelle: Biete zwei oder drei verschiedene Varianten von deinem Produkt an, welche günstig starten und teuer werden. Der Vorteil der Staffelung ist, dass du mehrere Zielgruppen bedienst und mit dem einfachsten Angebot auch an die Zweifler und Sparfüchse verkaufst, die erst einmal so wenig wie möglich ausgeben wollen.

5. Ausprobieren: Das ist erfahrungsgemäß immer noch der beste Ansatz. Probiere einfach verschiedene Preise und werte die Ergebnisse aus.

***Tipp**: Biete nicht zu viele Varianten eines Produktes an. Studien zeigen, dass wir, wenn wir zu viel Auswahl haben, manchmal gar keine Entscheidung treffen, insbesondere wenn die Angebote sehr vergleichbar sind.*

9.11.3 Alleinstellungsmerkmal

Ein guter Tipp, um sämtliche Konkurrenz zu vermeiden, ist es, ein Alleinstellungsmerkmal zu haben. Egal was es ist.

Das kann eine besondere Kombination aus Nischen und Inhalten sein oder besonders guter Service. Du als Marke, deine Persönlichkeit und die Art deiner Umsetzung machen ein Produkt auch einzigartig. Es ist nicht das wichtigste Kriterium für dein Produkt, aber wird dir sicher helfen.

9.12 Das Angebot

Aus all diesen Überlegungen zum Thema Positionierung und Zielgruppe erstellst du jetzt zum Abschluss dein Angebot. Dieses sagt kurz in einem Satz, was du anbietest (dein Produkt) und für wen (Zielgruppe) und was es kostet (Preis).

Ein Angebot ist beispielsweise:

Hole dir jetzt mein eBook "Das perfekte Heimkino für Einsteiger" für nur 7,99 Euro.

9.13 Aufgaben Schritt 1: Idee

Du hast jetzt gelernt, welche Bedürfnisse es gibt, welche großen Themenbereiche sich für Ideen eignen, was eine Nische ist, wie du gute Ideen findest und diese überprüfen kannst. Außerdem habe ich dir ein paar Gedanken zur richtigen Positionierung und Zielgruppe für dein Angebot mitgegeben.

Damit du das Ganze in die Praxis umsetzt, folgende Aufgaben:

1. Definiere ein messbares Ziel für dein Online-Business (z. B. 1.000 Euro pro Monat mit weniger als 4 Stunden Arbeit pro Woche).

2. Finde eine Idee für dein digitales Produkt.

3. Überprüfe die wichtigsten Kennzahlen für deine Idee mit Hilfe der vorgestellten Tools zu den Suchvolumen.

4. Schreibe deine Nische auf und ob diese positiv oder negativ ist.

5. Schreibe ein paar Sätze zu dir und warum du geeignet bist, das Problem zu lösen.

6. Erstelle mindestens ein konkretes Kundenavatar.

7. Halte deine Zielgruppen fest und für jede der Zielgruppen den Status vorher und nachher (Die Transformation durch dein Produkt).

8. Erstelle eine Produktbeschreibung in wenigen Sätzen.

9. Lege einen Namen und einen Preis fest.

10. Erstelle ein Angebot.

Wenn du die Aufgaben umsetzt, denke immer daran, dass es erst einmal nur darum geht, die einzelnen Schritte alle zu verstehen. Es muss noch nicht perfekt sein. Du kennst den Markt noch nicht und kannst alles nach und nach verbessern.

10. Schritt 2: die Webseite

Selbstvertrauen gewinnt man dadurch, dass man genau das tut, wovor man Angst hat, und auf diese Weise eine Reihe von erfolgreichen Erfahrungen sammelt. (Dale Carnegie)

Ziel: Nach diesem Schritt hast du eine erste Version deiner Webseite eingerichtet.

Die größten Hürden für Einsteiger beim Thema Online-Business sind meist die Angst vor Fehlern, die Selbstzweifel und die Idee zu finden. Das hast du schon gemeistert. Gratulation. Wenn du an diesem Punkt angekommen bist, wirst du die verbleibenden Schritte auch leicht bewältigen können. Jede weitere Hürde, die du überwindest, ist ein Vorteil gegenüber all denen, die aufgeben. Also lasse uns jetzt die nächste Hürde angehen: Deine Webseite erstellen.

Ich habe es in all den Jahren noch nie erlebt, dass jemand aufgrund von fehlendem Fachwissen oder, weil er etwas nicht umsetzen konnte, gescheitert ist. Die „Technik" wirkt auf viele zunächst abschreckend.

Damit du deine gute Idee und dein Angebot auch präsentieren kannst und du auch sofort ein Erfolgserlebnis hast, erstellen wir jetzt eine Webseite dafür. Die Inhalte aus dem ersten Schritt, wie dein Angebot, bindest du auf dieser Seite ein und kannst so später dein Produkt darüber verkaufen.

Eine Webseite ist nicht immer notwendig. Manchmal reicht es auch, wenn du dein Produkt, wie ein Buch, auf einem bestehenden Marktplatz wie Amazon für Bücher oder Udemy für Online-Kurse veröffentlichst.

Manchmal reicht es auch einen Instagram-Kanal oder eine Facebook-Seite / Gruppe zu starten und dort das Produkt zu vermarkten. Du hast ja jetzt ein Angebot, das du den Interessenten schicken kannst. Aber für ein langfristiges nachhaltiges Business ist eine eigene Webseite fast immer von Vorteil.

Technisch ist das auch alles nicht wild.

Inzwischen ist es möglich, innerhalb eines Tages, auch ohne Vorkenntnisse, eine eigene Webseite aufzusetzen. Dazu musst du nicht programmieren können und auch kein Technik-Genie sein.

Alles, was du brauchst, ist ein Webhosting-Paket und Wordpress.

Hinweis: *Dir die Erstellung einer Webseite in einem Buch zu erklären, ist schwierig. Ich werde dir hier keine ewigen Klickanleitungen oder Screenshots präsentieren, die in wenigen Monaten veraltet sind.*

Deshalb findest du im Leserbereich auf der Webseite zum Buch ein Video, wie du erfolgreich deine Webseite einrichtest und eine ausführliche Anleitung, die regelmäßig aktualisiert wird.

10.1 Domain und Webhosting-Paket

Damit deine Webseite im Netz gefunden wird, brauchst du eine Domain und ein Webhosting-Paket. Mit Hilfe des Webhosting-Pakets ist deine Seite rund um die Uhr im Internet erreichbar und die Domain sorgt dafür, dass man leicht über den Namen auf deine Seite zugreifen kann.

Eine Domain ist z. B. onlinebusinessakademie.net. Die kostet mich ca. 8 Euro im Monat inklusive Webhosting-Paket.

Das gibt es zwar auch kostenlos, aber ich empfehle immer an dieser Stelle, nicht zu sparen. Für ca. 5-10 Euro im Monat erhältst du ein gutes Komplett-Paket.

Wie du freie Domainnamen findest und dort eine Webseite erstellst, findest du auf der Webseite zum Buch.

Hinweis: *Viele Domains sind heutzutage bereits vergeben. Teilweise auch an irgendwelche Domainhändlern, die unzählige Domains registrieren und hoffen, diese später teurer verkaufen zu können. Du solltest als Einsteiger aber nur in ganz wenigen Ausnahmefällen so eine Domain kaufen.*

Wenn du das Gefühl hast, dass der Name noch nicht ganz perfekt ist, denke daran, dass man den Domainnamen jederzeit später ändern kann.

Der Erfolg deines Produktes hängt aber nicht davon ab. Die Besucher kommen meist über Werbung oder die Suchmaschine zu dir, also spielt der Domainname da gar keine wichtige Rolle mehr. Halte dich an die Tipps und dann entscheide dich für eine freie Domain.

Wenn du eine Personenmarke aufbauen möchtest, so wie ich das mit thomasdahlmann.com mache, dann kannst du auch einfach deinen Namen für die Domain verwenden.

Tipps für einen guten Domain-Namen:

- möglichst kurz
- gut zu merken
- wenn möglich, sagt der Domainname bereits, was den Besucher auf der Seite erwartet
- keine Umlaute

- möglichst nur bekannte Endungen wie .de / .com / .net / .org / .info (in der Reihenfolge)

Für deutschsprachige Projekte empfehle ich meist eine .de Domain sowie einen deutschen Namen, der möglichst genau das beschreibt, was du tust oder anbietest. Für internationale Projekte ist .com die beste Domainendung.

Hinweis: *Du kannst auch mehrere Domainendungen und Schreibweisen registrieren, wenn sie frei sind und erst einmal auf eine Adresse weiterleiten.*

Wenn .com nicht frei ist, sind .net und .org die besten Alternativen. Für einige Ideen können auch Endungen wie .io, .me oder .ly interessant sein. Da viele der interessanten Domains mit den bekannten Endungen bereits vergeben sind.

Aber in den meisten Fällen solltest du bei den großen und weit verbreiteten Domainendungen bleiben.

Bei der Schreibweise solltest du aus technischen Gründen auf Umlaut-Domains verzichten. Diese führen zu mehr Problemen als Vorteilen. Wenn also ein Umlaut in deinem Namen ist, solltest du diesen umschreiben, zum Beispiel buecher-lesen.de. Ob mit oder ohne Bindestrich hängt davon ab, ob die Wörter logisch zusammenpassen und was sich besser liest. Im Zweifelsfall kannst du beide Varianten registrieren und die zweite Schreibweise auf deine Hauptvariante weiterleiten.

Hinweis*: Für die Suchmaschinenoptimierung kann es von Vorteil sein, wenn du den Suchbegriff direkt im Domainnamen hast. Also wie im obigen Beispiel buecher-lesen.de, wenn der Suchbegriff „Bücher lesen“ ist. Der Suchende sieht so auch sofort, was ihn auf der Webseite erwartet. Google erkennt hier übrigens die Umlaute automatisch, auch wenn diese nicht in dem Domainnamen stehen.*

10.2 Das Grundgerüst der Webseite: Wordpress

Wenn du die Domain und das Webhosting-Paket gebucht hast, wird es Zeit für die Inhalte deiner Webseite.

Der erste Schritt zur eigenen Webseite ist, dass du ein Content-Management-System (CMS) installierst. Dieses erlaubt es dir, die Inhalte, Artikel und Seiten bequem im Webbrowser zu bearbeiten, und du benötigst keinerlei Programmierkenntnisse.

Das am meisten genutzte CMS derzeit ist WordPress. Über 30% aller Webseiten im Internet laufen mit WordPress. Einer kostenlosen Software, die du bei vielen Anbietern im Netz mit wenigen Klicks installieren kannst.

WordPress besteht immer aus einem Administrationsbereich (Backend), wo du Inhalte erstellen und deine Seite anpassen kannst. Außerdem gibt es einen öffentlichen Bereich (Frontend) der für die Besucher deiner Webseite sichtbar ist.

Auf der Webseite zum Buch findest du diese ganze technische Einrichtung auch nochmal sehr ausführlich in Videoanleitungen, die dir Schritt für Schritt zeigen, was zu tun ist.

***Hinweis**: Ich empfehle Wordpress. Aber wenn du dich bereits sehr gut mit einem beliebigen anderen System auskennst, kannst du das natürlich weiterverwenden. Die Idee und die Inhalte sind entscheidend und nicht welche Technologien oder Programme du verwendest.*

10.2.1 Das Design deiner Webseite: Templates

Das Design wird in Wordpress über sogenannte Templates gestaltet. Ein Template ist eine Datei, die das Aussehen deiner Webseite beschreibt. Das Template legt also fest, welche Farben und Schriftarten auf deiner Webseite verwendet werden, wo sich das Menü befindet und vieles mehr. Hier gibt es im Internet viele kostenlose, aber auch kostenpflichtige Varianten.

Das Tolle an Templates ist, dass du das Aussehen ganz einfach mit nur einem Klick umstellen kannst und dann erscheint deine Webseite in völlig neuem Gewand. Die einfachste und schnellste Lösung für eine optisch ansprechende Webseite ist, wenn du dir auf themeforest.com ein ansprechendes Template kaufst (Kosten ca. 50 Euro einmalig). Es gibt aber auch hunderte von kostenlosen Templates, die völlig ausreichend sind.

Ein gutes kostenloses Template für Einsteiger, das ich auf den meisten meiner Seiten verwende, ist Astra. Wenn du im Administrationsbereich unter Design gehst, findest du eine ganze Reihe von Templates und kannst nach Astra suchen und dieses kostenlos auf deiner Seite installieren.

Wichtig ist, dass dein Template responsive ist! Das ist der Fachbegriff für Webseiten die sich in der Größe beliebig anpassen können und auch auf dem Handy gut aussehen, da die meisten heutzutage nur noch mit dem Smartphone online sind. Viele alte Webseiten und Templates berücksichtigen das nicht und verlieren so unnötig viele Kunden.

10.2.2 Die Funktionen deiner Webseite: Plugins

Ein weiterer großer Vorteil von Wordpress ist die Flexibilität. Wenn du neue Funktionen benötigst, kannst du deine Webseite mit sogenannten Plugins erweitern. Diese kannst du ebenfalls mit nur einem Klick bequem im Browser installieren.

Dazu klickst du im Administrationsbereich auf Plugins. Dort findest eine Liste mit vielen nützlichen Plugins, die deiner Webseite neue Funktionen hinzufügen. Die Funktionen der verfügbaren Plugins sind fast grenzenlos, von einfachen Formularen zur Kontaktaufname, über ein Benutzerforum, bis hin zum kompletten Online-Shop, gibt es alles.

Die folgenden Plugins sind kostenlos und sollten am Anfang nicht fehlen:

- Yoast SEO für die Suchmaschinenoptimierung
- Updraft für Datensicherungen
- Cookie Notice aus rechtlichen Gründen
- Elementor Pagebuilder - damit kannst du ganz einfach grafisch ansprechende Seiten erstellen. Besonders für die Verkaufsseite ist das nachher wichtig.

Diese Auswahl von Plugins stellt nur die Grundlage dar, die fast alle Webseiten gemeinsam haben.

Wenn du Amazon-Produkte bewerben willst, gibt es das AsA-Plugin, welches automatisch Amazon-Produkte auf deiner Webseite verlinkt. Wenn du viel mit Bildern arbeitest, kannst du ein Galerie-Plugin installieren, welches diese grafisch ansprechend aufbereitet.

Auf der Webseite zum Buch findest du alle Wordpress Plugins und Templates auch nochmal direkt verlinkt, damit du auf jeden Fall die richtigen findest.

Um die Plugins zu installieren, gehst du im Wordpress-Backend auf Plugins. Dann klickst du auf den Menüpunkt „installieren" und im Suchfeld gibst du den Namen des Plugins ein und kannst auswählen, welche du zu deiner Seite hinzufügen möchtest.

Hinweis: *Wenn du also in Zukunft eine neue Funktion auf deiner Webseite benötigst, prüfe immer zuerst, ob es bereits ein entsprechendes Plugin dafür gibt.*

Hinweis*: Installiere nicht zu viele Plugins. Diese machen deine Webseite langsamer und Geschwindigkeit ist wichtig.*

10.2.3 Beiträge und Seiten

Ursprünglich wurde Wordpress als Blog entwickelt, deshalb gibt es eine Unterteilung in Beiträge und Seiten. Um neue Inhalte in Wordpress anzulegen, gehst du in den Administrationsbereich und dort auf entweder auf „neue Seite“ oder „neuen Beitrag“.

Seiten sind für Inhalte gedacht, die sich nicht so oft ändern und deren Inhalte vom Datum der Veröffentlichung unabhängig sind. Beispiele für Seiten sind die Startseite, die Verkaufsseite, die Seite für die Datenschutzerklärung oder die Seite für das Impressum.

Beiträge sind für alle anderen Inhalte gedacht, über die du schreibst. Du kannst aber beides beliebig nutzen und es funktioniert.

Hinweis: *Es gibt auch Plugins, mit denen du Beiträge in Seiten umwandeln kannst und umgekehrt. Also ist diese Entscheidung erst einmal nicht so wichtig.*

Wenn du viele Beiträge hast, ist es sinnvoll, mit den Kategorien zu arbeiten. Kategorien ermöglichen es dir, die Inhalte sinnvoll zu gruppieren, in dem du für alle Inhalte eines Themas eine eigene Kategorie erstellst.

10.2.4 Die Struktur deiner Webseite

Neue Webseiten beginne ich meist mit folgenden drei Inhaltsseiten:

1. Startseite
2. Beiträge / Artikel
3. Verkaufsseite

Wenn ich selbst zu dem Thema etwas zu sagen habe, ergänze ich dann noch eine “Über Mich”-Seite. Auf dieser erzähle ich meine persönliche Geschichte zum Thema und warum ich anderen helfen kann.

Du kannst aber am Anfang auch alle drei Seiten in einer einzigen kombinieren und alles auf der Startseite veröffentlichen. Aber damit du langfristig mit deinem Projekt wachsen kannst, ist es meist sinnvoller, das zu trennen.

Damit die Besucher deiner Seite deine Inhalte auch finden, erstellst du dann zu Beginn noch ein Menü. Im Administrationsbereich der Seite unter Design findest du den Menüpunkt „Menüs". Dort hast du je nach gewähltem Template die Möglichkeit, verschiedene Menüs für unterschiedliche Menüpositionen anzulegen.

Die oben genannten Hauptseiten verlinkst du am besten im Hauptmenü deiner Seite, dass direkt oben immer sichtbar ist.

Damit deine Startseite dann auch wirklich als Startseite verwendet wird, gehst du auf im Administrationsbereich auf Einstellungen und dann den Menüpunkt „Lesen". Dort kannst du eine Seite für die Homepage auswählen und eine für die Beiträge. Dort stellst du jeweils die oben erstellten Seiten ein.

Mit ein wenig ausprobieren, bekommst du die Seite auf jeden Fall so weit hin, dass du den Rest des Buches erfolgreich umsetzen kannst.

Wenn nicht, sieh dir dazu meine Videos dazu an.

Hinweis: *Im aktuellen zweiten Schritt legst du zunächst nur die leeren Seiten an und erstellst das Menü. In Schritt 3 sehen wir uns an, wie du Inhalte für diese Seiten anlegst.*

10.3 Suchmaschineneintrag

Der Suchmaschineneintrag ist ein wichtiger Schritt, der gerne übersehen wird. Deshalb gleich als Erstes: Nutze die kostenlose Google Search-Console.

Die Search-Console ermöglicht es dir, zu sehen, wonach die Leute bei Google suchen, bevor sie zu dir auf die Seite kommen. Außerdem kannst du dort deine Seite in der Google-Suche einreichen und siehst auch, wenn technische Fehler auf deiner Seite sind.

Du siehst, wie oft du in der Google Suche für bestimmte Suchbegriffe erscheinst, wie oft die Leute auf deine Seite klicken und vieles mehr.

Diese Daten sind langfristig für die Optimierung sehr wichtig. Am Anfang reicht es, wenn du nur den Account erstellst und die Sitemap einreichst.

Die Sitemap ist eine suchmaschinenfreundliche Darstellung der Struktur und der Inhalte deiner Seite.

Wenn du Wordpress installiert hast, installierst du auch gleich ein Plugin für die Suchmaschinenoptimierung wie Yoast SEO. Das erstellt automatisch auch eine Sitemap für dich.

Meine findest du beispielsweise hier:

https://onlinebusinessakademie.net/sitemap.xml

(Meist reicht es einfach, wenn du /sitemap.xml nach der Adresse der Seite anhängst.)

Google erkennt anhand der Sitemap, was auf der Seite neu ist und wann Inhalte zuletzt angepasst wurden.

10.4 Besucheranalyse

Um den Erfolg deiner Webseite zu messen, solltest du Google Analytics (oder ein anderes Tracking-System) einrichten.

Google Analytics stellt dir einen Tracking-Code zur Verfügung, der auf deiner Webseite eingebunden wird und immer, wenn ein Besucher deine Seite aufruft, überträgt dieser Code die Nutzerdaten an Google Analytics.

Hinweis: *Dieses Tracking funktioniert über sogenannte Cookies, die auf dem Computer deiner Webeitenbesucher angelegt werden und diese eindeutig identifizieren.*

Der Analytics Account ist kostenlos, die Einbindung geht schnell und einfach, indem du den Code, den Google dir gibt, per Plugin auf deiner Webseite einbindest.

Google Analytics kann dir anzeigen, wie viele Besucher du am Tag auf deiner Webseite hast, welche Seiten diese ansehen, woher sie kommen, wie lange sie sich im Schnitt auf deiner Webseite aufhalten und vieles mehr.

Diese später für die Vermarktung wichtigen Kennzahlen kannst du jederzeit in deinem Google Analytics Konto einsehen.

Tracking und Datenschutz ist ein wichtiges Thema:

Wenn du Google Analytics verwendest, solltest du in deiner Datenschutzerklärung darauf hinweisen.

Hinweis*: Wenn du datenschutzrechtliche Bedenken hast und lieber selber Herr über deine Benutzerdaten bist, kannst du dir Matomo als kostenlose Alternative zu Google Analytics ansehen. Dieses ermöglicht ebenfalls eine sehr detaillierte Auswertung von*

Webseiten-Besuchern. Der Unterschied ist, dass es auf deinem Webhosting-Paket installiert wird und keine Daten an Google übertragen werden. Ich nutze Matomo mittlerweile nur noch.

Eine gute Alternative für den schnellen Einstieg komplett ohne Tracking-Cookies oder datenschutzrechtliche Probleme ist das kostenlose Wordpress Plugin Statify. Das ist ein anonymer Seitenaufrufszähler, der nicht so umfassende Daten wie Google Analytics erfassen kann. Aber für die wichtigsten Kennzahlen, die wir für den Einstieg benötigen, ist das völlig ausreichend. Für Einsteiger also eine sehr gute Empfehlung, weil du so alle datenschutzrechtlichen Bedenken komplett vermeidest.

Wichtig für den Einstieg ist nur, dass du ungefähr weißt, wie viele Besucher du hast und welche Artikel oder Inhalte sie sich auf deiner Seite ansehen.

10.5 Newsletter

Ein wichtiger Teil deiner Webseite, den du direkt zu Beginn einrichten solltest, ist ein Newsletter.

Das bedeutet, dass die Benutzer ihre E-Mail-Adresse hinterlegen können und dann regelmäßig Informationen von dir per E-Mail erhalten. Auch wenn du anfangs nicht vorhast, diesen zu versenden, kann er ein gutes Mittel sein, um Kunden an dich zu binden, oder über neue Produkte und Angebote deiner Webseite zu informieren.

Um einen Newsletter auf deiner Webseite einzurichten, erstellst du bei einem der auf der Webseite verlinkten Anbieter einen Account und bindest den HTML-Code für die Eintragemaske auf deiner Webseite ein.

Für den Anfang erstellst du dazu eine leere Seite, die du „Newsletter“ nennst und bindest da den HTML-Code ein. Alternativ gibt es da auch Plugins, die dir die Einrichtung deines Newsletters mit den jeweiligen Anbietern erleichtern, aber die sind nicht notwendig.

Hinweis: *Auf der Webseite zum Buch findest du auch hierzu eine ausführliche Videoanleitung.*

10.6 Hinweise zum Betrieb einer Webseite

Über dieses Thema allein könnte ich ein ganzes Buch schreiben, aber ich will nur kurz auf ein paar Dinge hinweisen, die ich für wichtig erachte und die oft übersehen werden.

10.6.1 Impressum und Datenschutz

Zum einen, halte dich an die Rechtsvorschriften dahingehend, indem du zumindest eine Seite für das Impressum und eine für die Datenschutzerklärung erstellst. Da deine Webseite Produkte verkauft, ist sie gewerblich und damit ist beides notwendig.

Für die Inhalte dieser beiden Seiten findest du entsprechende Generatoren im Netz oder auf der Seite zum Buch verlinkt. Seit der DSGVO (Datenschutzgrundverordnung von 2018) sind die meisten leider nicht mehr kostenlos.

Hinweis: *Sowohl die Datenschutzerklärung als auch das Impressum müssen auf jeder Seite gut erreichbar sein. Ich empfehle dir, sie im sogenannten Footer-Bereich ganz unten auf deiner Webseite zu platzieren. Die meisten Templates haben dafür einen speziellen Menüeintrag, den du verwenden kannst.*

10.6.2 Bleibe legal

Klar sollte auch sein, dass du keine extremistischen, illegalen, beleidigenden oder in irgendeinerweise vom Gesetz als jugendgefährdende Inhalte verbreitest.

Selbst wenn dies nur als Scherz oder Satire gedacht ist, verstehen die Behörden oder andere selbsternannte Internetkontrolleure da wenig Spaß.

Wenn du Zweifel hast, ob deine Inhalte rechtlich Einwand frei sind, dann lasse es lieber. Es gibt genügend gute Ideen, ohne diese Risiken.

10.6.3 Urheberrecht

Achte auf das Urheberrecht! Kopiere niemals fremden Inhalte, insbesondere auch keine Bilder.

Im Zweifelsfall nutze keine Bilder oder erstelle deine eigenen mit einem kostenlosen Grafikprogramm wie Gimp oder Sketchbook.

Informiere dich über Lizenzen, die im Internet gebräuchlich sind und was du mit entsprechenden Inhalten machen darfst.

Für Einsteiger interessant sind Public Domain Inhalte. Die darfst du beliebig verwenden. Alternativ Creative Commons Inhalte, die du auch kostenlos verwenden darfst, aber teilweise den Urheber nennen musst. Du findest auf Wikipedia gute Erläuterungen zu diesem Thema.

Es gibt tolle Webseiten wie pixabay.com, die dir Bilder kostenlos zur Nutzung zur Verfügung stellen unter der Public Domain Lizenz.

Alternativ kannst du auch auf diversen Stock-Foto-Seiten Lizenzen für Bilder kaufen. Das kostet meist nur wenige Euro und kann dir teure Abmahnungen ersparen.

10.6.4 Sicherheit

Neben dem Copyright ist die Sicherheit von Webseiten ein häufig übersehener Punkt.

Indem du Sicherheitsplugins wie WordFence installierst, deine Webseite regelmäßig aktualisierst, gute Passwörter wählst und keine unnötigen Plugins / Funktionen installierst, bist du hier schon mal einen großen Schritt weiter.

10.6.5 SSL-Verschlüsselung

Heutzutage gehört es zum guten Ton, wenn deine Webseite SSL-verschlüsselt ist, insbesondere, wenn du in irgendeiner Form persönliche Daten verarbeitest.

Das erkennst du daran, dass im Browser in der URL-Leiste ein kleines Schloss zu sehen ist. Auf Seiten ohne SSL steht dort „nicht sicher“ und das schreckt natürlich ab.

Bei einigen Anbietern gibt es diese Verschlüsselungsfunktion kostenlos. In der Praxis kannst du diese dann meist bei deinem Anbieter, wie dem von mir auf der Seite empfohlenen, mit wenigen Klicks installieren.

10.6.6 Geschwindigkeit

Achte darauf, dass deine Webseite eine geringe Ladezeit hat. Du kannst dafür das kostenlose PageSpeed Insights Tool von Google verwenden, welches du auf der Seite verlinkt findest. Mit Hilfe des Tools kannst du sehen, ob deine Webseite schnell genug läd und was du verbessern kannst. Eine ausführliche Anleitung zum verkürzen der Ladezeit deiner Webseite findest du ebenfalls auf der Seite der Online-Business Akademie.

10.6.7 Datensicherungen

Sichere regelmäßig die Daten deiner Webseite. Das kannst du beispielsweise mit dem kostenlosen Wordpress-Plugin Updraft machen. Damit kannst du deine gesamte Webseite auf deinen Computer herunterladen. Sollte es mal zu technischen Problemen bei Aktualisierungen kommen oder du machst aus Versehen etwas kaputt, dann kannst du die Webseite in ihrer vorherigen Version leicht wiederherstellen.

10.7 Aufgaben Schritt 2: Webseite

Du hast jetzt gelernt, was eine Domain und das Webhosting sind. Bei deinem Hosting Anbieter installierst du Wordpress, ein Template und die wichtigsten Plugins. Schon hast du deine fertige Webseite. Die Inhalte betrachten wir im nächsten Schritt. In diesem Schritt ging es nur um das technische Grundgerüst und dass du ein Gefühl für Wordpress bekommst.

Im Buch ist das, wie gesagt, schwer zu erklären, aber das Ziel kennst du jetzt und auf meiner Webseite und dem YouTube Kanal findest du weitere kostenlose Unterstützung zu diesem Thema.

Zum Abschluss dieses Kapitels gibt es wieder konkrete Aufgaben für dich, damit du direkt umsetzen kannst.

1. Finde einen Domainnamen, der frei ist und zu dir oder deiner Idee passt.

2. Richte einen Account bei einem Webhosting Anbieter ein und installiere Wordpress.

3. Arbeite dich ein wenig in das Thema Wordpress ein, damit du die wichtigsten Aufgaben, wie Inhalte einstellen, Templates / Plugins installieren, etc. selbst erledigen kannst.

4. Installiere ein Template deiner Wahl und die wichtigsten Plugins.

5. Richte einen Newsletter ein.

6. Richte die SSL-Verschlüsselung ein.

7. Erstelle einen Account in der Google Search Console und reiche dort die Sitemap ein.

8. Richte die Besucheranalyse ein. Stelle sicher, dass du sehen kannst, wie viele Besucher auf deiner Webseite sind und welche Inhalte sie sich ansehen.

9. Richte die Struktur deiner Seite ein. Erstelle dazu mindestens eine leere Startseite und jeweils eine Seite für den Datenschutz und das Impressum. Optional kannst du noch die „Über mich"-Seite und die Verkaufsseite anlegen und bereits im Hauptmenü deiner Seite verlinken.

10. Richte Datensicherungen mit dem kostenlosen Updraft Plugin ein.

11. Schritt 3: die Inhalte für die Webseite und das Produkt

Man soll schweigen, oder Dinge sagen, die noch besser sind als das Schweigen. (Samos)

Ziel: Nach diesem Schritt hast du die ersten Inhalte auf deiner Webseite veröffentlicht und gelernt, wie du gute Inhalte in verschiedenen Formaten erstellst.

Du hast jetzt bereits eine Idee und eine Webseite. So eine leere Seite ist aber auch etwas langweilig oder? Deshalb erstellen wir in diesem Schritt Inhalte für deine Webseite und Marketing-Kanäle. Dazu betrachten wir verschiedene Formate wie Texte, Sprache, Grafiken oder Videos. Sinnvoll ist es meist, mit Texten anzufangen, da diese am einfachsten zu erstellen sind und oft auch die Grundlage für die anderen Formate bilden.

Mit der gleichen Vorgehensweise erstellst du im kommenden Schritt 4 die Inhalte für dein digitales Produkt.

***Hinweis**: Es muss nichts perfekt sein (Perfektion gibt es nicht). Es geht darum, dass du beginnst und die ersten Inhalte erstellst. Der Fokus liegt auf dem Mehrwert! Ich erkläre dir, wie du Texte schreibst, Sprache aufnimmst, Grafiken erstellst und Videos drehst. Du kannst mit jedem der Formate beginnen und lernst die notwendigen Grundlagen.*

Mit den Inhalten deiner Webseite willst du Folgendes erreichen:

- Sichtbarkeit deiner Webseite in der Suchmaschine zu deinem Thema
- Den Seitenbesucher zu informieren

- Dich als Experten hervorzuheben
- Durch Mehrwert Vertrauen und eine Beziehung zum Betrachter aufzubauen
- Dein Angebot präsentieren
- Die Besucher deiner Webseite zum Handeln auffordern

Meist gilt, dass du für teurere Produkte mehr und hochwertigere Inhalte erstellen solltest. Für den erfolgreichen Verkauf eines günstigen eBooks reicht manchmal ein einziger Artikel mit 2.000 Wörtern und eine einzige Seite.

Aber wenn du einen höherpreisigen Onlinekurs verkaufen möchtest, wirst du mehr Inhalte und andere Inhaltsformate wie E-Mails, Videos, Anrufe oder Webinare benötigen. Nur so kannst du dich ausreichend als Experte positionieren und Autorität / Vertrauen auf deinem Gebiet aufbauen.

Außerdem helfen dir Inhalte, langfristig über die Suchmaschine gut gefunden zu werden. So baust du einen konstanten Strom von Besuchern und potentiellen Kunden auf, ohne das du immer wieder deine Zeit oder Geld investieren musst.

***Hinweis**: Wenn deine Strategie nur darauf beruht später Besucher für deine Webseite einzukaufen, ich zeige dir später, wie das geht, benötigst du weniger Inhalte aber dafür mehr Geld am Anfang.*

11.1 Inhalte recherchieren

Der erste Schritt bei der Erstellung von Inhalten ist die Recherche. Dieser Schritt ist sowohl für die Webseite als auch für dein späteres Produkt extrem wichtig. Dein Ziel ist es, genau die Inhalte zu finden, für die sich deine Zielgruppe interessiert.

Einige der wichtigsten Hilfsmittel und Begriffe dafür hast du bereits im Abschnitt zum Überprüfen der Idee kennengelernt. Für die Inhalte deiner Seite gehst du ähnlich vor. Du suchst mit Hilfe eines SEO-Tools wie Ubersuggest oder dem Keywordplanner passende Schlüsselwörter und erstellst die Inhalte dazu.

Passende Schlüsselwörter sind Suchbegriffe, die ein möglichst hohes Suchvolumen haben. Wenn du in den Suchmaschinen gut gefunden werden willst, solltest du zudem auf eine niedrige Search Difficulty achten und wenn du später bezahlte Werbung schalten willst, ist eine niedrige Paid Difficulty empfehlenswert.

Beispiel:

- Suchbegriff: Baum
- Suchvolumen 108.000 Suchanfragen pro Monat
- CPC: 0,15 Euro
- Paid Difficulty: 36
- Search Difficulty: 47

Anhand der Zahlen siehst du jetzt, dass sich zwar viele für den Suchbegriff „Baum“ interessieren aber auch, dass die Search Difficulty sehr hoch ist. Du wirst als Einsteiger mit einer neuen Seite meist keine Chance haben, in absehbarer Zeit auf einem der vorderen Plätze in den Suchmaschinen für diesen Suchbegriff zu erscheinen. Wenn du aber bezahlte Werbung schalten möchtest, zahlst du ca. 15 Cent pro Besucher. Das ist relativ günstig und von daher kann der Begriff in diesem Fall für dich trotzdem interessant sein.

Besser wäre aber ein Suchbegriff wie „Laubbaum“. Dieser hat nur 26.000 Suchanfragen, aber die Search Difficulty beträgt 14. Es wird daher wesentlich einfacher sein, Besucher über die Suchmaschine zu erhalten.

An beiden Begriffen siehst du aber, dass Bäume ein wichtiges Thema sind, für das es genügend Interessenten gibt.

Man spricht bei diesem Prozess der Analyse von Suchbegriffen und Webseiten oft von Suchmaschinenoptimierung (SEO) oder Keyword Research. Diese technischen Aspekte sind aber erstmal nur zweitrangig. Die Recherche führst du durch, damit du Inhalte erstellst, die die Leute interessieren und nach denen sie bereits suchen.

Hinweis: *Wenn du recherchierst, solltest du immer die Ergebnisse des ersten Schrittes berücksichtigen. Was ist das zu lösende Problem, wer ist deine Zielgruppe und was bietest du an.*

Alle interessanten Suchbegriffe, die du bei deiner Recherche findest, schreibst du in eine Tabelle. Ich nutze dafür das kostenlose Google Spreadsheet.

Im nächsten Schritt gruppiere ich dann ähnliche Schlüsselwörter (Stichwort Keyword-Cluster).

Beispiel für die Inhaltsrecherche:

Nehmen wir an, dein Produkt oder Thema ist ein Flirtratgeber für Männer. Dann könnten folgende Schlüsselwörter für dich interessant sein.

Schlüsselwörter:

- Flirten
- Beziehung finden
- Frauen kennenlernen
- Schüchternheit überwinden
- Frauen ansprechen
- Tinder
- Lovoo

- Online-Dating

Aus diesen einzelnen Schlüsselwörtern leitest du dann verschiedene Gruppen von ähnlichen Begriffen ab. Du schreibst dann für jede dieser Gruppen einen Hauptartikel auf deiner Seite, der ein größeres Thema möglichst vollständig betrachtet.

Gruppen:

- Online-Dating (Tinder, Lovoo)
- Frauen kennenlernen (Schüchternheit überwinden, Frauen ansprechen, Flirten)

Aus diesen Gruppen kannst du die Kategorien für deine Beiträge auf der Webseite ableiten (beispielsweise Online-Dating) und erstellst einen sogenannten Redaktionsplan.

Der Redaktionsplan ist eine Tabelle, in der du die Themen festhältst, über die du schreiben könntest. Sinnvoll ist es, die Überschrift und die Anzahl der Suchanfragen zu dem jeweiligen Begriff festzuhalten. Da jeder deiner Artikel einen Handlungsaufruf haben sollte, schreibst du diesen ebenfalls in deinen Redaktionsplan.

Beispiel Redaktionsplan:

- Schlüsselwort: Online-Dating
- Überschrift: Online-Dating - Die besten Plattformen für die Partnersuche.
- Suchanfragen: 9.600
- Handlungsaufruf: „Newslettereintrag“

In diesem Hauptartikel kannst du dann Tinder, Lovoo oder andere Flirtapps vorstellen und vergleichen. Später kannst du dann in einzelnen Detailartikeln weiter auf die unterschiedlichen Dating-Plattformen eingehen.

Tipp: Wenn du irgendwann mehrere Artikel hast, achte darauf, dass die Detailartikel jeweils auf den Hauptartikel verlinken. Grundsätzlich solltest du, immer wenn es passt, innerhalb der Artikel deiner Seite auch Links auf andere Artikel deiner Seite setzen.

Wichtig ist, dass du nicht nur zu jedem einzelnen Schlüsselwort einen Artikel schreibst, sondern immer versuchst mit deinen Artikeln einzelne Themenbereiche so ausführlich und gut wie möglich abzudecken.

Versuche, dich in einen Leser deiner Seite hineinzuversetzen, der sich über dein Thema informieren möchte und vielleicht noch ganz am Anfang steht.

Zwei Webseiten, die dir zusätzlich helfen können sind:

- answerthepublic.com
- w-fragen-tool.com

Diese zeigen dir, welche Fragen zu einem Schlüsselwort häufig gestellt werden.

Probiere das am besten sofort einmal aus. Nimm dir 5 Minuten Zeit und überprüfe ein Schlüsselwort deiner Wahl und schau dir anschließend die häufig gestellten Fragen zu diesem Suchbegriff an.

Mit dieser Methode der Schlüsselwortrecherche erstellst du dir deinen Redaktionsplan für mindestens fünf Artikel zu deinem Thema und siehst, welche Themen für deine Besucher interessant sind.

Außerdem siehst du so auch, welche Inhalte du später in deinem Produkt verwenden kannst bzw. auf welche Fragen und Probleme du in diesem eingehen solltest.

Hinweis: *Wir wollen den Menschen mit der Webseite und dem Produkt helfen. Dazu müssen wir wissen, was sie wollen und wo* *ihre Probleme und Fragen sind. Deshalb mach diese Aufgabe besonders gründlich.*

Es geht hier nicht um irgendwelche Suchmaschinentricks oder Abkürzungen, sondern darum, den Bedarf deiner Interessenten zu decken. Den Leuten genau das zu geben, wonach sie suchen.

Letztendlich wollen Suchmaschinen wie Google genau das: Die Fragen der Benutzer beantworten. Und sie werden immer besser darin. Also wenn du dieses einfache Grundprinzip "Was deine Benutzer interessiert" beherzigst, bist du auf dem besten Weg.

11.1.1 Umfragen

Eine weitere gute Möglichkeit, passende Inhalte zu finden, sind Umfragen. Es gibt dazu verschiedene Webseiten wie Typeform oder Google Forms, mit denen du kostenlos Umfragen erstellen kannst.

Um so eine Umfrage durchzuführen, benötigst du keine bestehende Reichweite. Du kannst deine Umfrage auch auf Facebook oder anderen Plattformen mit deiner Zielgruppe teilen und so herausfinden, was sie interessieren würde.

Tipps zur Erstellung von Umfragen:

- Überlege dir im Vorfeld eine klare Zielgruppe und das Ziel der Umfrage.
- Erkläre den Teilnehmern, worum es in der Umfrage geht und warum sie wichtig ist.
- Mach die Umfrage nicht zu zeitintensiv. Je weniger Fragen, je mehr Teilnehmer beantworten diese. Ich würde mir keine 15 Minuten oder mehr für eine Umfrage nehmen, aber 1-2 Minuten ist fast immer ok.
- Wenn du die Umfrage teilst, sag direkt, dass es nur 1-2 Minuten Zeit benötigt.

- Arbeite bei längeren Umfragen mit Belohnungen oder Gewinnspielen.
- Konzentriere dich immer nur auf einen Gedanken pro Frage.
- Formuliere die Fragen möglichst einfach und neutral.
- Konzentriere dich auf 1-3 Hauptfragen, deren Antwort Pflicht ist und mach eventuelle weitere Fragen optional.
- Je nach Thema kannst du nach der Umfrage auch bereits die Kontaktinformationen der Teilnehmer einsammeln. Das wird dir später bei der Vermarktung helfen, wenn du bereits eine Reihe von Interessenten zu deinem Thema hast.

Beispielfragen:

- Was ist deine größte Herausforderung beim Thema (XYZ)?
- Warum hat es bisher nicht geklappt?
- Welche Inhalte interessieren dich besonders an Thema (XYZ)?
- Was ist dein persönliches Ziel?
- Hast du es bereits versucht?

Probiere es doch einfach aus. Geh auf typeform.com und erstelle deine erste Umfrage und schicke diese einigen Bekannten auf WhatsApp.

11.2 Die Startseite

Die Startseite ist die "Hauptseite" und hat das Ziel, den Besuchern deiner Seite einen Überblick über die Inhalte und dein Thema zu geben.

Die meisten Besucher werden später einzelne Artikel von dir über die Suchmaschine finden oder aber direkt mit bezahlter Werbung auf Unterseiten mit Angeboten geleitet. Deshalb ist die Startseite meist nicht so wichtig, aber sie gehört zu einem Webauftritt dazu.

Nachfolgend gebe ich dir ein paar Tipps für mögliche Inhalte, die du auf deiner Startseite platzieren kannst.

11.2.1 Thema und Nutzen für die Besucher klarstellen

Auf der Startseite solltest du beispielsweise eine gut lesbare Überschrift und eine entsprechende Grafik platzieren.

Gute Überschriften für verschiedene Themen sind beispielsweise:

- "Zum Wunschgewicht ohne Verzicht" (Diät)
- "Deine Smarthome-Lösung - Cleveres zu Hause für clevere Leute" (Smart Home)
- "Nie wieder schüchtern! - Wie du endlich deine Traumfrau ansprichst" (Flirtratgeber)
- "Keine schlaflosen Nächte mehr - 10 Tipps für besseren Schlaf" (Schlafprobleme behandeln)

In der Überschrift hebst du bereits den Mehrwert und das Thema für deine Besucher hervor.

Darunter kannst du dann noch eine Beschreibung von maximal 500 Wörtern erstellen, die dein Thema weiter beschreibt. Hier ist kürzer meist besser, es geht nur darum, dein Thema klarzustellen und den Mehrwert hervorzuheben.

11.2.2 Stell dich vor

Auf der Startseite ist auch ein guter Platz, um ein paar Worte zu dir zu sagen und warum du dich mit dem Thema befasst bzw. warum du geeignet bist, das Problem deiner Besucher zu lösen.

Wenn du das Thema Diät genommen hast, kannst du beispielsweise kurz deine eigene Geschichte andeuten, dass du selbst übergewichtig warst und wie sich dein Leben durch deine Lösung verändert hat.

Hier beschränkst du dich auch wieder auf 300-500 Wörter. Die Startseite soll nur einen Überblick geben und verlinkt dann auf deine „Über Mich"-Seite, auf die ich gleich noch eingehe.

Hinweis: *Durch ein Foto von dir wirkt die Seite persönlicher und hinterlässt oft einen besseren ersten Eindruck.*

Das war bereits das Wichtigste für deinen Start.

11.2.3 Sonstige Inhalte der Startseite

Weitere mögliche Inhalte für deine Startseite sind:

- Ein Eintragsformular in deinen Newsletter
- Eine Übersicht über die letzten Artikel auf deinem Blog
- Eine Themenübersicht.
- Du kannst wichtige Inhalte direkt verlinken, z. B. deine besten Artikel oder einen Podcast

11.3 Der erste Beitrag

Während der Recherche der Inhalte hast du einen Redaktionsplan mit möglichen Themen erstellt. Nun ist es an der Zeit deinen ersten Beitrag zu verfassen. Dazu erstellst du einfach einen neuen Beitrag in Wordpress.

Wichtig ist, dass der Beitrag zu deinem späteren Produkt und der Zielgruppe passt. Außerdem solltest du innerhalb des Artikels und am Ende auf deine Verkaufsseite verlinken, die wir gleich noch erstellen.

Nehmen wir an du hast einen Ratgeber "HDR-Fotografie für Einsteiger", dann könntest du zwar über irgendwelche Profikameras, Software und ISO-Belichtungswerte schreiben, das würden sicher auch Leute lesen wollen, aber ist kein Thema für Einsteiger.

Auch wenn das Thema identisch ist, sprichst du damit nicht deine Zielgruppe an. Egal wie gut deine Inhalte dann sind, die Leser werden dein Produkt nicht kaufen, weil sie bereits viel weiter sind.

Besser wäre beispielsweise ein Artikel zum Thema „Wie du umwerfende Instagram-Fotos mit dem Smartphone machst". Ein Smartphone hat bereits jeder und wem das nicht genügt, der kann den nächsten Schritt gehen und sich mit einer besseren Kamera und noch hochwertigeren Fotos befassen.

Du könntest auch eine Anleitung für die perfekten Instagram-Bilder auf dem Weg zur Influencer Karriere erstellen oder du erstellst eine Liste mit den schönsten Orten für Fototouren und Naturaufnahmen.

Damit weckst du einerseits das Bedürfnis nach besseren Bildern und andererseits sind das potentielle Kunden, die später auch einen Einsteigerkurs für die HDR-Fotografie kaufen könnten.

Ansonsten ist zum ersten Beitrag gar nicht mehr so viel zu sagen. Strukturiere ihn sinnvoll und versuche, eine der oben gefunden Gruppen von Schlüsselwörtern sinnvoll unterzubringen. Im Idealfall stehen die Schlüsselwörter direkt in den Überschriften. Du findest dazu im Leserbereich des Buches eine Reihe von Beispielüberschriften für Artikel, die du verwenden kannst. Du kannst auch einen Artikel nur nach den W-Fragen der obigen Tools gliedern.

Hinweis: *Die Verwendung der Schlüsselwörter muss nicht immer exakt sein. Google erkennt verschiedene Schreibweisen und Synonyme. Also wenn jemand nach "wie verdiene ich online geld" sucht,* *erkennt Google, das ein Text der zum Thema "wie verdiene ich im Internet Geld" optimiert ist, das gleiche Thema betrifft. In Zukunft wird diese Erkennung der Bedeutung und Zusammenhänge von Texten immer besser.*

11.3.1 Tipps zur Erstellung der Inhalte

- Zum Schreiben verwende ich meist einfach Google Docs oder eine Notizbuchapp wie Evernote/Notion.so/Onenote. Dann kann ich von überall aus Texte erstellen und auch unterwegs schnell Ideen festhalten. Außerdem kann ich die Artikel zur Kontrolle leicht andere freigeben und mir so Feedback einholen.
- Ich beginne meist mit einem Artikel mit mindestens 1.000 Wörtern. Den veröffentliche ich, damit er bereits in der Suchmaschine gefunden werden kann. Ich aktualisiere und verbessere die Inhalte dann nach und nach regelmäßig, meist ergänze ich beispielsweise alle 1-2 Monate ein paar hundert Wörter oder aktualisiere die Inhalte. So wird der Artikel immer besser und das wirkt sich auch positiv auf deine Sichtbarkeit in den Suchmaschinen aus.
- Ich verwende niemals nur gekaufte Stockfotos für meine Artikel. Ich öffne sie wenigstens einmal kurz in einem Grafikprogramm (kostenlos Gimp) und verwende ein oder zwei Filter und benenne die Bilder thematisch korrekt. Noch besser ist es, eigene Bilder zu erstellen, selbst wenn du die nur mit deinen bescheidenen Malkünsten selbst erstellst. Individuelle einzigartige Inhalte sind wichtig.
- Gute Überschriften sind wichtig! Schreib eine spannende Überschrift und eine gute Einleitung. Meist nehmen wir uns nur wenige Sekunden Zeit, um zu entscheiden, ob wir einen ganzen Artikel lesen wollen. Also versuch hier einfach interessant zu sein.
- Formatiere den Text gut leserlich. Verwende Zitate, Bilder, Fett-Markierungen und Absätze/Leerzeilen, damit der Text gut lesbar ist.

- Versuche, mit jedem Artikel ein "Aha"-Erlebnis oder ein Erfolgserlebnis beim Leser zu erreichen.

11.4 Die „Über mich"-Seite

Für die meisten Produkte gilt, Menschen kaufen lieber von Menschen. Zumindest wenn du nicht gerade ein Mittel gegen Fußpilz benötigst, welches du lieber diskret heimlich online bestellst.

Noch lieber kaufen wir von Menschen, die wir kennen, denen wir glauben und vertrauen. Menschen die wir nett finden, mit denen wir uns identifizieren können und die eine gute Geschichte erzählen können.

Genau das willst du mit deiner "Über Mich"-Seite erreichen. Du willst einen guten Eindruck machen. Du willst deine Autorität auf dem Gebiet hervorheben und deine persönliche Geschichte erzählen. Versuche die Frage zu beantworten, warum gerade du helfen kannst.

Du solltest ebenfalls Fotos ergänzen, damit die Seite persönlicher wirkt. Das müssen auch keine professionellen Bilder im Anzug sein. Das ist keine Bewerbung, sondern es geht darum, einen authentischen sympathischen Eindruck zu hinterlassen.

Die „Über-Mich"-Seite ist auch ein guter Platz, um deine Social-Media-Profile, externe Bewertungsprofile und deine Kontaktinformationen zu hinterlegen.

Hinweis: *Die "Über Mich"-Seite ist nicht unbedingt notwendig. Ich habe aber die Erfahrung gemacht, dass sie fast immer dafür gesorgt hat, dass ich besser verkaufe. Das kannst du aber für dich und dein Thema herausfinden, was funktioniert und vor allem, womit du dich wohl fühlst.*

11.5 Textinhalte erstellen

Du hast bereits eine Methode kennengelernt, wie du herausfinden kannst, was die Besucher deiner Webseite zu deinem Thema interessiert. Wir betrachten als Nächstes, wie du die Inhalte für deine Webseite, die Marketing-Kanäle und dein Produkt erstellst.

Wir sehen uns dazu die verschiedenen Formate an wie Texte, Grafiken, Sprache und Videos. Das einfachste Format für deine Inhalte ist immer ein einfacher Text. Auch wenn du später beispielsweise ein Video oder eine Sprachdatei erstellen willst, beginnst du meist mit einem einfachen Text. Deshalb sehen wir uns als erstes an, wie du Textinhalte erstellen kannst.

11.5.1 Das richtige Schreibprogramm

Als erstes benötigst du ein Schreibprogramm. Ich verwende meist das kostenlose Google Docs (https://docs.google.com/), um meine Artikel für die Webseiten zu schreiben. Kostenlose Alternativen sind Online-Notizbücher wie Evernote oder Onenote.

Lange Zeit habe ich mit "professionellen Schreibtools" wie Papyrus Autor gearbeitet. Den größten Vorteil sehe ich in der Rechtschreibkontrolle, aber grundsätzlich ist der Mehrwert für mich und meine Anwendungsfälle gering.

Google Docs hat einige Vorteile:

- Deine Texte sind automatisch online gesichert und überall verfügbar
- Du kannst auf allen Geräten jederzeit Änderungen vornehmen
- Du kannst das Dokument leicht in verschiedenen Formaten exportieren

- Du kannst sehr einfach mit anderen zusammenarbeiten

Wie bei allen Programmen gilt, halte dich nicht zu lange mit der Auswahl auf!

Das Schreibprogramm wird nicht über deinen Erfolg entscheiden. Der Stift von Stephen King macht dich nicht zum Bestsellerautor und die alte Schreibmaschine reicht auch, wenn du ohne die ganzen Online-Ablenkungen schreiben willst.

Hauptsache du fängst an und wirst fertig.

11.5.2 Tipps für gute Texte

Damit deine Texte für die Webseite und dein Produkt gut werden, habe ich eine Liste mit Schreibtipps für dich erstellt. Die sind unsortiert und du kannst einfach für dich übernehmen, was dir sinnvoll erscheint.

- Fang an zu Schreiben. Das kannst du auch jetzt schon tun, bevor du weiter liest. Öffne Google Docs, verfasse eine Überschrift und mindestens 100 Wörter zu einem Thema deiner Wahl.
- Schreib weiter. Mehr ist es letztendlich nicht.
- Erstelle immer erst die grobe Struktur deines Dokuments und ergänze dann unter den Überschriften stichpunktartig die wichtigsten Inhalte. Im letzten Schritt erst, formulierst du ganze Sätze. Diese Vorgehensweise wird dir viel Zeit sparen.
- Programme sind egal. Ich habe Bücher in Evernote geschrieben, in Google Docs, in Notion und in "professionellen" Schreibprogrammen wie Papyrus Autor. Auf den Inhalt kommt es an.

- Schreib so einfach und kurz wie möglich. Einige Autoren versuchen krampfhaft, auf bestimmte Wortzahlen zu kommen oder ihr eigenes Ego zu streicheln, indem sie unnötig komplizierte Fremdwörter verwenden. Das ist langweilig, komplizierter zu lesen und schließt unnötig Leser aus.
- Der erste Satz ist wichtig. Er muss den Leser dazu animieren, den Zweiten lesen zu wollen. Dieser wiederum dazu, den Dritten ebenfalls zu lesen. Fang mit einer Geschichte an, mit Humor, mit einem außergewöhnlichen Gedanken oder einer interessanten Frage.
- Schreib jeden Tag! Ich schreibe jeden Tag mindestens 1.000 Wörter direkt nach dem Aufstehen. Setz dir ein für dich realistisches Schreibziel und halte das strikt ein. Schreiben ist Übungssache und so wirst du mit jedem Tag besser.
- Finde deinen eigenen Stil. Schreib so, dass dir das Schreiben Spaß macht, dann macht das Lesen später auch Spaß.
- Humor ist erlaubt. Nur weil es ein Sachtext ist, muss nicht alles immer total ernst sein. Ein guter Text ist Unterhaltung und weckt Gefühle.
- Verwende Zitate und ab und zu ein paar Quellen, wo es sinnvoll ist.
- Streiche unnötige Sätze und Füllwörter.
- Vermeide passive Sätze.
- Versetz dich in die Rolle des Lesers. Würdest du deinen eigenen Text lesen wollen?
- Die Ansprache ob “Du” oder “Sie” ist egal. Mach womit du dich wohl fühlst.
- Frag dich immer, was du wirklich sagen willst und dann, ob du das auch gesagt hast.
- Schreib in der ersten Person. Liest sich besser und wirkt persönlicher.

- Überarbeitung ist der Schlüssel zu einem guten Text. Nur sehr wenige Sätze sind beim ersten Versuch wirklich gut. Nimm dir die Zeit, deinen Text mehrfach zu überarbeiten. Satz für Satz.
- Schreib abwechslungsreich. Verwende ab und zu ein außergewöhnliches Wort.
- Lies selbst viel. Analysiere welche Bücher dir gefallen, warum das so ist und wie du das für dich übernehmen kannst.
- Lies die Sätze einmal laut vor. Ich habe damit begonnen, als ich meine Hörbücher selbst eingesprochen habe und es hat meinen Stil verbessert.
- Vermeide Ablenkungen während des Schreibens.
- Wenn die Zweifel kommen, das passiert mir übrigens bei jedem Buch immer noch mehrfach, dann schreib weiter. Dir kann nichts passieren. Im schlimmsten Fall liest es niemand oder du machst eine bessere zweite Version. Du kannst nicht vom Erdboden fallen.
- Vermeide Perfektionismus. Fehler sind ok. Ich könnte jedes meiner Bücher besser machen, aber manchmal reicht ein gut genug. Mir hat eine möglichst knappe Deadline immer geholfen, Perfektionismus zu vermeiden.
- Löse Probleme und liefer einen Mehrwert mit deinem Text.
- Schreib emotional. Bring den Leser zum Lachen, zum Weinen oder überrasche ihn.

- Verwende das generische Maskulinum (das übrigens bereits geschlechtsneutral ist). Genderneutrale Sprache ist nervig und schwer zu lesen. Ich liebe Frauen und respektiere sie. Aber genauso wenig wie ich Frauen aufgrund ihres Geschlechts diskriminieren würde, würde es mir nie in den Sinn kommen, ständig mit geschlechtsneutraler Sprache zu befassen. Mir geht es um die fachlichen Informationen. Nichts weiter. In einigen meiner Büchern habe ich dazu einen Extra-Hinweis darauf, dass ich das der Einfachheit halber so mache. Bisher hat das immer gut funktioniert. Solltest du eine weibliche Zielgruppe haben, sprich nur Frauen an. Aber mach es nicht unnötig kompliziert, nur um politisch korrekt zu sein.
- Verzichte auf lange Einleitungen und Vorstellungen. Komm zum Punkt. In einem guten Finanzbuch will ich keine 20 Seiten darüber lesen, warum du dich für das Thema interessierst.
- Wenn du das Gefühl hast, du müsstest jeden Satz, Abschnitt oder Kapitel nochmal zusammenfassen, frag dich, ob du nicht direkt im Text mehr zum Punkt kommen solltest.
- Vermeide Relativierungen (vielleicht, ein bisschen, möglicherweise, etc.), diese sorgen nur unnötig für Misstrauen.
- Schreib so präzise wie möglich.
- Kurze Sätze.
- Denke in Abschnitten, nicht in einzelnen Sätzen.
- Langeweile deine Leser nicht mit zu vielen Details oder zu ausführlichen Erklärungen von Dingen die sie bereits wissen oder leicht selbst herausfinden können.
- Nicht mehr als ein Gedanke pro Satz.

11.5.3 Bonus: Story Marketing – Erzähle eine Geschichte

Fesselnde Texte zu schreiben ist eine Kunst. Besonders gut funktionieren dafür Geschichten, da sie leichter im Gedächtnis bleiben und emotional sind. In der Fachsprache spricht man vom Story-Marketing, wenn du mit Hilfe von Geschichten dein Angebot präsentierst.

Beim Story Marketing erzählst du eine Geschichte. Meist eine typische Heldenreise die immer einem bestimmten Ablauf folgt, den du auch in vielen Büchern oder Filmen wieder findest.

1. Der Held (Dein Kunde!) hat ein Problem
2. Der Held findet einen Mentor (Dich/Dein Produkt) der sein Problem versteht.
3. Der Mentor hilft dem Helden, gibt ihm einen Plan und hilft ihm bei der Umsetzung.
4. Mit der Unterstützung des Mentors und dem neuen Wissen geht der Held das Problem an.
5. Der Held erreicht sein Ziel.

Du findest dieses Schema in dieser oder abgewandelter Form in vielen großen Kinofilmen von Harry Potter, über Herr der Ringe bis zu Karate Kid oder Star Wars. Das Schema ist immer das Gleiche. Wenn das thematisch zu dir passt, kannst du dir so eine Geschichte überlegen.

11.6 Grafiken erstellen

Die richtigen Worte für deine Texte findest du jetzt hoffentlich. Aber es gibt das Sprichwort „Ein Bild sagt mehr als tausend Worte“ und da ist etwas Wahres dran. Eine Studie hat herausgefunden, dass unser Gehirn Grafiken 60.000 mal schneller verarbeitet als Text.

Deshalb sehen wir uns das Thema Grafiken und Bilder mal im Detail an.

Das ist wie das meiste, was wir hier im Buch besprechen auch gar nicht so kompliziert. Letztendlich kannst du verwenden, womit du am besten klarkommst.

Grafiken sind für deine Webseite wichtig, aber du kannst sie auch in deinem Produkt und insbesondere auch für deine Social-Media Accounts verwenden.

Bilder sind aber manchmal auch ein heikles Thema. Damit du keine Probleme bekommst, solltest du immer auf das Urheberrecht achten, um teure Abmahnungen zu vermeiden.

Wie du eine Grafik oder ein anderes urheberrechtlich geschütztes Werk Werk verwenden darfst, regel die jeweilige Lizenz, unter der es veröffentlicht ist.

Für Bilder gibt es drei wichtige Arten von Bildlizenzen, die du verwenden kannst:

1. **Public Domain Bilder:** Public Domain bedeutet, dass diese kostenlos sind und du damit alles machen kannst, was du möchtest. Gute Webseiten für Public Domain Bilder sind pixabay.com, unsplash.com oder pexels.com.

2. **Creative Commons (CC) Bilder:** Hier kommt es auf die genaue Variante der CC-Lizenz an, aber in der Regel kannst du diese mit entsprechender Quellenangabe nutzen. Du solltest dich aber vorher kurz in das Thema Creative-Commons auf Wikipedia einlesen.

3. **Gekaufte Stockfotos:** Hier erwirbst du die Lizenz, ein Bild im Rahmen eines Nutzungsvertrages zu verwenden beispielsweise für deine Webseite oder für das Cover deines

Buches. Dies ist nicht die günstigste Variante (Bilder kosten je nach Anbieter und Nutzungsrechten ca. 1 – 20 Euro), aber rechtlich bist du abgesichert, solange du dich an die Nutzungsbedingungen hältst.

Ich würde dir empfehlen, zu deinen Beiträgen oder an allen Stellen, wo es sinnvoll ist, immer auch passende Bilder zu verwenden.

***Tipp**: Pass die Bilder vor der Verwendung immer an. Bringe dein Logo unter oder schreib deine Überschrift rauf (wenn die Lizenz das erlaubt). Das kannst du mit kostenlosen Grafikprogrammen wie Gimp oder Canva.com schnell erledigen und hilft dir, einzigartige Inhalte zu erstellen, die optisch zu deiner Seite passen und ansprechend sind.*

11.6.1 Meine wichtigsten Grafikprogramme

- **canva.com:** Auf der Webseite kannst du kostenlos Grafiken für so ziemlich alles erstellen. Es gibt passende Vorlagen in der richtigen Größe für praktisch alle Social-Media-Kanäle, Werbeanzeigen und was du noch an Grafiken benötigst. Ich nutze Canva hauptsächlich für alle wiederkehrenden Grafiken, beispielsweise YouTube Videocover, Instagram Zitate, Facebook Posts, etc die immer dem gleichen Design folgen. Canva ist extrem einfach zu bedienen und sieht trotzdem schick aus.
- **gimp.org:** Kostenloses Grafikprogramm für alle Betriebssysteme. Gimp ist ein professionelles Grafikprogramm mit nahezu grenzenlosen Möglichkeiten, was digitale Grafiken betrifft. Durch die vielen Möglichkeiten ist die Bedienung leider nicht ganz so einfach, aber mit ein bisschen Übung schaffst du das. Ich nehme es hauptsächlich, um individuelle Grafiken zu erstellen, wie meine Buchcover. Außerdem nutze ich es für alle Arten von Nachbearbeitung von Grafiken wie Größenanpassung, Format anpassen, Bildgröße reduzieren, Texte ergänzen, etc.

- **Autodesk Sketchbook:** Damit erstelle ich kostenlos alle handgezeichneten Grafiken.
- **3D Product-Mockups:** Das sind diese tollen 3D-Grafiken für Buchcover oder Onlinekurse. Da gibt es etliche kostenlose Seiten zu. Ich verwende meist diybookcovers.com. Ein ansprechendes 3D-Cover sieht viel hochwertiger aus.
- **Inkscape:** kostenloses Vektorgrafikprogramm. Das ist besonders für Logos geeignet.

11.6.2 Meine wichtigsten Webseiten für Grafiken

In der Regel arbeite ich für meine Webprojekte nur mit kostenlosen oder selbsterstellten Grafiken. Ich passe diese an und wenn ich einen verrückten Tag habe, dann füge ich mehrere Bilder zu einem zusammen, arbeite mit Ebenen und etwas Transparenz oder tollen Schriftarten.

Folgende Seiten kannst du dir für kostenlose Grafiken ansehen:

- pixabay.com
- unsplash.com
- gratisography.com
- stockvault.net
- pexels.com
- rawpixel.com

Wenn du ein wenig Geld ausgeben willst oder auf den anderen Seiten nicht fündig wirst, kannst du dir folgende Seiten ansehen, die kostenpflichtige Bilder verkaufen:

- shutterstock.com
- depositphotos.com

11.6.3 Logo

Abschließend zum Thema Grafiken noch das Thema Logo, das immer wieder viele Einsteiger viel zu lange beschäftigt.

Hinweis: *Als Einsteiger brauchst du auch gar kein Logo oder nur ein einfaches Text Logo. Manchmal findest du auch ein passendes kostenloses Icon in kostenlosen Webschriftarten wie Font Awesome, welches du verwenden kannst. Investiere zu Beginn nicht zu viel Zeit und Geld in dein Logo.*

Wenn du ein Logo erstellen willst und selbst kein Grafiker bist, empfehle ich dir, jemanden damit zu beauftragen.

Meine Lieblingsseite dafür ist freelancer.com. Da kannst du sogenannte Design Contests erstellen. In diesen setzt du ein Preisgeld aus, ich nehme hier meist ca. 50$ und erhältst dann von vielen verschiedenen Designern Vorschläge für dein Logo. Du kannst deine Favoriten unter diesen Vorschlägen auswählen, Feedback geben, Änderungswünsche direkt mitteilen und so für ein unschlagbares Preis/Leistungsverhältnis ein ansprechendes professionelles Logo erhalten.

Etwas teurer, aber dafür meist hochwertiger, gibt es das gleiche Prinzip auch auf 99designs.com.

Wenn du es wirklich billig willst, kannst du Logos auch ab 5 $ auf Fiverr.com beauftragen. Aber hier musst du echt Glück haben, um für den Preis etwas Brauchbares zu erhalten.

Tipp: *Achte darauf, dass du dein Logo als Vektorgrafik erhältst die meisten Grafikprogramme, wie das oben erwähnte Gimp, arbeiten mit Pixeln. Wenn du das Logo vergrößerst, leidet die Bildqualität und sieht pixelig aus. Vektorgrafiken lösen das Problem, indem sie nicht mit Pixeln arbeiten, sondern mathematischen Formeln, die* *das Bild beschreiben. Dadurch können sie beliebig in der Größe angepasst werden.*

Das reicht soweit erst einmal schon zum Thema Grafiken und Bildern. Alle Programme und Webseiten, die ich in dem Bereich verwende, findest du auch nochmal ausführlich auf der Seite zum Buch und in der Online-Business-Tools Liste auf der Webseite.

Betrachten wir als nächstes das Thema Sprache.

11.7 Sprachinhalte aufzeichnen

Sprache ist in vielen Bereichen heutzutage eine sehr interessante Möglichkeit eine intensivere Beziehung zu deinem Publikum aufzubauen als Texte es können.

Sprachnachrichten in WhatsApp, Instagram und auch E-Mails werden immer beliebter, sind schnell erstellt und persönlicher.

Sprache ist außerdem auch die Grundlage vieler Formate für digitale Produkte. Ich verwende meine Stimme beispielsweise für den Podcast, meine Hörbücher und natürlich auch in Sprachaufnahmen für Videos auf YouTube oder in Onlinekursen.

***Tipp**: Verwende Sprache und achte auf eine gute Aufnahmequalität.*

Sprache ist also ein wichtiges Thema, das in Zukunft noch weiter an Bedeutung gewinnen wird. Deshalb sehen wir uns jetzt an, wie du Sprachinhalte erstellst.

***Hinweis:** Wenn du meine Sprachaufnahmen hören willst, kannst du gerne mal in den Podcast „Die Wunderliche Weltklugheit" reinhören. Teilweise nehme ich auch unterwegs am Strand oder im Pool auf, aber ab und zu auch in meinem Heimstudio.*

Die erste Möglichkeit für hochwertige Sprachaufnahmen ist es, dass du dir ein Tonstudio mietest. Das hat den Vorteil, dass du eine professionelle Akustik hast und dich Profis mit dem Fachwissen beim Mastering und der Aufnahme unterstützen. Wenn du nur eine einmalige Aufzeichnung, beispielsweise für ein Hörbuch planst, solltest du diesen Weg gehen.

Preislich kostet ein Tonstudio inklusive jemandem, der das Ganze für dich aufnimmt und nachbearbeitet ca. ab 300 Euro pro Tag.

Der Ablauf ist so, dass du einfach vor ein Mikrofon gesetzt wirst und dann deinen Text einsprichst. Wenige Tage später erhältst du dann, nach dem Mastering, die MP3-Dateien.

Mastering meint das Abmischen der Audiospuren, herausschneiden von Fehlern, Normalisierung der Lautstärke, Filterung von Störgeräuschen usw. Also alles, um mit einer Sprachaufnahme eine möglichst hohe Qualität zu erreichen.

Da ich mittlerweile relativ viel mit Sprache arbeite, habe ich mich dazu entschieden, mir die notwendige Hardware selbst für zu Hause anzuschaffen. Mittlerweile habe ich einen Podcast, diverse Onlinekurse, erstelle ab und zu ein YouTube-Video und nehme alle meine Bücher auch als Hörbuch auf. Bereits mit den Einnahmen aus einem einzigen Hörbuch hatte ich die anfänglichen Kosten schnell wieder raus.

Folgende Ausrüstung empfehle ich dir für ein günstiges professionelles Heimstudio.

11.7.1 Die Ausrüstung

- Mikrofon (zwischen 50 und 200 Euro)
- (optional je nach Mikrofon) Vorverstärker (ca. 50 - 100 Euro)
- Popschutz (ca. 10 - 20 Euro)

- Möglichst ruhigen Ort für die Aufnahmen
- Kopfhörer

Das richtige Mikrofon auszuwählen ist sicher die größte Herausforderung. Grundsätzlich ist jedes Podcaster-Mikrofon ab ca. 50 Euro ausreichend. Mein erstes Hörbuch habe ich mit einem sehr günstigen Mikrofon für ca. 40 Euro eingesprochen und es kamen keine Beschwerden über die Tonqualität. Ich habe die Aufzeichnung damals in einem begehbaren Kleiderschrank gemacht, um den Raumhall beim Klang zu vermeiden. Das war ungemütlich, aber hat funktioniert.

Um einen für dich angenehmen Klang zu finden, solltest du verschiedene Orte in deiner Wohnung ausprobieren.

Mit dem richtigen Mikrofon vermeidest du solche Probleme wie Raumhall oder Störgeräusche bereits direkt bei der Aufnahme.

Es gibt etliche Varianten und Meinungen zu dem Thema, aber diese orientieren sich nicht immer an den Bedürfnissen eines Heimstudios für Sprachaufnahmen.

Beispielsweise ist das Rode NT-1A ein hervorragendes Mikrofon, das praktisch überall empfohlen wird und eine sehr gute Aufnahmequalität bietet. Es handelt sich jedoch um ein Großmembran-Kondensator-Mikrofon. Mit den technischen Details dazu will ich dich nicht lange aufhalten, aber das Problem mit Kondensator-Mikrofonen im Heimgebrauch ist, dass diese extrem empfindlich sind. Das hat zur Folge, dass jedes Auto, das auf der Straße vorbeifährt, jeder Nachbarshund der bellt und jeder Vogel, der im Garten piept, auf der Sprachaufnahme zu hören ist.

Wenn du nach perfekten Mikrofonen für Sprachaufnahmen recherchierst, wirst du viele Empfehlungen zu guten Mikrofonen von Rode oder auch Shure finden.

Das Problem mit diesen Empfehlungen ist, dass diese sich auf Tonstudios beziehen. Akustisch speziell behandelte schallgedämmte und isolierte Räume. Du kannst jetzt anfangen, deinen Raum entsprechend zu isolieren usw., aber das war mir für ein Heimstudio zu viel Aufwand und würde nochmals deutlich teurer werden. Außerdem ist der Unterschied für Sprachaufnahmen kaum zu hören.

Daher meine Empfehlung: Nimm ein dynamisches Mikrofon, wenn du keinen speziellen akustisch behandelten Raum oder ein Tonstudio hast.

Dynamische Mikrofone sind nicht so empfindlich und nehmen nur das auf, was du direkt hineinsprichst. Die optimale Sprechentfernung beträgt meist nur 5-10cm. So vermeidest du im Vorfeld bereits störende Nebengeräusche und musst weniger nachbearbeiten.

Mein Aufnahmeraum liegt beispielsweise direkt an einer Straße und selbst bei offenem Fenster, hört man auf den Aufnahmen keine störenden Nebengeräusche von der Straße oder dem Lüfter des PCs.

Bei der Auswahl des Mikrofons hast du dann noch die Möglichkeit, ein USB-Mikrofon zu wählen oder aber eines mit XLR-Anschluss, welches noch einen Vorverstärker benötigt.

Für mein Heimstudio habe ich mich auf die Meinung von Experten und verschiedene Hörproben verlassen und mich für die analoge Variante mit XLR-Anschluss entschieden. Diese klang für mich immer deutlich besser. Das USB-Mikrofon ist zwar etwas günstiger und kompakter, da du keinen Vorverstärker benötigst, aber ich wollte das perfekte Setup und demzufolge wurde es als Mikrofon das Rode Procaster (ca. 160 Euro).

Der Vorverstärker ermöglicht dir, mehrere Mikrofone anzuschließen, stellt eine Phantomspeisung bereit, für Mikrofone die das benötigen, und du kannst dich in Echtzeit ohne Verzögerungen über einen Kopfhörer anhören.

Außerdem verstärkt er die Eingangssignale und du hast ein wesentlich lauteres und besseres Signal, das später kaum noch Nachbearbeitung benötigt.

Bei der Auswahl des Vorverstärkers habe ich mich für den Focusrite Scarlett 2i2 2G entschieden (ca. 120 Euro, aber das Solo für ca. 80 ist ausreichend, wenn du keine Interviews führst). Er funktioniert unter Windows, Mac und Linux mit allen bisher getesteten Programmen einwandfrei ohne weitere Treiberinstallation. Außerdem gibt es noch diverse professionelle Audio-Programme kostenlos dazu.

Für die konstante Sprechentfernung empfehle ich ein Stativ. Du kannst entweder ein Tischstativ verwenden oder aber dir einen Stativarm kaufen, den du am Tisch befestigen kannst.

Damit die Atemgeräusche reduziert und Ploplaute vermieden werden, solltest du dir einen Popschutz zulegen.

Hinweis: *Ploplaute oder auch Explosivlaute genannt sind Geräusche, die beim Aussprechen bestimmter Buchstaben wie P, B, D, und T entstehen. Halte einfach mal deine Hand dicht vor den Mund und sprich Laut ein Wort wie „Popschutz“ aus und dann zum Vergleich das Wort „Atem“. Du wirst beim ersteren Wort einen Windzug bemerken, wohingegen dieser beim zweiten nicht Auftritt. Dieser Windzug sorgt für die sogenannten Poplaute und wird durch einen Popschutz vermieden.*

Für die Mikrofone von Rode gibt es z. B. den WS2, der perfekt passt und deine Sprachqualität nochmal deutlich verbessert. Atemgeräusche werden reduziert und Ploplaute verschwinden völlig. Es gibt aber auch unzählige sehr günstige Alternativen um die 10 Euro, die völlig ausreichend sind.

Als letztes empfehle ich noch einen möglichst neutralen Kopfhörer, den du während der Aufnahme und zum Nachbearbeiten nutzt.

Neutral bedeutet, dass diese den Ton möglichst unverfälscht wiedergeben. Das Extra-Bass-Booster Feature brauchst du an dieser Stelle nicht. Preislich liegen sinnvolle Einsteigermodelle zwischen 20 Euro und 100 Euro.

Das komplette Setup kostet ca. 300-400 Euro, aber für mich hat es sich definitiv gelohnt. Wenn du dir das Geld erst einmal sparen willst, fang mit dem an, was du bereits besitzt oder nimm erst einmal die etwas günstigeren Alternativen.

Auf der Seite zum Buch findest du die komplette Ausrüstung mit aktuellen Produktempfehlungen auch nochmal verlinkt.

Wenn du die Hardware zusammen hast, benötigst du außerdem ein Aufnahmeprogramm.

11.7.2 Die Software

Ich nutze für alle Sprachaufnahmen das kostenlose Audacity, welches für Windows, Mac und Linux verfügbar ist. Die Bedienung ist sehr einfach, die Tonqualität gut und es funktioniert. Audacity hat außerdem den Vorteil, dass es durch verschiedene Plugins erweitert werden kann. Ich verwende beispielsweise Plugins zur Entfernung von Störgeräuschen, Reduzierung von Stille und einen Equalizer, der meine Stimme besser klingen lässt. Auf dem YouTube-Kanal findest du auch ein Video dazu, wie ich mit Audacity arbeite, um eine Sprachaufnahme für ein Hörbuch professionell nachzubearbeiten.

11.7.3 Tipps für eine gute Stimme

Mit der richtigen Hard- und Software wie oben beschrieben und ein bisschen Übung kannst du auf jeden Fall eine professionelle Sprachqualität erreichen, die sich auch nicht vor Tonstudioaufnahmen verstecken muss.

Das Feedback zu meinen aktuellen Aufnahmen war bisher immer sehr gut.

Abschließend gebe ich dir ein paar Tipps, welche deine Stimmqualität verbessern können:

- Das Hörbuch “Ich Rede” von Isabel Garcia war mein Einstieg in das “professionelle Sprechen”. Auf YouTube und ihrer Webseite findest du viele gute Inhalte zum Thema.
- Sprich im Stehen. So hast du mehr Stimmvolumen.
- Vermeide Raumhall. Hänge deinen Aufnahmeraum mit Decken ab oder gehe in einen möglichst kleinen Raum. (Bei dem teureren Setup, ist das nicht mehr erforderlich)
- Vermeide Atemgeräusche, indem du leicht am Mikrofon vorbei atmest/sprichst und auf die richtige Entfernung achtest.
- Sprich laut und deutlich.
- Öffne den Mund weit beim Sprechen. Ich habe anfangs immer zu undeutlich gesprochen. Da hat mir eine Übung geholfen, bei der ich einen Weinkorken beim Sprechen in den Mund zwischen die Zähne genommen habe. So habe ich gelernt, den Mund weiter zu öffnen. Meist habe ich das im Auto geübt und gab auch einige komische Blicke aus anderen Autos, aber es hat definitiv geholfen.
- Nimm ein Tablet / Smartphone oder einen zweiten Monitor, um Blättergeräusche beim Vorlesen zu vermeiden.
- Trinke ausreichend vorher und nimm Lippenbalsam, um Lippengeräusche zu vermeiden.
- Trinke zwischendurch viel. Vermeide kohlensäurehaltige Getränke.
- Mach Sprach- und Stimmübungen zum Aufwärmen.
- Mach regelmäßige Pausen. Du wirst merken, dass du sonst als ungeübter Sprecher schnell in einen sehr monotonen Tonfall verfällst und sogar heiser wirst.

- Finde deine „Indifferenzlage“. Das ist deine natürliche Stimmlage und wenn du in der sprichst, wirst du auch nicht mehr so schnell heiser.
- Wenn du wirklich professionell sprechen lernen willst, gibt es entsprechende Workshops, in denen du alles wichtige lernen kannst. Mir hat das sehr weitergeholfen.
- Achte auf eine gleichmäßige Einsprechposition und einen gleichen Abstand. Ich habe dazu vor jedem Abschnitt immer die Entfernung zum Mikrofon abgemessen. Mit Popschutz und dem obigen Setup waren es ca 3cm.
- Wenn du dich versprichst, klatsche zwei Mal in die Hände oder mach ein anderes lautes Geräusch. Du siehst so später leicht die Ausschläge in der Audiospur und kannst die Versprecher entfernen.
- Jedes Mikrofon hat eine Markierung, in die du sprechen solltest. (Bei Rode-Mikrofonen ist das z. B. ein goldener Punkt)
- Bereite deine Texte entsprechend vor. Erhöhe zum Vorlesen den Zeilenabstand und lies Absatz für Absatz.
- Die Stimme und die Stimmung sind untrennbar miteinander verbunden. In der richtigen Stimmung wird es dir viel leichter fallen, mit deiner Stimme zu begeistern. Du findest dazu auf der Webseite eine 10-Tages-Challenge verlinkt, mit der du deine Stimme trainieren kannst.

Wenn du dich an diese einfachen Tipps hältst und die richtige Ausrüstung hast, wirst du begeisternde Sprachinhalte erstellen, die deine Zuhörer fesseln und deine Produkte verkaufen.

Wenn das nicht gleich zu Beginn so funktioniert, wie du es dir wünscht, dann übe regelmäßig und trainiere deine Stimme. Auch das anfangs „komische“ Gefühl, deine eigene Stimme zu hören, wird irgendwann vergehen.

11.8 Videoinhalte aufzeichnen

Texte, Bilder und Sprache haben wir. Fehlen nur noch die Videos. Egal ob für die Webseite, den YouTube-Kanal, verschiedene Social-Media-Plattformen, ein Webinar oder für deinen Online-Kurs, Videos sind eines der beliebtesten digitalen Formate und eigenen sich hervorragend, um Inhalte gut verständlich zu vermitteln.

Gleich die Entwarnung vorweg: Du musst nicht in deinen Videos zu sehen sein. Viele sind da verständlicherweise etwas kamerascheu und ich zähle mich auch dazu. Wichtig ist, dass die Inhalte das Problem lösen und du Mehrwert lieferst und für viele Inhalte geht das, auch ohne dass du dich selbst zeigst.

Die entsprechenden Programme für die unterschiedlichen Betriebssysteme zum Aufzeichnen und Bearbeiten von Videos verlinke ich dir wieder auf der Webseite zum Buch. In diesem Abschnitt betrachten wir lediglich das grundlegende Konzept, wie du Videoinhalte erfolgreich erstellst.

11.8.1 Die Videoformate und die Ausrüstung

Wenn du mit der Erstellung von Videos beginnst, kannst du dich entscheiden, ob du die Inhalte über die Kamera aufnehmen willst, oder aber dich auf Bildschirmaufnahmen konzentrierst.

Ich stelle dir kurz beide Formate und die notwendige Ausrüstung vor. Viel mehr als diese Grundlagen solltest du in den meisten Fällen auch nicht für dein erstes Video berücksichtigen. Ich sehe es häufig, dass sich Einsteiger in der Recherche nach der perfekten Ausrüstung verlieren. Du solltest diesen Fehler vermeiden und so einfach wie möglich starten.

Hinweis: *Du solltest deine Videos immer mindestens in einer Full-HD Bildschirmauflösung von 1920 x 1080 Pixeln aufzeichnen. Für Kameraaufnahmen ist mittlerweile auch eine 4K-Auflösung empfehlenswert. Außerdem solltest du, wie im vorherigen Abschnitt erläutert, auf eine gute Sprachqualität achten.*

11.8.1.1 Kameraaufnahmen

Bei Kameraaufnahmen bist du in irgendeiner Form auf den Videos zu sehen. Empfehlenswert ist das immer, wenn du Sachen aus der „echten Welt" in irgendeiner Form zeigen oder erklären willst.

Beispielsweise:

- Yoga-Übungen
- Survival-Videos
- Fitness-Übungen
- Do-It-Yourself-Anleitungen
- Kochanleitungen
- Flipchart-Videos
- Live-Vorträge

Das sind alles Inhalte, wo es irgendwie sinnvoll ist, wenn du etwas zeigst. Dazu brauchst du in der einfachsten Form nur folgende Ausrüstung:

- Smartphone (Mittelklasse Geräte um die 200 Euro sind ausreichend)
- Ansteckmikrofon (5 - 50 Euro) oder Mikrofon wie oben vorgestellt für den Computer
- Stativ (ca. 20 Euro)
- Beleuchtung
- (optional) Green Screen / Teleprompter

Ein ausreichendes Smartphone haben die Meisten von uns bereits und alle aktuellen Smartphones in einer Preisklasse ab 150 - 200 Euro ermöglichen es, Videos in Full-HD-Auflösung von 1920 x 1080 Pixeln aufzunehmen. Wenn das Smartphone während der Aufnahmen in Bewegung ist, solltest du zusätzlich einen Gimbal verwenden. Dieser stabilisiert das Bild. Achte bei Smartphoneaufnahmen auch darauf, dass du horizontal aufnimmst, damit das Video auch auf größeren Bildschirmen gut aussieht.

Ergänzend zum Smartphone kannst du dir noch ein Ansteckmikrofon kaufen (Lavalier-Mikrofon) und ein Stativ, auf dem du dein Smartphone befestigen kannst. Beides zusammen erhältst du bereits für weniger als 25 Euro. Ich nutze aktuell einen externen Audiorecorder für die Sprachaufnahmen und lege die Audiospur dann in der Nachbearbeitung über das Video.

Die Alternative ist eine gute Webcam, mit der du die Mindestanforderungen auch erfüllst, aber nicht ganz so flexibel bist.

Eine große Herausforderung beim Erstellen solcher Videos ist die Beleuchtung. Achte darauf, dass das Licht möglichst von vorne kommt. Im Idealfall verwendest du die sogenannte 3-Punkte-Ausleuchtung, zu der du auf YouTube viele Informationen findest. Empfehlenswert ist es außerdem, wenn du Tageslicht verwendest und noch besser Tageslicht an einem bewölkten Tag oder aber eine Stunde nach Sonnenaufgang bzw. vor Sonnenuntergang. Du solltest also auch für Innenaufnahmen immer den hellsten Raum mit den meisten Fenstern nutzen. Nur leider können wir nicht beeinflussen wann die Sonne scheint und wann nicht.

Es gibt aber auch komplette Sets mit Videoleuchten, die preislich ca. 100 Euro kosten. Die künstliche Beleuchtung hat den Vorteil, dass du zu jederzeit eine identische Ausleuchtung erzeugst.

Hinweis: *Achte bei der Beleuchtung darauf, dass diese von allen Seiten gleichmäßig ist und verwende flimmerfreie LED-Lampen.*

Einige verwenden dann auch noch einen sogenannten Green-Screen. Das ist einfach ein komplett Gründer Hintergrund und du kannst in den meisten Videobearbeitungsprogrammen diesen dann leicht mit einem beliebigen Hintergrund austauschen.

Tipp: *Wenn du Probleme damit hast, dir deinen Text zu merken mach dir Notizzettel oder aber nutze eine Teleprompter App / Hardware, welche dir den Text in der Kamera einblendet.*

Wenn du die Ausrüstung zusammen hast, kannst du bereits mit dem Drehen der Videos beginnen. Für die Inhalte und den Aufbau der Videos sieh dir dazu am besten einfach entsprechende YouTube-Videos und lass dich inspirieren.

11.8.1.2 Bildschirmaufnahmen (Screencasts)

Wesentlich einfacher als die Kameraaufnahmen sind Bildschirmaufnahmen auch Screencasts genannt. Ich verwende dieses Format für alle meiner Webseiten, Produkte und Online-Kurse.

Ein Screencast ist eine Aufzeichnung von dem, was auf deinem Bildschirm passiert. Besonders geeignet sind sie, wenn du theoretische Inhalte, Präsentationsfolien, Forschungsergebnisse, die Bedienung von Programmen, Konzepte, etc. zeigen möchtest.

So kannst du beispielsweise Vorträge halten, indem du auf deinem Bildschirm die Folien durchklickst und deine Sprache aufzeichnest.

Screencasts sind schnell erstellt und auch später leicht zu bearbeiten.

Mein Tipp dazu ist, dass du den Präsentationsmodus nutzt und den Bildschirm im Vollbildmodus aufzeichnest und auf einem zweiten Monitor oder dem Smartphone die Notizen für deinen Vortrag hast.

Du benötigst für Bildschirmaufnahmen keine weitere Ausrüstung, außer dem Mikrofon, wie im vorherigen Abschnitt vorgestellt, und optional eine Webcam, falls du dich beim Sprechen im Video einblenden möchtest. Hier reicht jede handelsübliche gute Webcam (Preisklasse ca. 50 Euro).

Sicher hast du in Schule, Ausbildung, Studium oder Job schonmal einen Vortrag halten müssen. Einige mögen das, andere mögen das nicht. Ich mag es bis heute nicht vor anderen Leuten zu sprechen und bin, trotz diverser Vorträge, die ich bereits gehalten habe, bis heute vorher immer noch sehr aufgeregt.

Zum Glück erstellen wir nur ein Video und können so oft üben, wie wir wollen. Niemand sieht dir beim Vortragen zu und du kannst alle Versprecher einfach in der Nachbearbeitung herausschneiden. So ist das Halten von Vorträgen wesentlich entspannter. Bedenke hier aber auch wieder, dass es nicht perfekt sein muss, sondern nützlich.

11.8.2 Die Software

11.8.2.1 Videobearbeitungsprogramme

Ich nutze zur Aufzeichnung und Nachbearbeitung von Videos meist ein kostenpflichtiges Programm namens Camtasia. Es gibt aber auch diverse kostenlose Varianten wie CamStudio, iMovie oder OBS Studio.

Ich habe mich aufgrund der einfachen Nachbearbeitung, die mir extrem viel Zeit spart, für ein kostenpflichtiges Programm entschieden.

Du kannst aber mit allen sehr einfach deine Webcam oder den Bildschirm aufzeichnen.

Wenn du dann deine ersten Videos aufgezeichnet hast, geht es an die Nachbearbeitung. Du verbesserst die Tonqualität, schneidest

Versprecher heraus, blendest nützliche Zusatzinformationen ein und vieles mehr.

Für die Bedienung findest du auf YouTube etliche Anleitungen, so dass ich darauf an dieser Stelle nicht weiter eingehe.

11.8.2.2 Präsentationsprogramme

Für Bildschirmaufzeichnungen in denen du Inhalte in Form von Präsentationen vermitteln willst, empfehle ich dir eines der folgenden Programme:

- Google Solides (kostenlos)
- Microsoft Powerpoint
- Apple Keynote

Die ersten beiden sind für alle Betriebssysteme verfügbar und Keynote gibt es nur für den Mac.

Alle drei sind aber sehr gut dafür geeignet schnell und einfach Präsentationen zu erstellen. Du kannst Notizen hinterlegen und während der Aufzeichnung deines Videos einfach die einzelnen Folien im Präsentationsmodus durchgehen und dazu deine Sprache aufzeichnen.

Sehr nützlich finde ich auch die Funktion, dass du während der Präsentation direkt auf dem Bildschirm zeichnen kannst, wenn du Inhalte dort verdeutlichen willst. So wirkt deine Präsentation lebendiger.

Ein Wort noch zum Aussehen deiner Präsentation: Halte dich nicht zu lange mit solchen Details auf. Ich verwende meist sehr einfache weiße Folien, die oftmals nur ein Bild oder Wort enthalten. Selten gibt es dann ausführlichere Zeichnungen. Grafische Übergangseffekte und sonstige Spielereien vermeide ich komplett.

Wenn du Wert auf ein schickes Design legst, kannst du auf Marktplätzen wie envato.com dir einfach eine Vorlage kaufen. Das kostet oftmals nur wenige Dollar und spart dir eine Menge Zeit.

11.8.3 Tipps zur Aufzeichnung von Videos

- Plane deine Inhalte und bereite dich auf die Aufnahme vor.
- Mach bei Bildschirmaufzeichnungen immer ein Script, mit jedem Schritt den du sagen und zeigen willst.
- Üben! Gerne auch mehrfach. Ich lösche die erste Version meiner Videos grundsätzlich und erstelle eine zweite.
- Achte darauf, dass die Videos nicht zu lang sind. Bei Online-Kursen ist es gut, wenn jedes Video nur einen einzigen Hauptgedanken enthält.
- Achte unbedingt auf eine gute Sprachqualität bei Videos.
- Videoinhalte sollten aktuell mindestens in Full-HD-Auflösung (1920x1080 Pixel) erstellt werden.
- Achte darauf, keine sensiblen Daten zu zeigen. Beispielsweise keine fremden Personen ohne deren Erlaubnis, keine Autokennzeichen oder bei Bildschirmaufzeichnungen auf dem Desktop keine Passwörter.
- Schalte Benachrichtigungen jeglicher Art während der Aufnahme ab.
- Achte auf eine gute Beleuchtung und einen einfachen Hintergrund bei Kameraaufnahmen.
- Nimm für Kameraaufnahmen mit dem Smartphone immer die Rückkamera. Diese hat meist eine wesentlich bessere Videoqualität.
- Achte auf deine Körpersprache und die Kamerapräsenz. Ein bisschen lächeln, klar und deutlich sprechen, gerade Körperhaltung und ganz viel Übung hilft.

- Hole dir Feedback von Freunden und Bekannten zu deinen Videos.
- Nimm in kurzen Abschnitten auf und füge diese später zu einem gesamten Video zusammen. Solltest du als Sprecher vor der Kamera zu sehen sein, nimm jeweils am Ende eines Abschnitts eine neutrale Grundhaltung ein, damit die Schnitte später nicht stören.
- Die Regel der 3: Unterteile deinen Bildschirm in 3 Reihen mit je 3 Feldern. In den Schnittpunkten der Linien sind die idealen Positionen für wichtige Elemente deines Videos. Einige Smartphones erlauben es auch, dir dieses Gitter (engl. Grid) anzuzeigen.

Das war es soweit, zum Thema Videoinhalte aufzeichnen.

Ich möchte mit diesem Abschnitt nur erreichen, dass du zwei Dinge mitnimmst.

1. Du brauchst keine teure Ausrüstung oder jahrelange Erfahrung zur Erstellung von Videoinhalten.
2. Die Erstellung und Bearbeitung ist mit modernen Videoschnittprogrammen für jeden leicht zu lernen.

Du kannst also spielend einfach eine erste Version eines Videokurses innerhalb weniger Tage erstellen, wenn du die Inhalte wie oben beschrieben gut recherchiert hast. Ich kenne z. B. einen sehr erfolgreichen Videokurs zum Thema Selbstbewusstsein, der nur mit dem Smartphone und der Selfiekamera, sogar ohne Stativ, aufgenommen wurde und trotzdem extrem beliebt ist und über 10.000 Euro monatlich verdient.

Wichtig ist, dass du anfängst und umsetzt.

11.9 Ein Webinar erstellen

Ein Webinar ist ein Vortrag, den du online hältst. Das ist praktisch, weil du Wissen vermittelst, direkt mit den Interessenten redest und das Beste, sowohl du als auch deine Teilnehmer können bequem zu Hause in Unterhose sitzen bleiben. Zumindest solange die Webcam nicht zu viel zeigt.

Du kannst den Vortrag dazu entweder aufzeichnen, oder aber Live halten.

Beide Varianten haben ihre Vor- und Nachteile.

Ein aufgezeichnetes Webinar ermöglicht es dir, den ganzen Prozess voll zu automatisieren. Dazu musst du lediglich einen Vortrag aufzeichnen. Wie das geht, hast du ja bereits im Abschnitt über Bildschirmaufzeichnungen gelernt.

Den Rest übernimmt dann eine sogenannte Webinar-Software, die du auch wieder auf der Webseite findest. Du lädst das Video deines Vortrages bei dem Anbieter der Webinar-Software hoch und nimmst einige Einstellungen vor. Die ausführlichen Schritte findest du als Videoanleitung auf der Webseite zum Buch.

Die Teilnehmer können sich dann auf deiner Webseite einen Termin reservieren. Sämtliche Aktionen sind dann voll automatisiert. Von Erinnerungs-E-Mails bis hin zu verschiedenen Pop-Ups, Downloads und Links während des Webinars oder automatisierten Chat-Nachrichten von Teilnehmern.

Aufgezeichnete Webinare eignen sich hervorragend zum Verkauf von Videokursen. Du stellst das Thema vor, lieferst ca. 30 Minuten Mehrwert und einige Aha-Erlebnisse, die zeigen, dass du Ahnung von deinem Thema hast. Am Ende der Präsentation kannst du dann ca. 10 Minuten deinen Videokurs vorstellen. Du kannst dich auch, während das Video abgespielt wird, in den Chat einloggen und direkt mit den Zuschauern schreiben und Fragen beantworten.

Tipp: *Die meisten erfolgreichen Webinare haben eine Länge von ca. 60 Minuten.*

Im Gegensatz zu einem reinen Video auf YouTube oder deiner Webseite hat ein Webinar den Vorteil, dass du die Kontaktdaten abfragen kannst und sich die Teilnehmer für den Termin extra Zeit reservieren.

Die Alternative zu den aufgezeichneten Webinaren sind Live-Webinare. Diese kannst du mit speziellen Softwareanbietern wie Zoom umsetzen. Du kannst ebenfalls auf YouTube, Facebook, Twitch, Instagram oder anderen Streaming Plattformen Live gehen.

Die Programme wie Zoom ermöglichen es dir, deinen Bildschirm mit der Präsentation freizugeben. Zu einem vorher von dir festgelegten Termin können sich die Teilnehmer dann in einen virtuellen Konferenzraum einloggen, deinen Bildschirm sehen und hören.

So ein Live-Webinar ist zunächst etwas mehr Arbeit und Live kann vieles schief gehen. Es kann passieren, dass die Technik Probleme macht, du deinen Text vergisst oder die Webcam umfällt und du wirklich in Unterhose da sitzt.

Aber du sammelst wertvolles Feedback zu den Inhalten, baust leichter eine emotionale Beziehung auf und kannst direkt auf alle Teilnehmer eingehen. Das macht dieses Format so interessant und in der Regel verkaufst du in Live-Webinaren wesentlich besser.

Die Erstellung eines Webinars ist recht einfach für beide Varianten. Du recherchierst und strukturierst die Inhalte wie oben gezeigt, erstellst daraus Präsentationsfolien beispielsweise mit dem kostenlosen Google Präsentationen und machst dir Notizen zu den einzelnen Folien. Ich empfehle hier wieder Stichpunkte, damit die Sprache frei und natürlich wirkt.

Diese Präsentation zeichnest du dann entweder auf deinem Bildschirm auf und lädst das Video bei dem Anbieter für automatisierte Webinare hoch, oder aber du präsentierst sie live, wenn die Teilnehmer in deinem virtuellen Konferenzraum sind.

Tipp: *Auch wenn du ein Live-Webinar planst, zeichne deinen Vortrag trotzdem vorher einmal auf und sieh ihn dir selbst an. So kannst du deine Sprache und Wirkung überprüfen.*

11.10 Aufgaben Schritt 3: Inhalte

Du hast gelernt, wie du Inhalte findest, die die Leute wirklich interessieren und wie du eine Seite sinnvoll inhaltlich aufbaust. Jetzt ist es an der Zeit, das in die Praxis umzusetzen.

Folgende Aufgaben solltest du als Nächstes angehen:

1. Erstelle die Inhalte für deine Startseite.

2. (optional) Erstelle eine “Über mich” Seite in der du ein paar Informationen zu dir festhältst.

3. Schreib mindestens einen Artikel zu deinem Thema.

4. (optional) Erstelle ein Logo.

5. (optional) Lass ein paar gute Fotos von dir machen und binde die auf deiner Seite ein. (Das müssen kein Fotografen-Bilder sein, Smartphone reicht für den Anfang)

6. Erstelle eine Grafik.

7. Erstelle eine Sprachaufnahme

8. Erstelle ein einfaches Video.

9. Erstelle eine einfach Verkaufs-Seite, auf der du dein Angebot aus Schritt 1 einfügst. Erstelle einen „Kaufen-Button" auf dieser Seite. Dieser muss erstmal nur vorhanden sein.

12. Schritt 4: das Produkt

Grüble nicht, was möglich ist und was nicht. Tu, was du mit deinen Kräften zustande bringst - darauf kommt alles an. (Leo Tolstoi)

Ziel: Nach diesem Schritt hast du eine minimale verkaufsfähige Version deines digitalen Produktes.

Du bist schon weit gekommen, du hast ein Thema, eine Idee und hast sogar schon eine Webseite gebaut.

Jetzt ist es an der Zeit stolz durch die Seite zu scrollen und zu klicken. Ich weiß noch, wie stolz ich vor mittlerweile fast 20 Jahren auf meine erste HTML-Seite war. Ich mag solche Ergebnisse und das ist etwas, was du mit jedem teilen kannst. Ab jetzt hast du dein eigenes Sprachrohr in die Welt.

Bevor wir das Sprachrohr verwenden, um damit Geld zu verdienen und dein Online-Business aufzubauen, brauchen wir erst ein Produkt. In diesem Schritt 4, sehen wir uns an, wie du dein erstes digitales Produkt für den Verkauf erstellen kannst.

Beim Produkt ist es ganz wichtig, dass du dich nochmal an die Mindset-Sachen zu Beginn des Buches erinnerst. Vermeide Perfektionismus, fang an, setz um, setze dir eine Deadline, etc.

Alles was wir mit diesem Schritt erreichen wollen ist, dass du deine Idee, deine Vision, wo du mit deinem Produkt hinwillst, den Kunden präsentieren kannst.

12.1 Die drei Möglichkeiten

Zu diesem Zeitpunkt hast du jetzt drei Möglichkeiten, wie du deine Idee schnellstmöglich umsetzen oder testen kannst. Ich stelle dir alle drei kurz vor und sage dir, worauf du achten solltest.

12.1.1 Ideen testen ohne Produkt

Ein Buch über digitale Produkte und wir wollen die Idee ohne Produkt testen. Das klingt sicher erst einmal komisch, aber ist genial.

Ein ganz wichtiges Ziel dieses Buches ist, dass du anfängst, ins Handeln kommst und dir danach sicher sein kannst, dass deine Idee auch funktioniert bevor du zu viel Zeit oder Geld investierst.

Ein guter Ansatz dazu ist es, erst einmal, ohne Produkt zu starten.

Woher weißt du, ob eine Idee gut ist?

Wenn sich einerseits Leute dafür interessieren und andererseits bereit sind, dafür Geld auszugeben.

Beide Sachen können wir auch ohne Produkt herausfinden.

Dazu benötigst du zwei weitere Seiten, die du in Wordpress anlegst.

Erstens: eine Verkaufsseite, auf der du dein Angebot präsentierst. Auf deiner Verkaufsseite erstellst du einen „Kaufen-Button" und diesen verlinkst du auf die Produktseite. Wie du so eine Seite erstellst, betrachten wir im fünften Schritt.

Zweitens: die Produktseite. Eine Seite, auf die alle Besucher gelangen, nachdem sie auf den Kaufen-Button geklickt haben.

Deine Idee ist dann gut, wenn erstens genug Leute auf deine Verkaufsseite gehen und zweitens auf den Button klicken, um dein Produkt zu kaufen.

Du kannst dann mit Google Analytics (oder jedem anderen Tracking-Tool) beispielsweise leicht messen, wie viele deiner Besucher auf diesen Kaufen-Button klicken und auf die Produktseite gelangen.

Anhand der gezählten Seitenaufrufe der Produktseite kannst du ungefähr abschätzen, wie viele Besucher deiner Seite am Kauf deines Produktes interessiert waren.

Du siehst ebenfalls den Anteil der Besucher, die auf der Verkaufsseite den Kaufen-Button klicken. So kannst du messen, wie gut deine Verkaufsseite funktioniert.

Auf der Produktseite, auf welche die Besucher nach dem Klick auf den Kaufen-Button gelangen, schreibst du etwas in dem Stil von:

"Hallo, Danke für dein Interesse. Mein Buch ist aktuell zu 90% fertig. Wenn du Interesse an einem Probekapitel hast und über die Veröffentlichung informiert werden willst, trag jetzt hier deine Email ein und ich sage dir dann bescheid."

Alternativ kannst du die Interessenten bitten, dir eine E-Mail zu schicken. Dazu kannst du mit dem Contactform7 Plugin, ein Kontaktformular auf deiner Produktseite einrichten oder aber du erstellst einen E-Mail-Link.

Dieses Testverfahren ermöglicht dir, ohne großen Aufwand deine Idee zu testen, ohne dass du vorher viel Zeit oder Geld investieren musst.

Außerdem kannst du auf diese Weise bereits mit der Vermarktung beginnen, auch wenn du noch kein Produkt hast. Wenn dein Produkt dann fertig ist, hast du im Idealfall bereits die E-Mail-Adressen von Interessenten und kannst sofort mit dem Verkauf beginnen.

Ob das funktioniert, hängt jedoch ein wenig von der jeweiligen Nische ab. Wenn es ein sehr dringendes und akutes Problem ist, wie die Rückenschmerzen, die dein Besucher genau in dem Moment hat, wird ihn eine Lösung in einem Monat vielleicht nicht so sehr interessieren.

Versetz dich dazu einfach wie immer kurz in die Rolle deines Kunden. Bei so einem dringenden Problem kannst du aber beispielsweise ein Probekapitel zum sofortigen Herunterladen anbieten.

So erhältst du einerseits Feedback zu deiner bisherigen Arbeit und andererseits kannst du sofort Mehrwert liefern.

Das Probekapitel sollte unbedingt bereits ein Problem lösen. Beispielsweise „10 Übungen, die du sofort gegen deine Rückenschmerzen durchführen kannst“. Dein darauf aufbauendes Produkt enthält dann Lösungsvorschläge, wie Rückenprobleme in Zukunft vermieden werden können.

Auf der Produktseite hast du auch noch weitere Möglichkeiten. Du kannst einen kurzen Inhaltsüberblick geben und die Besucher darum bitten, eine E-Mail zu schreiben, mit Inhalten, die sie sich zusätzlich wünschen.

Du kannst ebenfalls eine Umfrage zum Produkt auf der Seite einbinden mit einem kostenlosen Programm wie Typeform.

Was auch manchmal funktioniert ist ein Vorverkauf. Der Text ist der Gleiche, aber jetzt können die Interessenten für einen Rabatt von 50% bereits dein Produkt sofort kaufen. Du erhältst so im Vorfeld Geld und deine Interessenten erhalten dein Buch dann nach Fertigstellung.

Das Prinzip ist aber immer das Gleiche und funktioniert für alle Varianten von digitalen Produkten:

Fordere die Besucher deiner Webseite zum Handeln auf. Miss die Reaktionen / Klicks auf den Kaufen-Button. Frag in irgendeiner Form eine Kontaktmöglichkeit und Feedback zu deiner Produktidee ab.

Du kannst auch, wenn du mehrere Ideen hast, für alle deiner Ideen so eine Webseite erstellen und im Vorfeld messen, welche dieser Seiten am Besten funktioniert. Das wird dir eine Menge Zeit und Geld sparen und dir die Unsicherheit nehmen, ob deine Idee wirklich gut ist oder nicht.

12.1.2 Fremde Produkte verkaufen (Affiliate-Marketing)

Die zweite Alternative ist Affiliate-Marketing. In Kurzform bedeutet dass, du verkaufst die Produkte anderer und erhältst dafür eine Verkaufsprovision. Die Provision liegt bei digitalen Produkten meist bei 30-50%.

Der große Vorteil ist, du kannst also sofort online Geld verdienen, da du dich erst einmal nicht auf die Erstellung eines eigenen Produktes konzentrierst sondern ein fremdes Produkt das thematisch zu deiner Seite passt vermarktest.

Ich habe das erfolgreich in einigen Bereichen umgesetzt, an denen ich nur wenig Interesse habe.

Dazu habe ich mir auf einem Marktplatz wie Digistore24 ein fremdes Produkt gesucht, das ich vermarkte.

Das kann ich für alle möglichen Bereiche machen. Egal ob physische oder digitale Produkte. Gerade in den Hauptbereichen, die ich bereits oben vorgestellt habe, wirst du etliche interessante Produkte finden.

Jetzt fragst du dich vielleicht, warum du überhaupt noch ein eigenes Produkt erstellen solltest?

Affiliate-Marketing ist ein gutes Geschäftsmodell für den Start. Aufwand, Risiken, und Kosten sind gering und du kannst sofort beginnen.

Unser Ziel mit diesem Buch ist es aber, ein nachhaltiges langfristiges Business aufzubauen und zu lernen.

Wenn du mit Affiliate-Marketing die Produkte anderer vermarktest, verdienst du je nach Produkt und Nische kurzfristig gutes Geld. Aber: Du bist immer vom Hersteller des Produktes und seinen Entscheidungen abhängig. Außerdem baust du mit deinen Anstrengungen sein Business, seine Reichweite, seine Marke und seine Bekanntheit auf.

Deshalb ist ein eigenes Produkt auf lange Sicht meist interessanter, da eines der wichtigen Ziele die Unabhängigkeit war.

Trotzdem kann Affiliate-Marketing ein guter Start sein. Du findest interessante digitale Produkte, die du bewerben kannst, unter anderem auf folgende Wege:

- Online-Recherche zu deinem Thema: Viele Verkäufer haben irgendeine Form von Affiliate-Programm. Du kannst diese anschreiben und ihnen deine Hilfe beim Verkauf anbieten.
- Marktplätze für digitale Infoprodukte: Der größte deutschsprachige Marktplatz für digitale Produkte ist Digistore24. International sind es Seiten wie Clickbank, auf denen du tausende Produkte findest, die für eine Affiliate-Partnerschaft in Frage kommen.

12.1.3 Ein eigenes Produkt entwickeln

Die dritte Möglichkeit ist es, ein eigenes Produkt zu entwickeln. Du hast die volle Kontrolle, 100% der Einnahmen, baust deine eigene Marke auf und dein eigenes Business.

Du kannst, wenn du die gleich vorgestellten MVP-Prinzipien berücksichtigst, auch innerhalb kurzer Zeit mit dem erfolgreichen Verkauf beginnen.

Ich kombiniere in meinem Online-Business meist die erste Variante „Ideen testen ohne Produkt“ mit dieser. Ich erstelle eine minimale Webseite, erstelle den Kaufen-Button und lerne von Anfang an, schon während ich das minimale Produkt erstelle, wie das Feedback aussieht.

Unter anderem deshalb ist dieses Buch auch so aufgebaut, dass wir erst die Webseite erstellt haben und uns jetzt erst um das Produkt kümmern.

Der große Vorteil ist, dass während du dein Produkt erstellst, bereits die Kontaktdaten von Interessenten und potentiellen Käufer einsammeln kannst. Du startest also ab Tag 1 mit der Vermarktung deines Produktes. Das ist für fast alle Produkte und Ideen eine gute Idee. Erst ein komplettes Produkt zu erstellen birgt das Risiko, dass am Ende niemand kauft oder aber du am Markt "vorbeientwickelst" und dein Produkt nicht den Bedürfnissen deiner Kunden entspricht.

Außerdem verlierst du wertvolle Zeit. Wenn du erst das Produkt entwickelst, es dann veröffentlichst, wird nämlich erst einmal gar nichts passieren. Denn bisher kennt dich keiner und die Welt hat auch meist nicht auf dich oder dein Produkt gewartet.

Das kann ein sehr frustrierender Moment sein, den ich auch oft durchgemacht habe. Ohne Vermarktung ist das aber ganz normal.

Deshalb beginne so früh wie möglich mit der Vermarktung und dem Reichweitenaufbau. Auf das Thema Marketing gehe ich in Schritt 6 aber noch im Detail ein.

Ansonsten sollte diese Möglichkeit soweit klar sein. Du entwickelst dein eigenes digitales Informationsprodukt. Ich empfehle dir, mit einem günstigen eBook zu starten und darauf aufbauend kannst du ggf. einen Videokurs, ein Coachingprogramm oder andere teurere Inhalte verkaufen.

Wie genau du bei der Erstellung deines eigenen Produktes vorgehst, darauf gehe ich jetzt im Rest des Kapitels ein.

12.2 Das MVP-Prinzip

In diesem Abschnitt lernst du eines der wichtigsten Erfolgsprinzipien kennen, welches der Schlüssel zum Erfolg in meinem eigenen Business war.

Es handelt sich um das MVP-Prinzip. MVP - Minimum Viable Product - bedeutet übersetzt so viel wie die Minimale nützliche Version eines Produktes. Dieses MVP-Prinzip stammt von Eric Ries und seinem Lean-Startup-Konzept und hat sich bereits tausendfach bewährt.

Das Ziel ist es, eine erste nützliche Version deines Produktes zu erstellen, mit so wenig wie möglich Aufwand für dich, aber größtmöglichem Nutzen für deine Kunden.

Auf ein digitales Produkt wie ein Buch übertragen bedeutet das in der Praxis, dass du nicht erst das gesamte Buch schreibst. Du schreibst lediglich ein einziges Kapitel mit einer konkreten Problemlösung.

Diese Version deines Produktes hat vier Ziele:

1. Testen, ob jemand bereit ist, für deine Lösung Geld zu bezahlen.
2. Den potentiellen Kunden die bestmögliche Idee deines Produktes zu vermitteln.
3. Echtes Feedback vom Markt zu sammeln. Echte Zahlen, echte Kunden, verschiedene Meinungen zu deinem Produkt und Möglichkeiten zur Verbesserung.
4. Marketing ab dem ersten Tag. Du positionierst dich als Experte für ein Thema und kannst bereits mit dem Reichweitenaufbau beginnen.

Nachdem du die erste minimale nützliche Version deines Produktes fertig gestellt hast, beginnt der "Bauen - Messen - Lernen"-Zyklus.

Du baust die erste Version, misst die Ergebnisse und lernst daraus.

Das gelernte setzt du dann direkt um und baust die nächste Version. Diesen Prozess wiederholst du dann solange, bis dein Produkt immer besser wird und du immer mehr lernst.

Dieses Buch ist ebenfalls auf diese Weise entstanden. Ich habe eine minimale Version geschrieben mit allen Inhalten, die mir eingefallen sind. Das Feedback der Leser wertete ich dann aus und verbesserte das Buch immer weiter. Außerdem habe ich bereits das erste Kapitel, zum Thema Ideen finden, auf meiner Webseite kostenlos zum Herunterladen angeboten. So konnte ich bereits, während ich die anderen Kapitel schrieb, Kontaktinformationen zu interessierten Lesern sammeln.

Deshalb: Ich freue mich auch über dein Feedback zum Buch. Schreib mir gerne eine Mail. Ich lerne dann daraus und passe den Inhalt des Buches oder der Leserseite entsprechend an.

Hinweis: *Ganz wichtig ist aber hier der Fokus auf das Wort Viable (englisch für nützlich). Eine inhaltslose Webseite mit einem*

Newsletter-Formular ist kein Produkt. Eine lieblose Variante deines Angebotes voller Fehlern ist kein nützliches Produkt. Ein Probekapitel in dem nur das Vorwort enthalten ist, ist ebenfalls kein nützliches Produkt.

Denke hier an die Kriterien für gute Ideen. Du willst einen Mehrwert liefern. Falls das zu lange dauert, dann erkläre den Kunden, was du vorhast. Biete bereits alle Funktionen an und sage ihnen, was als Nächstes kommt, wenn es denn angefragt wird. Gerade wenn du in einen bestehenden Markt mit deinem Produkt gehst, konkurrierst du ja auch mit anderen Produkten.

Von daher bringt es nichts, eine Minimalversion zu bauen, wenn diese nicht konkurrenzfähig ist oder keinen Mehrwert bietet. Du kannst daraus nur wenig messen oder ableiten.

12.2.1 Die Vorteile des MVP-Prinzips

Die beste Idee ist gar nichts wert, wenn du sie nicht umsetzt.

Der klassische Ansatz der Produktentwicklung wäre es jetzt, wenn du dich die nächsten 2-3 Monate hinsetzt und ein fertiges Buch schreibst oder gar einen ganzen Online-Videokurs erstellst.

So bin ich früher leider oft vorgegangen. Ich habe Monate oder gar Jahre verschwendet mit unfertigen Produkten, die ich nie veröffentlicht habe, weil ich Zweifel hatte oder immer weiter alles perfektionieren wollte.

Dieses Vorgehen, erst das komplette Produkt zu erstellen, hat insbesondere für Einsteiger diverse Probleme, die mit dem MVP-Prinzip vermieden werden.

- Du kennst den Markt nicht! Alles was du derzeit weißt, sind Annahmen. Sicher du hast die Zahlen, die potentiellen Suchanfragen etc., aber dies sind trotzdem alles bisher nur Annahmen. Auf Basis solcher Spekulationen mehrere Wochen oder gar Monate deiner Zeit oder deines Geldes zu investieren, ist riskant und erfordert einiges an Selbstvertrauen und Mut. Der Vorteil des MVP-Prinzips an dieser Stelle ist, dass du Fakten schaffst. Du hast ein Produkt und siehst sofort, ob jemand sich dafür interessiert und es kauft.
- Du lernst die Bedürfnisse deiner Kunden kennen. Du erstellst die minimale Version und fragst dann deine Kunden, was ihnen jetzt noch fehlt und wie du das Produkt weiter verbessern könntest. So entwickelst du ein Produkt, dass genau den Bedürfnissen deiner Kunden entspricht.
- Du überwindest Perfektionismus: Ich kann jahrelang an einem Buch schreiben, mit jedem Mal, welches ich eines meiner Bücher lese, fallen mir diverse Stellen auf, wo ich etwas ergänzen oder verbessern könnte. Aber Perfektion gibt es ohnehin nicht und ob es ein gutes Buch ist, entscheide nicht ich, sondern meine Leser. Wenn es ihnen hilft, dann ist es gut. Dazu muss es nicht absolut fehlerfrei sein oder mit tollen Grafiken glänzen. Wichtig ist, dass der Inhalt nützlich ist.
- Fokus auf das Wichtige: Das tolle Logo und die perfekte Rechtschreibung sind nicht wichtig. Ziel ist ja eine minimale Version. Du fokussierst dich nur auf das was zählt und die ganzen kleinen Details die oft viel zu viel Zeit kosten, lässt du am Anfang weg. Hier gilt das Pareto-Prinzip, dass wir 80% der Ergebnisse meist mit 20% des Aufwands erreichen. Die letzten 20% bis zur Perfektion kosten uns nochmal 80% des Aufwands und sind es am Anfang einfach nicht wert.

- Du beginnst ab Tag 1 mit dem Marketing, weil du ein Produkt hast, welches du vermarkten kannst. Erst 2-3 Monate zu schreiben und dann am Markt zu starten ist frustrierend. Ich habe diesen Fehler auch gemacht. Du drückst auf veröffentlichen, erwartest, dass die Käufe kommen, aber es passiert genau gar nichts.

So ein minimal nützliches Produkt wie ein kurzes eBook hat noch einen ganz wichtigen weiteren Vorteil. Die Einstiegshürde für einen Kauf ist aufgrund des geringen Preises sehr gering. Das eBook kostet z. B. nur 7,99 Euro und der komplette Videokurs 199 Euro. Was denkst du, wird eher gekauft?

In dem Moment aber, in dem jemand das günstige eBook kauft, passiert etwas ganz Wichtiges. Vom Interessenten wechselt sein Status zum Käufer. Du hast jetzt einen Kunden.

Studien zeigen, dass die Wahrscheinlichkeit, dass ein zufriedener Kunde nochmal bei dir kauft, 7 mal höher ist. Also ist das die perfekte Ausgangsbasis für spätere weitere Produkte. Diese Ausgangsbasis und den Statuswechsel vom Interessenten zum Käufer zu schaffen, ist einer der wichtigsten Grundsteine für dein erfolgreiches Online-Business.

Also zusammengefasst: MVP-Prinzip ist eine feine Sache und wir sehen uns jetzt mal an, wie wir das ganze praktisch auf unser Infoprodukt anwenden.

12.2.2 Das MVP-Prinzip in der Praxis

Egal welche Form von digitalem Produkt du langfristig erstellen willst, wir beginnen das MVP mit der einfachsten Form, einem eBook.

Ein eBook ist nichts anderes als eine einfache PDF-Datei. Dieses kannst du kostenlos in Google Docs oder in Office mit geringem Aufwand schreiben und anschließend verkaufen. Dieses Buch habe ich beispielsweise in Google Docs geschrieben und dann für die digitale Version als PDF exportiert.

Die Anzahl der Worte ist gar nicht so wichtig, manchmal reichen 2.000 Wörter und manchmal benötigst du 10.000 Wörter, um ein Problem zu lösen.

Als Beispiel gebe ich dir mal ein paar große Themen für Bücher/ Online-Kurse und ein dazu passendes MVP, welches bereits Mehrwert liefert:

- Ratgeber Rückenschmerzen: 10 Sofortübungen bei akuten Schmerzen
- Diätratgeber: 10 schnelle und günstige Rezepte mit denen du garantiert abnimmst
- Flirtratgeber: Ansprechangst überwinden - Mach den ersten Schritt mit dieser einfachen Methode

Das MVP-Prinzip klappt aber nicht nur für digitale Produkte. Bei Airbnb sind die beiden Gründer mit ihrer eigenen Wohnung gestartet und haben diese auf einer Webseite zur Vermietung angeboten.

Einer der heute größten Onlinehändler der Welt zappos.com ist komplett ohne Inventar gestartet. Sie haben dazu erst einmal alles möglichen Produkte angeboten. So konnten sie messen, was die Besucher des Onlineshops kaufen wollten. Im letzten Schritt erst haben sie begonnen, die Produkte zu lagern.

Drop Box ist ein anderes tolles Beispiel. Hier bestand das MVP aus einem Erklärvideo. In diesem erklärte der Gründer die Idee eines geteilten Ordners auf den man jederzeit und von überall zugreifen kann. Über 70.000 Leute fanden die Idee so gut, dass sie sich mit ihrer E-Mail angemeldet haben. Als das Produkt dann fertig war, konnte der Gründer sofort mit dem Verkauf an diese große Liste von Interessenten beginnen.

Ich denke anhand dieser Beispiele ist das Prinzip so weit klar geworden. Du schreibst nicht den kompletten Flirtratgeber, sondern suchst dir ein konkretes dringendes Problem deiner Zielgruppe, welches du sofort lösen kannst.

Wichtig ist aber, dass deine Produkte später auf diesen Inhalten aufbauen. Wenn du jetzt ein Kapitel deines Flirtratgebers schreibst, „10 Tipps für besseren Sex“, dann ist das sicher hilfreich und interessant für viele. Die potentiellen Käufer deines Produktes aber, haben ja meist noch gar keinen Sex, den sie verbessern können.

Das “Probekapitel”, das du für dein MVP erstellst, kannst du verschenken oder für einen minimalen Preis verkaufen und dann sofort Feedback einholen, vor welchen Herausforderungen deine Kunden beim Flirten noch stehen.

Du löst dann weitere Herausforderungen und wenn das eBook erfolgreich ist, kannst du weitere Formate wie Videos ergänzen.

Hinweis: *Dieses MVP ist das Marketing für dein Hauptprodukt. Also selbst wenn du es nur verschenkst, sollte es gut und nützlich sein. Wenn du schon so ein hilfreiches eBook verschenkst, wie gut sind dann erst deine bezahlten Inhalte? Fakt ist auch, wenn du hier schlechte Qualität ablieferst, selbst wenn es nur geschenkt ist, wird niemand später kaufen. Deshalb: mach das MVP gut! Nicht perfekt, aber so, dass es deinen Lesern hilft und Lust macht, auf weitere Inhalte.*

Tipp: *Wenn mal etwas nicht funktioniert oder du einen Fehler machst, was im MVP-Prinzip vorkommen kann, dann entschuldige dich. Übernimm die Verantwortung für den Fehler. Erkläre kurz, wie es dazu kam, biete kostenlos eine Behebung an und dann ergänze noch ein paar ernstgemeinte Worte der Reue und sorg dafür, dass es nicht wieder vorkommt.*

12.3 Die ersten Inhalte für dein Produkt

Betrachten wir als Nächstes, wie du die Inhalte für dein digitales Produkt erstellst. Ich empfehle meist mit einem eBook zu beginnen, aber wenn du die Struktur und Inhalte beisammen hast, ist es auch möglich, daraus einen Videokurs zu erstellen.

Bei den Inhalten für dein Produkt hast du, unabhängig vom gewählten Format, auch wieder drei Möglichkeiten, die wir uns gleich im Detail ansehen.

1. Du kannst eigene Inhalte erstellen.
2. Du kannst jemanden beauftragen, Inhalte zu erstellen.
3. Du kannst mit Experten in dem jeweiligen Thema zusammenarbeiten und so eine Plattform für deren Inhalte erstellen.

Wie du Inhalte für dein Produkt findest, weißt du an dieser Stelle bereits. Im dritten Schritt haben wir das Thema Recherche und Erstellung von Inhalten ja bereits ausführlich behandelt.

Sieh nach, wonach die Leute online suchen, welche Fragen sie stellen und was sie interessiert und liefer ihnen genau das.

Ich zeige dir jetzt noch, wie ich in der Praxis solche Inhalte und ein fertiges eBook erstelle. Die Schritte für einen Online-Kurs sind aber nahezu die gleichen, nur dass du statt der Formulierung am Ende mit Stichpunkten arbeitest und ggf. direkt die Inhalte als Folien gliederst.

12.3.1 Ein eigenes Produkt erstellen

Wenn du die Inhalte für dein Produkt erstellst, kannst du in drei Schritten vorgehen. Du erstellst eine Struktur, du recherchierst und zum Schluss bereitest du die Informationen auf. Ob als Text oder Folien für das Video ist, dabei nicht von Bedeutung. Diese drei Schritte sehen wir uns jetzt im Detail an.

12.3.1.1 Die Struktur

Ich beginne immer mit der Struktur. Das bedeutet, dass ich zunächst eine grobe Gliederung meines Themas erstelle in Form von Überschriften und kurzen Notizen, worüber ich in dem jeweiligen Abschnitt informieren möchte.

Die große Herausforderung einer guten Struktur ist, dass sie logisch aufgebaut ist. Ziel ist es, dass die Leser es flüssig ohne viel hin und herspringen durcharbeiten können.

Was du hier jetzt als 7 einfache Schritte siehst, ist auch ein sehr langer Prozess gewesen mit viel hin und her sortieren und manchmal musste ich auch wieder alles über den Haufen werfen.

Als Überschriften verwende ich meist logische inhaltliche Blöcke, die thematisch voneinander getrennt sind.

Wir sehen uns das Thema mal wieder am Diätbeispiel an, da es denke ich ein für alle gut nachvollziehbares Thema ist.

Beispielüberschriften für einen Diätratgeber:

- Grundlagen
- Die richtige Einstellung
- Sport
- Ernährung
- Nahrungsergänzungsmittel
- Apps und sonstige Hilfsmittel
- Rezepte

Ich ordne die Überschriften bereits in der Reihenfolge der Umsetzung und im nächsten Schritt ergänze ich dann zu jeder Überschrift alle Stichpunkte oder Schlagwörter, die mir zu dem Thema einfallen bzw. die ich bei meiner Recherche finde.

Zum Thema Grundlagen fallen mir Stichwörter ein wie:

- Leistungsumsatz
- Kilokalorien zählen
- Grundumsatz
- Mikronährstoffe, Makronährstoffe, Vitamine

Beim Thema Sport fällt mir ein:

- Ausdauersport
- Intervalltraining
- Krafttraining
- Muskelaufbau, Muskeln verbrennen fett, auch wenn du dich gerade nicht aktiv bewegst
- Gelenkschonendes Training

Zum Thema Nahrungsergänzungsmittel:

- Die meisten sind unnötig, wenn man sich halbwegs ausgewogen ernährt

Hilfsmittel:

- Wage, bringen diese Wagen, die den Körperfettanteil messen, etwas?
- Kcal Tracking App
- Rezepte App
- Fitnessarmband

Diesen Prozess führst du für alle Überschriften durch, die dir eingefallen sind und dann hast du die bereits die erste Struktur fertig.

Diese Struktur kannst du später jederzeit optimieren, verbessern, umstrukturieren und so weiter, aber ein Anfang ist gemacht.

Wenn die Struktur fertig ist, hast du jetzt zwei Möglichkeiten:

1. Du recherchierst und schreibst alleine weiter.
2. Du gibst die Aufgaben an einen oder mehrere Ghostwriter ab.

Auf das Thema Outsourcing und Ghostwriter gehe ich später im Detail ein und zeige dir aber erst einmal, wie ich bei der Recherche weiter vorgehe.

Hinweis: *Wenn du während dieser Strukturierung interessante Punkte findest, die aber nicht in das Buch passen, dann ergänze sie in deinem Redaktionsplan als Idee für einen Blogartikel. Du könntest beispielsweise die Frage beantworten, wie genau diese Wagen sind, die den Körperfettanteil messen. Wenn sie funktionieren, kannst du direkt das Produkt auf Amazon mit einem Affiliate-Link verlinken und wenn nicht, stellst du ein Gerät zur Hautfaltenmessung vor. Natürlich auch wieder mit Affiliate-Link und ggf. gleich einem Newslettereintrag. Alle Besucher deiner Seite, die sich für deinen Newsletter anmelden, erhalten eine Anleitung für die genaue 7-Falten-Messmethode.*

12.3.1.2 Die Recherche

Wenn die Struktur fertig ist beginnt die Recherche. Für diese gehst du alle Schlagwörter und Stichpunkte aus der Struktur durch, gibst sie bei Google ein und siehst, was du für Ergebnisse erhältst.

Du wirst eine Reihe von passenden Büchern, Blogartikeln, Videos und weiteren Materialien finden. Das reicht zumindest aus, um dir einen groben Überblick über das Thema zu verschaffen.

Einerseits kannst du Blogs / Webseiten / Online-Magazine als Quellen nehmen, aber ein guter Tipp ist es auch, Google Books oder generell Bücher zu verwenden, da diese in der Regel ausführlicher und besser recherchiert sind. (Vergiss die Quellenangaben nicht, wenn du Inhalte zitierst und auf keinen Fall solltest du Inhalte kopieren).

***Tipp**: Sieh dir auch fremdsprachige Seiten an und nutze dafür notfalls Google Translate, wenn du in der Fremdsprache nicht so fit bist. So erhältst du auf jeden Fall einen noch besseren Überblick über das Thema und was die Leute wirklich interessiert. Außerdem sind viele Studien und wissenschaftliche Arbeiten meist nur in Englisch zu finden.*

Du liest jetzt die Artikel und ergänzt Stichpunkte, Hinweise, Gedanken, Quellen, Zitate und was du so spannendes findest in deiner Struktur.

Ein ganz wichtiger Punkt an dieser Stelle: Formuliere noch nicht aus. Schreibe erstmal nur in Stichpunkten oder einzelnen Wörtern. Du wirst bei dieser Vorgehensweise viele Inhalte doppelt haben, einige später komplett streichen etc. Die Inhalte also an dieser Stelle bereits auszuformulieren ist Zeitverschwendung und es wird dir später wesentlich schwieriger fallen, Inhalte zu ändern oder gar ganz zu streichen.

12.3.1.3 Die Formulierung

Der letzte Schritt, auf dem Weg zu deinem fertigen eBook, ist dann das Ausformulieren. Dazu musst du kein sprachliches Genie sein. Es reicht, wenn du dich an einige Grundlagen hältst, wie die Tipps zum schreiben die du in Schritt 3 kennengelernt hast.

Hinweis: *Für Textinhalte wie Bücher oder Hörbücher empfehle ich die Inhalte so gut wie möglich auszuformulieren. Für Videokurse kann es jedoch sinnvoll sein, nur mit Stichpunkten zu arbeiten, um eine natürliche und freie Sprechweise zu erzielen.*

Du musst keine Angst vor Fehlern oder Rechtschreibung haben. Das ist kein Schulaufsatz und niemand wird dir dafür eine schlechte Note geben.

Wenn das Thema Rechtschreibung nicht deine Stärke ist, meine übrigens auch nicht, dann frage jemanden, der dir hilft. Du kannst auch erst einmal das Feedback abwarten, ob es deine Leser überhaupt stört. So mache ich das aktuell bei diesem Buch hier und auch bei den meisten meiner anderen Produkte.

Wichtig ist: Es ist dein Produkt. Es gibt kein richtig oder falsch, solange die Inhalte gut sind und du deinen Kunden hilfst.

Tipp: *Überarbeite die ausformulierte Version noch mindestens einmal, besser noch, 2-3 Mal.*

12.3.2 Outsourcing

Schreiben, Recherchieren, Ausformulieren, das klingt für dich vielleicht etwas anstrengend. Aber ich rate dir dazu, es trotzdem zu tun. Wenigstens am Anfang, damit du alle Schritte einmal selbst umgesetzt hast.

Aber es gibt auch noch einen anderen Weg. Wenn du wenig Zeit hast oder selbst nicht schreiben willst, dann kannst du die Aufgabe auch an andere auslagern.

Das nennt man in der modernen Online-Business-Welt Outsourcing. Konkret bei unserem digitalen Produkt bedeutet das, dass jemand anderes die Inhalte für dich erstellt.

Tipp: *Auch wenn du die Aufgabe abgibst, solltest du die grundlegenden Schritte der Recherche und Erstellung der Inhaltsstruktur selbst durchführen. So stellst du sicher, dass alle wichtigen Inhalte enthalten sind. Zusätzlich vereinfachst du die Zusammenarbeit mit den Autoren, da du konkrete Vorgaben machen kannst. Außerdem erhältst du einen guten Überblick über das Thema, was wiederum die Vermarktung später vereinfacht.*

Gutes Outsourcing ist eine kleine Kunst. Viele Auftragnehmer liefern schlechte Qualität ab und werden dafür meist auch nur schlecht bezahlt.

Aber, je genauer und besser du den Auftrag beschreiben kannst (auch Briefing genannt), also Themen, Inhalte, Struktur etc. je besser wird auch das Ergebnis, das du erhältst.

Ich gebe beispielsweise immer vor, wie der Inhalt strukturiert sein soll, die Ansprache, den Textstil, die verwendeten Schlüsselwörter, verschiedene Quellen, etc.

Außerdem achte ich auf eine möglichst knappe Deadline für den Text. Wenn mich ein Text 100 Euro kostet, muss ein Tag dafür ausreichend sein, sonst kann der Autor ohnehin nicht davon leben.

Wenn du dann nach einer Weile einen oder mehrere gute Autoren gefunden hast, kannst du in Zukunft auch direkt mit diesen zusammenarbeiten.

Webseiten, auf denen du Autoren finden kannst sind unter anderem:

- Facebook Gruppen für Selfpublisher/Ghostwriter/Autoren/Jobs

- content.de
- textbroker.de
- machdudas.de

Das Beauftragen eines Autors für deine Inhalte kostet ab ca. 1,2 Cent pro Wort und ist preislich nach oben offen. Du kannst für derart niedrige Preise keine Meisterwerke erwarten, das sollte dir klar sein. Meine eigenen Erfahrungen mit diesen Plattformen sind gemischt.

Einen meiner Meinung nach wirklich guten Text, den ich ohne Anpassungen auf meine Webseite übernehmen konnte, habe ich noch nie erhalten. Ein paar Texte waren ausreichend. Die Meisten von ihnen haben mir auf jeden Fall etwas Zeit und Aufwand erspart, weil jemand anderes die Grundlagen erledigt hat und ich dann nur noch meinen persönlichen Stil einbringen musste. Manchmal musste ich aber auch so viel umschreiben, dass ich schneller gewesen wäre, wenn ich es gleich selbst erledigt hätte.

Hinweis: *Das hat leider nicht immer mit dem günstigen Preis bzw. der Qualitätsstufe zu tun. Ich habe auch bereits für 30 Cent pro Wort schlechte Texte eingekauft. Die jeweiligen Autoren haben sich nur besser verkauft.*

12.3.3 Arbeite mit Experten

Die dritte Variante für die Inhalte deines Produktes, bei der du selbst auch nicht ganz so viel schreiben musst, ist die Zusammenarbeit mit bereits etablierten Experten. Im Idealfall sogar Experten, die bereits eine bestehende Reichweite haben.

Besonders häufig findest du dieses Vorgehen bei den unzähligen Online-Kongressen zu allen möglichen Themen, die regelmäßig veranstaltet werden.

Ein anderes Beispiel für diese Vorgehensweise ist die Webseite ebookwoche.com. Auf dieser werden Bücher veröffentlicht, die meist aus Gastkapiteln von unterschiedlichen Experten bestehen.

In einigen dieser Bücher zum Thema Start-up und Online-Business sind auch Gastkapitel von mir zu diesen Themen. Ich habe da meine Inhalte dort veröffentlicht, weil es mir zusätzliche Reichweite bringt. Die Betreiber der Webseite machen das, weil sie ebenfalls mehr Reichweite erhalten und außerdem daran verdienen.

Insgesamt entsteht so eine Win-Win Situation für alle Beteiligten.

Die Zusammenarbeit mit Experten lohnt sich in fast allen Bereichen und ist eine sinnvolle Ergänzung, für dein selbst erstelltes Produkt.

12.4 Das MVP-Produkt

Nachdem du alle Inhalte fertig hast, geht es jetzt nur noch um das Format deines digitalen Produktes und die Präsentation deiner Inhalte. In diesem Abschnitt zeige ich dir anhand von verschiedenen Beispielen, wie du mit minimalem Aufwand ein nützliches Produkt erstellen kannst.

Du kannst mit einem eBook starten und darauf aufbauend kann dann je nach Thema ein Videokurs oder eines der anderen Formate folgen. Die Ausnahme sind Themen, wo es einfacher ist, die Inhalte zu zeigen, beispielsweise ein Selbstverteidigungskurs oder ein Yoga Kurs. Hier Abbildungen für ein Buch zu erstellen und zu erklären dürfte viel länger dauern und ist schwieriger zu verstehen, als die entsprechenden Übungen zu zeigen.

Wir werden zum Abschluss des 4. Schrittes lediglich das Produkt erstellen und im 5. Schritt dann zeige ich dir, wie du die unterschiedlichen Formate kombinieren und erfolgreich verkaufen kannst. Deshalb ist es aber auch wichtig, dass du die verschiedenen

Formate für dein Produkt einmal kennengelernt hast und einen groben Plan hast, was zu tun wäre, wenn du sie brauchst.

Hinweis: *Da sich die Anbieter und Tools gelegentlich ändern, habe ich alle wieder auf der Webseite zum Buch unter onlinebusinessakademie.net/obfe verlinkt. Auf dem YouTube-Kanal findest du auch weiterführende Videos zu einigen der vorgestellten Programme.*

12.4.1 Ein eBook erstellen

Beginnen wir gleich mit dem einfachsten Format von allen, einem eBook. Ein eBook ist für fast alle Art von Inhalten gut geeignet und bietet sich daher immer als erstes Format an.

Wir wollen jetzt also aus deinen Inhalten aus dem vorherigen Schritt ein finales Dokument erstellen, dass du verkaufen oder zum Herunterladen anbieten kannst.

Ein eBook erstellen, klingt zunächst aufwendig, aber letztendlich ist es nichts weiter als ein Textdokument. Ein paar aneinandergereihte Worte, die du Wort für Wort in aller Ruhe erstellen kannst.

Die gängigsten Formate für eBooks sind PDF, Word, ePub, .mobi oder notfalls auch noch .txt. Wichtig ist der Inhalt und dass das Format auf allen gängigen Systemen gelesen werden kann.

Wenn du beispielsweise Google Docs verwendest, kannst du dein Dokument direkt als PDF exportieren. So erstelle ich die meisten günstigen eBooks. Die Formatierung ist ausreichend und du hast trotzdem die Möglichkeit, mit eigenen Vorlagen für das Design zu arbeiten.

Du kannst dein Dokument bei Google Docs auch direkt als .epub Datei herunterladen. Das ist ein spezielles Dateiformat für eBooks, welches in der Regel die beste Variante für die korrekte Darstellung auf den verschiedensten Lesegeräten wie dem Smartphone, Computer, Tablet oder Kindle ist.

Dazu gehst du in beiden Fällen auf “Datei” und dann “Herunterladen als”. Dort findest du dann die verschiedenen Optionen.

Für eBooks, die du auf deiner Webseite verkaufen willst, eignet sich das PDF-Format am besten.

Für meine Bücher auf Amazon verwende ich den kostenlosen eBook-Editor Sigil und eine andere kostenlose Alternative ist das kostenlose Calibre.

Wenn du dich mit der Formatierung und Erstellung des eBooks nicht weiter befassen willst, kannst du für ca. 30$ jemanden auf fiverr.com damit beauftragen.

Für dein erstes Produkt ist das aber eine Entscheidung, die relativ egal ist. Auf den Inhalt kommt es an. Nimm womit du dich wohl fühlst und wenn du Feedback erhältst, dass etwas nicht funktioniert, dann änder etwas.

12.4.1.1 Das MVP für ein eBook

Dein MVP für dein eBook ist also einfach ein Text, der ein Problem löst in einem beliebigen Format.

Für den Anfang beginnst du mit einem Kapitel oder einem speziellen Problem, welches du für deine Leser löst. Die Problemlösung ist wichtig, nicht die Anzahl der Worte. Wenn du einen Richtwert für die Wortanzahl benötigst, nimm mindestens 5.000 Wörter.

Dieses eBook formatierst du dann entsprechend und bietest es auf deiner Webseite zum Kauf oder kostenlosen Herunterladen an. Dann sammelst du Feedback und passt es nach und nach weiter an bzw. ergänzt weitere Inhalte.

12.4.2 Einen E-Mail-Kurs erstellen

Ein E-Mail-Kurs ist nichts anderes als eine Reihe von E-Mails, die du automatisiert versendest. Das kannst du bei einigen Anbietern sogar kostenlos. Auf der Webseite verlinke ich dir die entsprechenden Anbieter im Bereich der Online-Business-Tools.

Du kannst mit reinen Text-E-Mails arbeiten oder Grafiken und Videos ergänzen.

Die Erstellung der Inhalte ist identisch zum eBook, nur dass du die einzelnen Kapitel deines Buches als E-Mail versendest. Sprich ab dem Moment, wo sich jemand eingetragen hat, erhält er regelmäßig eine feste Abfolge von E-Mails.

E-Mail-Kurse eignen sich besonders gut auch als kostenloses Produkt für den Einstieg in ein Thema. So kannst du die Kontaktdaten der Interessenten sammeln und am Ende des kostenlosen E-Mail-Kurses kannst du dann ein eBook oder einen Videokurs verkaufen.

Du kannst auch mit einem E-Mail-Kurs beginnen und später aus den Textinhalten Videos erstellen, nachdem du Feedback der Teilnehmer erhalten hast. Da die Textinhalte meist einfacher zu erstellen sind, ist das die optimale Variante eines MVP für einen aufwendigeren Videokurs. Du kannst ja mit den Text-Emails starten und dann nach und nach Videos ergänzen und deinen Kurs so weiter ausbauen.

Regelmäßige E-Mails eignen sich auch gut für Challenges.

Ein Beispiel dazu ist eine 7 Tage vegan Essen Challenge, bei der die Teilnehmer 7 Tage lang vegane Einkaufslisten und Kochrezepte erhalten.

Ein weiteres Beispiel ist eine 7 Tage abnehm Challenge, bei der die Teilnehmer jeden Tag eine sportliche Aufgabe und einen Ernährungstipp erhalten.

Challenges eigenen sich sehr gut für das Marketing, da sie im Idealfall so gestaltet sind, dass sie die Teilnehmer motivieren und ihnen täglich ein Erfolgserlebnis geben.

Zur Umsetzung des Kurses meldest du dich bei einem der auf der Seite verlinkten E-Mail-Anbieter an und erstellst eine Reihe von E-Mails. Du kannst festlegen, wann die erste E-Mail versendet wird und in welchem Abstand die weiteren E-Mails folgen. Auf der Webseite findest du dazu auch einen Artikel, wie du einen kostenlosen E-Mail-Kurs erstellst und auf dem YouTube-Kanal gibt es ebenfalls ein kostenloses Video dazu.

12.4.2.1 Das MVP für einen E-Mail-Kurs

Erstelle eine Reihe von mindestens 7 E-Mails, die automatisch versendet werden, die einen Teilbereich deines Themas abdecken und den Leser in die Umsetzung bringen.

Achte darauf, dass deine Leser ein Erfolgserlebnis haben und den ein oder anderen Aha-Moment, der ihr Leben positiv verändert.

12.4.3 Einen Online-Workshop halten

Ein Online-Workshop ist nichts anderes als der gerade bereits vorgestellte Live-Vortrag. Du erzählst über dein Thema und arbeitest gemeinsam mit den Teilnehmern an einer Lösung.

Der Unterschied zu den Webinaren ist, dass Webinare meist zum Verkauf höherpreisiger Produkte erstellt werden, während der Online-Workshop schon dein eigentliches Produkt und die Lösung enthält. Außerdem ist ein Workshop ein interaktives Format, bei dem die Teilnehmer viel mehr eingebunden sind oder direkt mitarbeiten. Im Idealfall haben alle Teilnehmer am Ende des Workshops ein konkretes Ergebnis.

Ich habe beispielsweise Online-Workshops zu den Themen dieses Buches angeboten. In diesen Workshops erarbeite ich innerhalb eines Tages gemeinsam mit den Teilnehmern Ideen, Produkte und Verkaufsstrategien und wir besprechen individuell, was die jeweiligen Schritte für die einzelnen Teilnehmer sind. Gerade dieses persönliche Feedback das die einzelnen Teilnehmer zu ihrer Situation erhalten und die Möglichkeit Fragen zu stellen, macht das Format bisher so erfolgreich und wertvoll für alle Teilnehmer. Es ist also keine reine Präsentation, sondern mehr ein Dialog mit den Teilnehmern.

Technisch nutze ich zur Umsetzung ebenfalls Zoom in der bezahlten Variante für ca. 15 Euro im Monat.

12.4.3.1 Das MVP für deinen Online-Workshop

Bereite einen Vortrag mit entsprechenden Folien über dein Thema vor. Teste die Live-Übertragung auf Zoom oder Ähnlichem.

Halte den Vortrag mindestens einmal vor Teilnehmern.

12.4.4 Einen Videokurs erstellen

Ein Videokurs zu erstellen ist ebenfalls gar nicht so schwer. Die Schritte sind die gleichen wie bei den anderen Produktformaten. Du erstellst die Inhaltsstruktur und die Stichpunkte ohne weitere Ausformulierungen. Daraus erstellst du eine Präsentation. Die Schritte sollten ja mittlerweile bekannt sein.

Du erstellst die entsprechenden Folien zu den einzelnen Themen und ergänzt ggf. die notwendigen Notizen für deinen Kurs.

Für die Erstellung des Kurses nimmst du den Bildschirm während der Powerpoint-Präsentation auf, sprichst ein paar Worte dazu und hast einen fertigen Videokurs. Dazu kannst du zu jeder Folie die Notizen Funktion verwenden.

Vielleicht denkst du dir jetzt, dass das bei mir alles so einfach klingt. Oder du fragst dich, ob es wirklich so einfach ist?

Ein Beispiel für so einen ganz einfachen Kurs, den ich in ca. einer Woche mit dieser Vorgehensweise erstellt habe, ist mein Kurs zum Thema „Einfach investieren mit Indexfonds und ETFs". Du kannst den Stil in den kostenlosen Vorschauvideos auf YouTube sehen (Der Kanal heißt Investmentratgeber), oder aber siehst einfach auf Amazon Prime nach und suchst dort nach einfach investieren oder meinem Namen. ***Hinweis:*** *Der Kurs behandelt ein sehr wichtiges Thema und du solltest dir diesen auf jeden Fall ansehen, wenn du bisher keine Erfahrung mit dem Thema Börse, Aktien und ETFs hast.*

Die Erstellung war keine große Sache, aber die Inhalte und das Feedback der Teilnehmer sind bisher trotzdem sehr gut.

Du kannst zusätzlich auch deine Webcam während deines Vortrages aufnehmen. Das habe ich in meinem aktuellen Kurs zu diesem Buch teilweise so gemacht, weil es persönlicher wirkt. Auf dem YouTube-Kanal siehst du ein paar Ausschnitte dazu, wie das in der Praxis aussieht und der komplette Kurs ist für Mitglieder der Online-Business Akademie kostenlos. (Ist alles auf der Webseite zu diesem Buch nochmal ausführlich verlinkt)

Ich habe beide Varianten, mit und ohne Webcam, probiert und beide funktionieren gut. Ich habe aber auch schon Kurse gesehen, wo jemand einfach spontan in sein Smartphone gesprochen hat und so den kompletten Online-Kurs erstellt hat. Wenn die Inhalte gut sind, ist da egal und die Leute werden dein Produkt meist trotzdem mögen.

12.4.4.1 Das MVP für deinen Videokurs

Erstelle eine Inhaltsstruktur und drehe die ersten 3 Videos. Die Zahl ist völlig willkürlich, nimm so viele Videos, wie du benötigst. Hauptsache du fängst an.

Dann erstellst du eine passwortgeschützte Wordpress-Seite und verlinkst dort die Videos. Du kannst diese entweder direkt in Wordpress hochladen oder aber auf Webseiten wie Vimeo, welche es dir ermöglichen, die Videos nicht öffentlich hochzuladen und den Zugriff einzuschränken.

Den Zugang kannst du dann bereits verkaufen, oder das Passwort gegen Eintrag der E-Mail-Adresse versenden und dann wieder nach und nach das Thema ausbauen.

12.4.5 Einen Mitgliederbereich erstellen

Bei einem (bezahlten) Mitgliederbereich stellst du dein Spezialwissen anderen gegen eine monatliche Gebühr bereit und ermöglichst einen Austausch der Nutzer untereinander.

Jeder, der dein Angebot kauft, erhält dann Zugang zu deinem Spezialwissen und meist auch zu einer Community.

Diese ist der wahre Mehrwert in den meisten Fällen. Sich mit Gleichgesinnten auszutauschen und voneinander zu lernen ist unbezahlbar, besonders bei Themen wie dem Online-Business, wo du in deinem alltäglichen Umfeld vermutlich auch nicht zu viele Mitstreiter hast.

Ein Beispiel für so eine Community ist die Online-Business Akademie auf onlinebusinessakademie.net. Auf der Seite findest du einen Artikel dazu, wie ich diese in nur 3 Tagen gestartet habe.

Eine noch viel einfachere Variante einer Community, die auch häufig genutzt wird, ist eine geschlossene Facebook / WhatsApp / Telegram Gruppe. Ich rate aufgrund der schlechten Strukturierung von Informationen von diesen Formaten ab. Außerdem sind dann weder die Inhalte noch die Benutzer auf einer von dir kontrollierten Plattform. Du bist also dem jeweiligen Anbieter ausgeliefert.

Der Hauptvorteil solcher geschlossenen Mitgliederbereiche ist neben den Inhalten die Vernetzung mit Gleichgesinnten. Für mich im Online-Business-Bereich, war das eine der besten Investitionen überhaupt, dass ich mich mit anderen Unternehmern vernetzt habe. Das hat mir viel Zeit und teure Fehler erspart. Außerdem ist es unglaublich motivierend und inspirierend.

Damit deine Kunden möglichst lange bei dir angemeldet bleiben, solltest du regelmäßig neue Inhalte zur Verfügung stellen.

Heutzutage kannst du mit entsprechenden Plugins mit einer Wordpress-Seite auch ohne Vorkenntnisse einen Mitgliederbereich aufsetzen.

12.4.5.1 Das MVP für deinen Mitgliederbereich

Dein Minimales Produkt wäre dann ein Loginbereich mit Videos, Texten, Checklisten oder anderen Downloads.

Wordpress unterstützt bereits Passwortgeschützte Seiten und das wäre die absolut einfachste Variante eines Mitgliederbereiches, die du in wenigen Minuten umsetzen kannst. Besser ist es aber, wenn du ein sogenanntes Membership-Plugin verwendest, welches die Rechteverwaltung der Mitglieder übernimmt.

Ergänzend dazu könntest du mit dem BBPress-Plugin für Wordpress ein kostenloses Forum installieren, in dem sich die Benutzer austauschen können.

Es gibt auch komplette sogenannte Learn-Management-Systeme wie Learndash (auf der Seite alle verlinkt) mit denen du viele Funktionen für Mitgliederbereiche umsetzen und die Inhalte in Form von Kursen aufbereiten kannst.

12.5 Aufgaben Schritt 4: Produkt

Du hast in diesem Schritt jetzt die Möglichkeit kennengelernt, wie du eigene Produkte erstellst, welche es gibt und wie du deine Idee schnellstmöglich auch ohne Produkt testen kannst. Jetzt wird es wieder Zeit, das umzusetzen.

Dazu ein paar Aufgaben:

1. Erstelle eine Seite für dein Produkt. Auf der Seite gehst du wie im Abschnitt "Ideen testen ohne Produkt" vor.

2. Den Kaufen-Button auf deiner Verkaufsseite aus Schritt 3 verlinkst du jetzt auf diese Produkt-Seite. Besucher die auf den Kaufen-Button klicken, müssen auf die Produktseite gelangen, damit du das Interesse messen kannst.

3. Überleg dir eine minimale nützliche Produktversion. Beschreibe dein Produkt und welches Problem es löst in wenigen Sätzen.

4. Erstelle die Struktur und recherchiere mögliche Inhalte für dein Produkt.

5. Erstelle das MVP.

6. Zeig dein MVP mindestens 10 Leuten. Achte darauf, dass du 5 davon vorher nicht kennst. Sammel das Feedback und erstelle eine Liste mit möglichen Verbesserungen. Frag auch gleich, ob du dieses Feedback auf der Webseite später verwenden darfst.

7. Setz das Feedback um und verbessere dein Produkt. Das ist eine langfristige Aufgabe, die du immer wieder durchführen solltest.

13. Schritt 5: der Verkauf

Ich bewundere Picasso. Keiner hat sein Öl so teuer verkauft wie er. (Arabischer Ölscheich)

Ziel: Nach diesem Schritt hast du einen voll automatisierten Verkaufsprozess eingerichtet.

Du hast jetzt eine Idee, eine Webseite und ein Produkt. Jetzt wird es langsam Zeit, dass wir endlich Geld verdienen und das Business starten.

Hinweis: *Beim Produkt hattest du verschiedene Entscheidungsmöglichkeiten. Wenn du dich für das Testen der Idee ohne Produkt entschieden hast oder aber das Affiliate-Marketing eines fremden Produktes, dann brauchst du diesen Schritt 5 nur teilweise bzw. erst einmal gar nicht.*

Im Schritt 5 sehen wir uns an, wie du im Internet voll automatisiert eigene Produkte verkaufst.

Dazu erstellen wir einen sogenannten Sales-Funnel (Verkaufsprozess oder Verkaufstrichter genannt).

Ein Sales-Funnel umfasst den gesamten Prozess vom ersten Kundenkontakt, über die Verkaufsstrategie bis hin zum Bezahlvorgang. Er hat die Aufgabe Vertrauen aufzubauen, Mehrwert zu liefern und zu Verkaufen.

Hinweis: *Funnel ist das englische Wort für Trichter und kommt daher, weil der Besucherstrom, der deine Seite erreicht, nach und nach gefiltert wird. Aus der großen Menge an Besuchern wird eine kleinere Menge von Interessierten. Von denen wiederum werden einige zu Käufern.*

Viele haben eine Abneigung gegen das Thema Verkaufen und empfinden das als unseriös. Oft höre ich Sätze wie „Ich bin kein Verkäufer“. Ich sehe mich auch bis heute nicht als „klassischen Verkäufer“. Ich würde mich als eher introvertiert beschreiben. Ich bin nicht der Typ, der mit offenen Armen und lauter Stimme auf andere Menschen zugeht und denen irgendetwas verkauft.

Aber genau diese vermeintliche Schwäche kann beim Verkaufen eine Stärke sein. Introvertierte Leute hören mehr zu und das ist ein wichtiger Erfolgsfaktor beim erfolgreichen Verkauf. Es ist wichtig, dass du Fragen stellst, ernsthaft interessiert bist und nach Möglichkeiten suchst, wie du deinem Gegenüber helfen kannst.

Wenn du dir als Ziel setzt, den Menschen zu helfen, wirst du auch gut verkaufen können.

In diesem Kapitel geht es nicht um irgendwelche Tricks oder Gesprächsleitfäden. Es geht um einige grundlegende Ideen zum Thema online Verkaufen, damit du darauf aufbauend deinen eigenen Stil finden kannst, mit dem du dich wohl fühlst.

Denn egal ob bewusst oder unbewusst, du verkaufst ständig. Egal ob im Vorstellungsgespräch, bei Gehaltsverhandlungen, wenn du jemanden um einen Gefallen bittest, wenn deine Kinder das Gemüse aufessen sollen, beim Flirten, beim Präsentieren oder halt, wenn du eigene Produkte hast.

Verkaufen ist im Leben und im Online-Business eine wichtige Fähigkeit. Deshalb solltest du dich langfristig etwas intensiver auch weit über dieses Buch hinaus mit diesem Thema befassen.

Das wird eine Weile dauern, bis du deinen eigenen Stil gefunden hast. Aber in diesem Buch geht es auch um mehr, als nur dein Online-Business. Es geht darum, dass du die richtige Haltung für deinen Erfolg im Leben entwickelst, über deine bisherigen Grenzen hinaus gehst und deinen eigenen Weg findest und gehst. Im Leben und im Business.

Der wichtigste Tipp dazu gleich vorweg:

Verkaufen lernst du nur, indem du verkaufst.

Du kannst hunderte Bücher lesen und es wird dich nicht weit bringen. Nur im direkten Kontakt und Gespräch mit deinen Kunden lernst du, wie du erfolgreich verkaufst. Dieses direkte Gespräch vermeiden viele, weil es unangenehmer ist, als beispielsweise anonym Werbeanzeigen zu schalten.

Aber ich rate dir, fang mit dem persönlichen Gespräch an. Wenn du mit 10, 20 oder 50 Leuten gesprochen hast, lernst du, worauf es beim Verkauf ankommt, was deine Kunden wollen und welche Einwände sie eventuell haben. Dann kannst du daraus automatisierte Werbeanzeigen erstellen wie im Schritt 6 erläutert.

13.1 Die AIDA-Formel

Das ganze Thema "Verkaufen" ist nichts Neues. Bereits 1898 hat Elias St. Elmo Lewis die heute im Marketing bis heute oft zitierte AIDA-Formel entwickelt, wie du erfolgreich verkaufst. Sie besteht aus vier Schritten, die wir uns am Beispiel ansehen.

Stell dir das ganze Thema online Verkaufen ein bisschen wie flirten vor.

Wenn du eine andere Person beim ersten Treffen gleich danach fragst, ob sie dich heiraten oder mit dir schlafen will, hast du meist nur geringe Erfolgschancen.

Wenn du das aber strategisch mit der AIDA-Formel angehst, erhöhst du deine Chancen deutlich.

- **Aufmerksamkeit**: Du beginnst mit ein paar freundlichen Blicken, einem Lächeln, einem Hallo, einer einfachen Begrüßung und vielleicht ein oder zwei Fragen für den Gesprächseinstieg.
- **Interesse**: Du führst Smalltalk und vertiefst das Gespräch mit tiefergehenden Fragen. Du zeigst dem Gegenüber deine Aufmerksamkeit. Du flirtest, hast ein paar Dates, ihr lacht zusammen, lernt euch kennen, spielt zusammen, du zeigst Vertrauen und lädst sie vielleicht zum Essen oder Filmabend ein. Wichtig ist, nicht nur Interesse zu erzeugen, sondern auch ehrliches Interesse zu haben. Erzähl nicht nur von dir, sondern stell Fragen und hör aufmerksam zu.
- **Wunsch**: Du erzeugst den Wunsch danach, mehr Zeit mit dir zu verbringen, dich besser kennen zu lernen und auch nach körperlicher Intimität (Sex).
- **Handlung**: Das was jetzt folgt, ist ein ganz natürlicher Prozess und sollte sich nicht nach Verkaufen anfühlen, wenn du die vorherigen Schritte richtig machst. All deine vorherigen Schritte führen einfach zur nächsten Handlung, was auch immer das ist.

***Hinweis**: Wenn du dich jetzt fragst, warum es AIDA und nicht AIWH Formel heißt, das liegt an den englischen Begriffen Attention, Interest, Desire und Action.*

Im Online-Business machst du das Gleiche. Ein bisschen spielen, kennenlernen, Vertrauen aufbauen und dann erst irgendwann verkaufen.

Ein paar Hinweise dazu:

Es gibt einige Faktoren, die so einen Flirt vereinfachen. Wenn du der/die absolute Traummann/Traumfrau bist, wird es dir sicher einfacher fallen.

Wenn ihr beide gerade auf einer einsamen Insel gestrandet seid und die Auswahl an möglichen Partnern etwas beschränkt ist, wirst du es ebenfalls leichter haben.

Wenn dein Gegenüber total verzweifelt ist, ist das logischerweise einfacher für dich.

Das ist beim Online-Business nichts anderes und das sind Umstände, die du mit der Auswahl der richtigen Geschäftsidee, Nische und der Erstellung eines guten Angebots für ein dringendes Problem beeinflussen kannst.

Auf die Onlinewelt übertragen, wenn du ein Megaprodukt hast, welches alle haben wollen oder ein Produkt, dass genau das Problem eines verzweifelten Menschen löst, ist der Verkauf einfacher. Du kannst dann das Flirten ein wenig reduzieren.

Wie lange du vorher flirten musst, hängt ansonsten von deinen Zielen ab. Für einen kleinen Gefallen kann schon ein Lächeln genügen. Online ist es das Gleiche. Ein günstiges Produkt für 5 Euro kannst du meist direkt verkaufen. Das ist nichts anderes, als nach einem kleinen Gefallen zu fragen.

Aber der Verkauf eines hochpreisigen Coachings oder Online-Kurses erfordert viel mehr Vertrauen, Berührungspunkte, etc. in deinem Verkaufsprozess.

Wenn du später deinen Verkaufsprozess erstellst, behalte diese Schritte der AIDA-Formel im Hinterkopf und wir sehen uns gleich an, wie du die einzelnen Schritte online in der Praxis umsetzt.

Tipp: *Wie du siehst, sind es vier Schritte von der Aufmerksamkeit zur Handlung. Hole den Kunden immer genau da ab, wo er gerade steht. Sowohl im Verkaufsprozess, als auch den persönlichen Bedürfnissen.*

Ein Kunde, der zum Handeln bereit ist, dessen Aufmerksamkeit hast du schon lange. Der kennt das Problem, deine Lösung und sucht nur den Button zum Bezahlen. Andere wiederum stehen noch auf den Stufen vorher. Die benötigen noch etwas Kennenlernzeit.

13.2 Der Hürdenlauf zum erfolgreichen Verkauf

Der Weg zum Traumpartner oder dem erfolgreichen Verkauf ist vergleichbar mit einem Hürdenlauf. Beim Flirten in der Bar kann die Freundin, die unbedingt nach Hause will eine Hürde sein. Manchmal ist es die Schwiegermutter, manchmal die eigene Schüchternheit. Mit ein bisschen Charme und Alkohol lassen sich solche Hürde meist erfolgreich meistern.

Online gibt es genauso typische Hürden, die du auf deinem Weg zum erfolgreichen Verkauf nehmen musst. Auf einige davon gehe ich jetzt kurz ein.

13.2.1 Hürde 1: Aufmerksamkeit

Aufmerksamkeit ist eine große Hürde, die du gleich am Anfang erst einmal nehmen musst. Als Erstes müssen deine Kunden auf dein Angebot aufmerksam werden.

Wenn niemand dein Angebot sieht, kannst du nichts verkaufen. Umso mehr Leute dein Angebot sehen, umso größer ist die Wahrscheinlichkeit, dass jemand kauft. Weil das Thema so wichtig ist, ist das der komplette 6. Schritt.

Aufmerksamkeit bezieht sich aber nicht nur auf deine Kunden. Du solltest ebenfalls aufmerksam sein. Achte auf die Wünsche oder das Feedback von deinen Kunden. Sei verfügbar bei Fragen. Antworte schnell, wenn Anfragen kommen. Stell den Kunden verschiedene Kontaktmöglichkeiten zur Verfügung.

Tipp: *Um erfolgreich zu verkaufen, solltest du mehr zuhören als reden.*

Achte auch darauf, wie du deine Zeit nutzt und wem du deine Aufmerksamkeit schenkst. Du kannst Tage oder Wochen damit zubringen, Menschen von deinem Angebot zu überzeugen. Das kostet viel Kraft und Zeit. Du kannst aber auch deine Aufmerksamkeit auf diejenigen richten, die aktiv nach deiner Lösung suchen. Das ist viel einfacher.

Im Online-Marketing spricht man von Qualifizierung. Damit willst du die Frage beantworten, ob der jeweilige Kunde überhaupt für dein Produkt geeignet ist.

In der Praxis gibt es dafür Bewerbungsprozesse, Umfragen, Telefongespräche oder manchmal reicht auch eine einfache Recherche.

13.2.2 Hürde 2: Interesse

Die erste Hürde ist immer die Aufmerksamkeit. Wenn du die überwunden hast, ist der zweite Schritt, das Interesse zu wecken und die echten Interessenten und potentiellen Kunden aus diesem Publikum herauszufiltern.

Das Interesse weckst du mit einem guten Angebot, interessanten Geschichten und dem Mehrwert.

Wenn du das Interesse hast, gilt es die potentiellen Kunden zu filtern. Denn genau darum geht es im Verkaufsprozess. Wir wollen von vielen Besuchern auf der Seite diejenigen finden, denen wir mit unserem Angebot helfen können.

Wenn du Vorträge von Rednern auf Konferenzen oder YouTube ansiehst, wird dir auffallen, dass die guten Redner immer versuchen, gleich zu Beginn ihr Publikum zum Handeln zu bewegen. Sie stellen beispielsweise gleich zu Beginn eine Frage:

„Wer von euch hat schon einmal versucht, ein Online-Business zu starten? Bitte einmal alle kurz die Hand heben!“

Und sofort ist eine Interaktion vorhanden, und es wird sofort sichtbar, wer im Publikum engagiert und aufmerksam folgt und zum Handeln zu bewegen ist. Ebenfalls grenzt du so deine Zielgruppe weiter ein.

Wenn du z. B. ein Buch zum Thema „Kochen für Einsteiger“ geschrieben hast, könnte dein Publikum jetzt aus Hobbyköchen oder Kochinteressierten bestehen. Aber die Zielgruppe für dein Produkt sind nicht alle von ihnen, sondern nur die Einsteiger, die derzeit kein Vorwissen oder bisher keine Erfolge haben.

Du stellst deinem Publikum die Frage, ob sie noch neu in der Küche sind. Diejenigen die mit Ja antworten, sind deine Zielgruppe.

Diese Vorgehensweise, um Interessenten zu filtern, ist aus zwei Gründen wichtig.

Zum einen, wenn du dein Buch erfahrenen Köchen anbietest, die dort nur wenig lernen können und es deshalb nicht kaufen, könntest du fälschlicherweise zu dem Schluss kommen, dein Produkt sei nicht gut. Dabei hast du in Wirklichkeit nur die falsche Zielgruppe angesprochen.

Der zweite Grund ist, dass du dein erstes Ja erhältst. Eine bekannte Verkaufstechnik ist die sogenannte Ja-Kette. Mit dieser versuchst du von deinen Kunden mehrere Ja-Antworten hintereinander zu bekommen. In der Hoffnung, auf die finale Frage, ob sie dein Produkt kaufen wollen, wieder ein Ja zu bekommen.

Dieses „Hand heben“ während eines Vortrages, kann in der Online-Welt jegliche Form der Interaktion sein. Ein Kommentar zu deinem Facebook-Post, ein Klick auf deinen Newsletter-Link oder den

Kaufen-Button auf deiner Webseite, der Eintrag in den Newsletter, der Klick auf den Werbebanner usw.

Zu deiner konkreten Lösung hast du zu diesen Zeitpunkt noch nichts gesagt. Du hast zunächst nur deine Zielgruppe definiert, ein möglichst großes Publikum gesucht und jetzt aus diesem Publikum eine kleinere Gruppe an potentiellen Interessenten herausgefiltert. Diese kleinere Gruppe ist deine Validierungsgruppe, denen du Mehrwert lieferst und dann deine konkrete Lösung vorstellst.

13.2.3 Hürde 3: Mehrwert

Warum sollte jemand dein Produkt kaufen? Das ist eine Schlüsselfrage für den erfolgreichen Verkauf.

Damit die Interessenten diese Frage leicht für sich beantworten können, solltest du die Transformation des Interessenten durch dein Produkt leicht verständlich im Verkaufsprozess darstellen. Wo steht der Kunde jetzt ohne dein Produkt und wo bringt dein Produkt ihn hin.

Das ist einer der häufigsten Fehler, den ich sehe.

Tipp: *Versuche nicht zu raten, was deine Kunden wollen, sondern frag sie. Je früher du herausfindest, was sie wirklich wollen und brauchen, um das gewünschte Ergebnis zu erreichen, je schneller wirst du auch erfolgreich sein. Der Erfolg deiner Kunden ist auch dein Erfolg.*

Du solltest ebenfalls darauf achten, dass der Mehrwert den du anbietest, für deinen Kunden wichtig ist. Wenn ich mir einen Sportwagen kaufe, ist für mich nicht wichtig, dass es der sparsamste Motor seiner Klasse ist. Mich interessiert auch nicht der Platz auf der Rücksitzbank oder die Größe des Kofferraums. Ich will wissen, wie schnell das Auto von 0 auf 100 beschleunigt oder ob er laut genug ist, um auch alle Nachbarn zu wecken.

Obwohl wir verkaufen wollen, ist es wichtig, nicht nur an das Verkaufen zu denken. Klingt komisch, ist aber so. Denke stattdessen immer daran, wie du deinem Kunden helfen kannst.

Zeige ihm den Mehrwert deines Angebotes und dein Produkt. Biete kostenlosen Mehrwert. Das können Artikel auf deiner Seite sein, herunterladbare PDF-Ratgeber oder kurze Videos. Das qualifiziert dich als Experten und schafft eine Vertrauensbasis, welche die Voraussetzung für einen erfolgreichen Verkauf ist.

Zeige ihm, wie du sein Problem lösen wirst und womit. Erstelle ein Erklär-Video, zeige Screenshots, führe den Nutzer in einer interaktiven Tour durch dein Produkt und hebe dabei die Vorteile hervor. So wissen deine Besucher, worauf sie sich einlassen. Insbesondere Videos und Geschichten wirken persönlicher und individueller. Wichtig ist, dass du im Sales-Funnel aufzeigst, was den Kunden erwartet. Das steigert die Kundenzufriedenheit und erspart dir Ärger und Rückgaben.

Wenn du verkaufen willst, ist Zuhören wichtig. Du solltest dir die aktuellen Probleme deiner Interessenten anhören. Es kann aber auch förderlich sein, wenn du Probleme bewusst machst, die dem Kunden vorher so nicht bewusst waren.

Wenn jemand mit Rückenschmerzen zu dir kommt, kannst du ihm ein Fitnessprogramm für den Rücken anbieten. Das Fitnessprogramm deckt aber noch weitere Bedürfnisse. Es fördert die Gesundheit, das Wohlbefinden, stärkt das Selbstbewusstsein oder hilft, zu entspannen. Der Kunde hat erst einmal nur die Rückenschmerzen, das ist sein dringendes Problem. Aber auch ohne dass es ihm zu dem Zeitpunkt bewusst ist, ist das eigentliche Problem vielleicht eine gesündere Lebensweise. Dein Produkt kann ihm also auf mehrere Weisen helfen, mehr Bedürfnisse abdecken und sein Leben verbessern.

Das ist insbesondere bei stark umkämpften Märkten ein guter Ansatz, weil du dich so besser von der Konkurrenz abhebst, wenn du mehr bietest.

Wenn es bereits Konkurrenz gibt, kann es auch sinnvoll sein, einen direkten Vergleich herzustellen und in diesem die Vorteile des eigenen Produktes hervorzuheben. Viele Interessenten geben heutzutage „Produkt A oder Produkt B“ in der Suchmaschine ein, wenn sie sich nicht zwischen zwei Alternativen entscheiden können. Hier kann ein interessanter Ansatz sein, wenn du dein eigenes Produkt bewusst mit der Konkurrenz vergleichst und deine eigenen Stärken möglichst objektiv aussehend hervorhebst. Du kannst auch gezielt nach negativen Bewertungen der Konkurrenz suchen oder Lücken in deren Inhalten und diese Punkte in deinem Produkt ergänzen.

Gib dem Kunden nicht nur Mehrwert, sondern auch die Gründe, warum er diesen Mehrwert braucht.

Die meisten Kunden werden nicht an die Konkurrenz verloren, sondern an die Unentschlossenheit.

Am Ende macht der potentielle Kunde gar nichts. Deshalb solltest du ihm immer auch gute Gründe geben, warum er etwas ändern sollte. Es geht nicht nur darum, deine Lösung vorzustellen, sondern die Notwendigkeit und die Chancen einer Änderung seines Verhaltens deutlich zu machen.

Tipp: *Arbeite mit Verlustängsten. Dein Fitnessprogramm hilft deinem Kunden, gesünder zu leben? Das erzeugt in den meisten Fällen aber noch keinen dringenden Handlungsbedarf, wenn nicht bereits gesundheitliche Probleme vorliegen. In solchen Situationen kannst du nicht nur auf den Gewinn an Lebensqualität hinweisen, sondern auch auf die Verluste, wenn der Kunde nicht handelt. Studien haben gezeigt, dass uns die Angst vor einem Verlust 2-3 Mal wahrscheinlicher zum Handeln motiviert. Du kannst also fragen, wie viele Sommer am Strand der Kunde noch verpassen will, bevor* *er endlich abnimmt? Wie viele Lebensjahre er noch unzufrieden zu seinem bisherigen Job opfern will?*

13.2.4 Hürde 4: Sympathie

Menschen kaufen von Menschen. Noch wahrscheinlicher kaufen sie von Menschen, die sie mögen. Das ist eines der Erfolgsgeheimnisse der Tupper Partys oder von Multi-Level-Marketing-Netzwerken. Da steht kein anonymer unbekannter Verkäufer vor dir. Dort steht die Tante, die Nachbarin oder der Freund aus der Schule. Wenn wir diese Menschen mögen, ist die Wahrscheinlichkeit viel höher, dass wir von ihnen kaufen.

Das ist online nichts anderes. Sei sympathisch, interessiert und emotional.

Bevor du irgendein Produkt verkaufen kannst, musst du immer zuerst dich selbst verkaufen.

Sei der nette Typ von nebenan, mit dem sich deine Kunden identifizieren können und von dem du auch kaufen würdest. Zeig ihnen, dass du einer von ihnen bist. Zeige, dass du dich für ihn interessierst und dich mit ihm und seinem Problem befasst hast. Bau eine emotionale Beziehung auf.

Ein guter Tipp dazu ist es, persönlich zu sein. Heutzutage kannst du über die sozialen Netzwerke gut erreichbar sein und Einblicke in dein Leben geben.

Tipp: *Wir finden Menschen sympathisch, die sich für uns interessieren. Also stell (offene) Fragen und achte darauf, dass sich deine Kanäle nicht nur um dich drehen. Mach deinen Kunden zum Helden.*

13.2.5 Hürde 5: Preis

Einer der häufigsten Gründe, warum jemand online nicht kauft, ist der Preis. Entweder ist der zu hoch oder zu niedrig oder woanders besser. Kein einfaches Thema. Das Thema wurde ja aber bereits im Schritt 1 ausführlich behandelt. Wenn du alle anderen hier gezeigten Punkte gut machst, wirst du auch die Preishürde erfolgreich nehmen.

Wenn dein Angebot den richtigen Mehrwert liefert, einzigartig ist, du die richtige Zielgruppe ansprichst und ein konkretes Problem löst, ist der Preis oft zweitrangig. Der Preis zeigt immer nur, wie gut du als Verkäufer bist.

13.2.6 Hürde 6: Ablenkungen

Das Internet ist voll von Ablenkungen. Dein Kunde sitzt nicht da und wartet, dass du ihm dein Angebot zeigst. Er guckt Netflix, isst Chips und scrollt nebenbei auf Facebook und da taucht plötzlich deine Werbung auf.

Dann kommt die Katze vorbei, klaut die Chips und schon ist dein Angebot unwichtig.

Ein guter Verkaufsprozess arbeitet deshalb mit Methoden, um solche Kunden wieder abzuholen, beispielsweise durch Retargeting/ Remarketing.

Das kennst du sicher schon. Du suchst auf Amazon nach einem Staubsauger und plötzlich siehst du überall auf Facebook und co. Staubsauger Werbung.

Das ist Retargeting, wenn du einen Besucher, der in irgendeiner Weise mit deinen Inhalten interagiert hast, gezielt erneut ansprichst. Alle großen Werbeplattformen wie Facebook, Google oder Instagram bieten solche Formen der Werbung heutzutage an. In Schritt 6 sehen wir uns die das noch etwas detaillierter an.

Ein zweiter wichtiger Punkt zum Thema Ablenkung, der gerne übersehen wird, ist die eigene Webseite. Ein häufiger Fehler ist es, zu viele Optionen, Menüpunkte, Banner, Sidebars, Social-Media-Buttons, etc. schon auf der eigenen Seite anzubieten.

Auf Angebotsseiten solltest du deshalb immer jegliche Ablenkung von deinem Angebot dringend vermeiden. Beschränke dich in den meisten Fällen auf genau einen einzigen Handlungsaufruf. Auch die so oft eingesetzten Facebook/Instagram/YouTube Links können sich negativ auf deine Verkäufe auswirken. Damit schickst du deine Interessenten auf die ganzen Social-Media-Plattformen, die die größten Zeitfresser überhaupt sind.

13.2.7 Hürde 7: Komplexität

Wenn der Kunde nicht versteht, was oder wie er bei dir kaufen kann, wird er auch nicht kaufen. Mach den Verkaufsprozess deshalb so einfach wie möglich und erkläre jeden einzelnen Schritt.

Der Kunde muss zu jeder Zeit verstehen, welche Möglichkeiten er hat. Am Besten nur eine einzige, nämlich bei dir zu kaufen. Alles was dafür zu tun ist, sollte ausführlich erklärt sein. Dazu kannst du auf deiner Verkaufsseite eine einfache Grafik erstellen mit den einzelnen Schritten im Verkaufsprozess.

- Schritt 1: **Bestellen** - In weniger als 2 Minuten ein paar notwendige Daten angeben.
- Schritt 2: **Bezahlen** - Alle gängigen Bezahlmethoden stehen zur Verfügung.
- Schritt 3: **Umsetzen** – Du erhältst sofort Zugang zu deinem Produkt und hast eine volle Rückgabegarantie, falls etwas nicht stimmt.

Du solltest für Rückfragen zum Verkaufsprozess auch verschiedene Kontaktmöglichkeiten zur Verfügung stellen. Die einen Telefonieren lieber, andere Chatten oder schreiben eine E-Mail. Dazu gibt es Plugins wie Chaty für Wordpress, die es dir ermöglichen, einen Live-Chat über die verschiedensten Kanäle auf deiner Webseite anzubieten.

Tipp: *Spar dir jegliche Fach- und Marketingsprache. Nutze eine möglichst einfache Sprache und bildhafte Vergleiche. Ich wollte neulich eine neue Matratze für mein Bett kaufen. Der eine Anbieter warb mit Matratzenkern aus Memory Schaum und einem Raumgewicht von 30 kg/m³, symmetrischen 7 Zonen Design, hypoallergenem Bezug, einer Gesamthöhe von 15cm, der Waschtemperatur, etc.*

Ach ja? Was interessiert mich das Raumgewicht, die Höhe oder was ist überhaupt ein symmetrisches 7 Zonen Design? So verliert man Kunden.

Ein anderer Anbieter sprach von hohem Komfort, ausgeruhtem Aufwachen am nächsten Morgen, rückenschonend, Vermeidung von Kuhlenbildung und Feuchtigkeit, etc. Das ist doch das, was ich will! Gekauft.

13.2.8 Hürde 8: Vertrauen

Betrachten wir jetzt noch die letzte Hürde beim Verkaufen, das Vertrauen. Es gibt viele schwarze Schafe da draußen im Internet und daher auch oft ein berechtigtes Misstrauen auf Seite der Käufer.

Vertrauen ist extrem wichtig und das erzeugst du beispielsweise durch:

- Selbstvertrauen! Wenn du schon nicht selbst an dich glaubst, warum sollte es jemand anderes tun? Vertraue auch in dein Produkt und darin, dass es hilft. Wenn es das nicht tut, verkauf es nicht.
- Mehrwert
- Zuverlässigkeit
- Erreichbarkeit
- Erfahrungen
- Kundenstimmen
- Garantien
- Interesse am Kunden
- Ehrlichkeit
- Beziehung aufbauen
- Positionierung als Experte
- Menschlichkeit
- Gefühl von Sicherheit
- Autorität

13.2.8.1 Testimonials, Referenzen und Social Proof

Um die Hürde des Vertrauens im Verkaufsprozess zu nehmen, empfehle ich dir, mit Kundenstimmen (Testimonial), Social Proof und Referenzen zu arbeiten.

Wir Menschen sind alle ein wenig vom Herdentrieb gesteuert. Nur die wenigsten gehen gerne alleine voran, aber auch nur die wenigsten bleiben stehen oder gehen in eine andere Richtung, wenn Tausende vorgehen. Berichte über andere erfolgreiche Kunden von dir, zeig Fallstudien und nenne Referenzen. Bitte anfangs Freunde und Bekannte um Referenzen oder vergib kostenlose Versionen deines Produktes gegen eine Referenz.

Gib deinen Besuchern das Gefühl, dass alle anderen bereits dabei sind und nur sie noch fehlen. Über dem Newsletter-Eintrag ein kleiner Satz wie: "Bereits über 10.000 zufriedene Abonnenten, denen wir helfen konnten", kann bereits Wunder bewirken.

Ebenfalls positiv sind nicht nur anonyme Textbewertungen, sondern Video-Rezensionen von echten Kunden bzw. Freunden.

Als Referenz kann auch entsprechende berufliche Erfahrung zählen, eine Zertifizierung oder Ausbildung.

Als Social-Proof, kann ein Social-Media-Account mit vielen Followern hilfreich sein.

Versetz dich in die Lage deines Kunden und denke immer daran, was er will.

Dein Kunde will sehen, dass du echt bist, dass es funktioniert, was du anbietest und das andere, die so sind wie er, es auch geschafft haben.

Einer der Schlüsselfaktoren für den Erfolg von Amazon als mittlerweile größtem Online-Versandhandel der Welt, war die Möglichkeit, Bewertungen als Käufer zu hinterlassen.

Marken versprechen alles mögliche, Werbung ist nie objektiv, aber die Erfahrungen von anderen Benutzern wie dir und mir, die zunächst objektiv erscheinen, zählen da viel mehr. Produkte mit vielen guten Bewertungen werden garantiert öfter gekauft, als Produkte mit keinen oder gar schlechten Bewertungen.

Hans L. aus P. sagt: Was für ein tolles Produkt! Vorher hatte ich nichts, dann kam das Produkt und jetzt habe ich alles.

So ein Testimonial folgt meist einem einfachen Schema aus drei Schritten.

1. Situation vorher
2. Produkt
3. Situation hinterher

Wenn du Hans L. aus P. nicht kennst, dann frag anfangs ein paar Freunde oder Bekannte, ob sie dir mit positiven Erfahrungen weiterhelfen.

Im Idealfall kommen die Kundenstimmen von möglichst verschiedenen Zielgruppen, damit andere Leser deiner Seite sich mit diesen identifizieren können.

13.2.8.2 Erzähle deine persönliche Geschichte

Geschichten funktionieren ebenfalls sehr gut, um Vertrauen aufzubauen. Sie sind meist nach einem ähnlichen Schema aufgebaut. Dazu kannst du einfach mal nach dem Begriff Storytelling suchen.

Häufig findest du im Marketing Geschichten in der Form „Ich war auch mal da, wo du jetzt bist“, „Ich bin der Gute und möchte Menschen helfen“ oder „Ich bin der Experte, weil...“.

Bei mir ist es so, dass ich die erste Variante oft anwende, da ich lediglich über Themen schreibe, die ich selbst in der Form durchlebt habe.

Ich habe beispielsweise keinen „Online-Business-Abschluss“ oder irgendein Zertifikat. Aber ich habe die Geschichte mir 100.000 Euro monatlich an passivem Einkommen aufzubauen. Ich habe genau da angefangen, wo du jetzt vielleicht auch stehst.

Ich hatte nur einem Traum. Um diesen zu verwirklichen, bin ich die Schritte, die ich dir hier zeige, selbst gegangen.

13.2.8.3 Besuchervertrauen durch bekannte Marken und Logos

Die Verwendung bekannter Marken und Logos auf deiner Webseite kann das Vertrauen deiner Besucher ebenfalls erhöhen. Egal, ob das Logo vom Anbieter deines SSL-Zertifikates oder, was man auch auf vielen Blogs sieht, die Verwendung von Logos der Medien und Partnerblogs, in denen sie erwähnt wurden. Andere wiederum verwenden einfach Logos der Hardware oder Produkte, die sie verwenden bzw. anbieten.

Ein einfaches mit dem kostenlosen Grafikprogramm Gimp erstelltes Siegel, auf dem steht „Sicherheit geprüft“ und darunter ein zweites Logo mit dem aus Amazon bekannten 5 Sterne Bewertungssystem und einem Slogan „Top Kundenzufriedenheit“. Alleine diese beiden in 20 Minuten selbst erstellen Bilder, haben auf einigen meiner Seiten die Verkaufsrate messbar gesteigert.

Du solltest jedoch darauf achten, keine Falschbehauptungen aufzustellen und bei der Verwendung von fremden Logos, keine Markenrechte Dritter zu verletzen.

13.2.8.4 Biete persönlichen Support

Persönlicher Support macht immer einen guten Eindruck und erhöht das Vertrauen. Auf einer Seite habe ich mal gesehen, dass sich nach einem Einführungsvideo der Gründer persönlich vorgestellt und allen Kunden ein kostenloses Skype-Kennenlerngespräch angeboten hat. Dies ist natürlich nur in der Anfangszeit praktisch umsetzbar, aber kann gerade in dieser Zeit die Kundenbindung stark erhöhen.

13.2.8.5 Professionelles einfaches Design

Dein Design sollte qualitativ hochwertig sein und deine Sprache gut und möglichst fehlerfrei. Das ist auch für Laien dank fertiger Templates machbar. Du musst hier keinen Profi beauftragen. Design ist natürlich subjektiv und wir alle haben unsere eigenen Vorlieben. Es gibt aber beispielsweise Studien darüber, wie sich bestimmte Farben auswirken oder welche Farben besonders gut zueinander passen. Die Informationen sind zum Glück alle frei im Internet verfügbar.

Achte auch darauf, den Besucher nicht mit zu vielen Informationen zu überfluten. So einfach wie möglich, so informativ wie notwendig.

Ein weiterer Hinweis zum Design, versuche, eine persönliche Note einzubringen. Perfekt gestylte Seiten, die aber unpersönlich wie tausende andere aussehen, können abschreckend sein. Individuelle Bilder, persönliche Videos, eine interessante Geschichte, all solche Dinge lassen dich aus der Masse herausstechen.

Das waren jetzt einige der Hürden, auf dem Weg zum erfolgreichen Verkauf. Jetzt betrachten wir, den Sales-Funnel, der dir und deinem Kunden helfen wird, diese Hürden erfolgreich zu überwinden.

13.3 Elemente eines Sales-Funnels

Bevor wir uns gleich verschiedene mögliche Verkaufsprozesse (Sales-Funnel) in der Praxis ansehen, erkläre ich dir, aus welchen Elementen sich so ein Funnel zusammensetzen kann. Du musst insbesondere am Anfang nicht alle davon einsetzen. Fang klein an und baue deinen Verkaufsprozess nach und nach aus.

Manche Elemente ergeben sich auch erst im Zeitverlauf. Es ist aber wichtig, dass du verstehst, wie das ganze System funktioniert und wie du in der Erstellung strukturiert vorgehst, um effizient voranzukommen.

Hinweis: *Auch wenn ich in der Regel die deutsche Sprache bevorzuge, werde ich in diesem Abschnitt ein paar englische original*

Begriffe verwenden. Diese haben sich mittlerweile auch im deutschsprachigen Raum durchgesetzt und du wirst bei weiteren Recherchen unter diesen Begriffen fündig.

13.3.1 Die Marketing-Kanäle

Die erste Hürde, die du mit deinem Sales-Funnel überwinden musst, ist die Aufmerksamkeit. Dazu verwendest du verschiedene Marketing-Kanäle wie Suchmaschinen, soziale Netzwerke, YouTube oder bezahlte Werbeanzeigen.

Diese sehen wir uns ausführlich im Schritt 6 des Buches an.

Wenn du die Aufmerksamkeit hast, schickst du die Besucher in deinen Funnel, der meist mit einer Landing-Page beginnt.

13.3.2 Die Landing-Page

Die Landing-Page ist eine Seite oder ein Blogbeitrag auf deiner Webseite, auf der die Besucher "landen". Sie hat das Ziel, den Besucher zu einer Handlung zu bewegen.

Das kann auch bereits die Startseite sein, ich habe beispielsweise ein Mini-Infoprodukt auf https://tradingplan.org auf dem ich alles in einer einzigen Seite kombiniere.

Wie du eine Landing-Page in Wordpress umsetzt, hast du ja bereits gelernt. Für sie gilt ebenfalls die AIDA-Formel. Die Landing-Page soll den Interessenten von der Aufmerksamkeit, über das Interesse und den Wunsch bis hin zur Handlung begleiten.

Wichtig ist: Eine Landing-Page hat immer nur genau eine spezielle Zielgruppe, einen Handlungsaufruf und möglichst wenig Auswahlmöglichkeiten.

Tipp: *Du kannst auch das Menü für einzelne Landing-Pages komplett deaktivieren. Impressum und Datenschutzerklärung müssen im Footer erreichbar sein, aber alles andere kannst du so weit wie möglich "aufräumen".*

Für den Handlungsaufruf, meist Call to Action genannt, auf einer Landing-Page gibt es verschiedene Möglichkeiten:

- kauf mein Produkt
- Trag hier deine E-Mail ein
- Ruf mich an
- vereinbare ein Termin
- Trag dich in mein Webinar ein
- Abonniere meinen Podcast
- etc.

Ich arbeite meist mit mehreren verschiedenen Landing-Pages auf einer Webseite. So kann ich verschiedene Handlungsaufrufe einbauen und außerdem verschiedene Zielgruppen testen.

Mein Newsletter, mein Podcast und jedes meiner Produkte haben jeweils eine eigene Landing-Page.

Ebenfalls erstelle ich für verschiedene Zielgruppen eigene Landing-Pages, die in der Ansprache genau an die jeweilige Zielgruppe angepasst sind.

Ich kann beispielsweise meinen Fitnesskurs an Menschen mit Rückenproblemen und an diejenigen, die schnell abnehmen wollen verkaufen. Deshalb erstelle ich für beide Zielgruppen eine eigene Landing-Page.

Beispiel:

Die Hauptseite ist:

https://onlinebusinessakademie.net

Eine spezielle Landing-Page für mein Buch auf Amazon mit dem Handlungsaufruf, das Buch zu kaufen, ist:

https://onlinebusinessakademie.net/online-business-fuer-einsteiger-buch/

Die Landing-Pages sind keine eigenen Webseiten, sondern einzelne Beiträge oder eine Unterseiten, deiner Webseite, die du im Schritt 2 erstellt hast.

Von der Landing-Page werden die Besucher dann in den eigentlichen Sales-Funnel geleitet. Wir werden im Rahmen der 7 Schritte erst einmal mit der Verkaufsseite als einziger Landing-Page arbeiten.

Wichtig ist, dass du den Begriff und das Konzept verstanden hast, weil Landing-Pages eines der wichtigsten Elemente in jedem Verkaufsprozess sind.

13.3.3 Call to Action

Noch so ein englischer Begriff, der aber ganz einfach meint, dass du den Leser zu einer Handlung aufforderst und ihm ganz klar sagst, was er tun soll. Der deutsche Begriff dafür ist Handlungsaufruf.

Das kannst du auf der Webseite mit einem einfachen Button umsetzen. In der E-Mail oder einem Facebook-Post könnte es ein Link sein. Im Podcast sagst du, auf welche Webseite er für weitere Informationen gehen soll oder, du bittest um eine gute Bewertung auf iTunes. Wenn du in Zukunft mal genau darauf achtest, wirst du an fast allen Stellen im Internet solche Handlungsaufrufe finden.

Beispiele für den Call to Action:

- "Jetzt kostenlos testen"

- "Hier eintragen, für mehr Besucher auf deiner Webseite"
- "Jetzt zum Einführungspreis bestellen und nie wieder finanzielle Sorgen haben".
- „Bewerte meinen Podcast"
- „Abonniere jetzt den Kanal"
- „Gib dem Video einen Daumen nach oben"
- „Klick den Button"

Tipp: *Hebe beim Call to Action Button den Mehrwert für deinen Besucher hervor, warum er die Aktion durchführen sollte.*

Jeder Inhalt, den du erstellst, sollte einen klaren Handlungsaufruf haben. Egal ob es sich um eine Landing-Page, einen Newsletter, einen Podcast, ein Artikel oder ein Video handelt.

13.3.4 Leads (Interessenten)

Über die Landing-Page und deine Webseite machst du Interessenten auf dich aufmerksam.

Die meisten digitalen Produkte werden online jedoch nicht direkt beim ersten Besuch deiner Seite verkauft. Bis zum erfolgreichen Verkauf benötigst du oft mehrere Berührungspunkte bzw. Kontaktaufnahmen.

Berührungspunkte im Sales-Funnel sind:

- Werbeanzeigen
- Artikel
- Seiten
- Podcastsendungen
- Videos
- Newsletter

- etc.

Wie viele solcher Berührungspunkte du benötigst, hängt davon ab, wie weit dein Kunde bereits im Verkaufsprozess ist.

Hinweis: *Viele Marketing-Seiten sprechen von 7 Berührungspunkten, die du bis zum Kauf benötigst. Ich habe das recherchiert und keine seriöse Quelle für diese Zahl gefunden. Das ist also ein reiner Mythos.*

Viel wichtiger als diese Zahl ist es, dass du deine Kunden an der Stelle im Verkaufsprozess abholst, wo sie aktuell stehen. Heutzutage sind die Kunden meist wesentlich besser informiert. Einige benötigen nur einen Button zum Kaufen, weil sie bereits genau wissen, was sie wollen oder dir schon länger folgen.

Andere sind eher skeptisch, haben finanziell nicht die Möglichkeiten oder sind sogenannte Maximierer, die immer erst alle Angebote vergleichen wollen, um das für sie perfekte zu finden. Für solche Kunden benötigst du wesentlich mehr Berührungspunkte und Kontaktaufnahmen.

Um Kontakt aufzunehmen brauchst du Kontaktdaten. Das kann eine E-Mail-Adresse, eine Telefonnummer, ein Facebook-Kontakt oder Ähnliches sein. In der Marketing-Welt spricht nennt man diese Leads.

Ein Lead ist eine Kontaktmöglichkeit zu einem Kunden, der Interesse an deinem Thema hat.

Tipp: *Du solltest immer in deinem Verkaufsprozess die Kontaktinformationen abfragen. Im Idealfall, noch bevor du überhaupt versuchst, etwas zu verkaufen.*

Um die Kontaktdaten zu erhalten, arbeiten manche Webseiten mit sehr nervigen Techniken. Das sind beispielsweise Popups, Push-Notifications oder Fenster, die sich beim Verlassen der Seite (Exit

Intent Popups) oder beim Scrollen auf der Seite öffnen. Vielleicht kennst du das auch, dass du nur ein Video auf einer Seite sehen willst und vorher gezwungen wirst, mindestens 5 Sekunden ein Werbevideo zu sehen.

Du kannst mit diesen Techniken arbeiten, aber es gibt viele Nutzer, die eine zu aggressive Werbung sehr stört und die ggf. nur aus diesem Grunde eine Webseite wieder verlassen. Ich klicke grundsätzlich erst einmal alles weg, was mich sofort nervt, von Cookie-Bannern, über Push-Notifications bis hin zu Newslettern. Ich sehe mir die Angebote nicht einmal an. Erst wenn ich gute Inhalte gesehen habe, suche ich ggf. nach einem Newsletter oder Ähnlichem, um informiert zu bleiben.

Aber trotzdem können solche Maßnahmen die Anzahl der Besucher, die dir ihre Kontaktdaten hinterlegen, erhöhen. Hier musst du deinen eigenen Weg finden und herausfinden, was für deine Zielgruppe funktioniert und was du mit deinem Gewissen vereinbaren kannst.

Ich persönlich verwende nichts, was mich selbst auf anderen Seiten stört. Dazu gehören fast alle Formen der Pop-Ups und Notifications.

Die spannende Frage, die du dir vielleicht auch gerade stellst, ist:

Wie bekommst du diese Leads und was machst du dann mit ihnen?

Um die Leads zu sammeln und später auch etwas zu verkaufen, kombinierst du die bisherigen Elemente des Funnels, die du bereits kennengelernt hast mit einem neuen Element, dem Newsletter.

Folgende vier Schritte sind dazu notwendig:

1. Du benötigst eine Landing-Page mit einem Handlungsaufruf, der in etwa so lautet: „Gib mir deine Kontaktdaten“ beispielsweise die E-Mail.

2. Dann benötigst du eine technische Möglichkeit, damit die Besucher dir überhaupt ihre Kontaktdaten hinterlassen können. Wir starten dazu mit einem Newsletter, weil das einfach und sehr effizient ist.

3. Damit die Besucher deiner Seite sich in den Newsletter eintragen, brauchen sie einen Anreiz. In der Fachsprache spricht man hier von einem Lead-Magneten.

4. Damit du mehrere Berührungspunkte mit deinen Interessenten hast, benötigst du interessante Inhalte, die du in regelmäßigen Abständen in deinem Newsletter verschicken kannst.

Den ersten Punkt kennst du bereits und die anderen sehen wir uns jetzt im Detail an.

13.3.4.1 Der Newsletter

Ein Newsletter besteht aus einer Möglichkeit, dass Besucher ihre Kontaktdaten hinterlassen können und einer Reihe von Nachrichten, die du automatisiert oder von Hand verschickst.

Ein Newsletter kann mit unterschiedlichen Methoden umgesetzt werden. Der Klassiker ist die E-Mail und etwas moderner sind verschiedene Messenger-Dienste wie Facebook, WhatsApp oder auch Push-Notifications für den Browser.

Als Einsteiger solltest du auf jeden Fall mit einem E-Mail-Newsletter beginnen. Alles was du dazu benötigst, ist einen Newsletter-Anbieter.

Dieser stellt dir verschiedene Möglichkeiten zur Verfügung, damit sich die Besucher deine Webseite anmelden können und erledigt den Versand der E-Mails für dich.

Alles was du dafür tun musst, ist dir bei so einem Anbieter einen Zugang zu erstellen. Dann erhältst du einen kleinen Code-Schnipsel, den du auf deiner Webseite einbindest. Die meisten großen Anbieter bieten auch direkt Wordpress-Plugins zur Integration auf der eigenen Seite an.

Hinweis: *Du findest verschiedene Anbieter, die für Einsteiger teilweise komplett kostenlos sind, auf der Webseite zum Buch verlinkt und es gibt dort auch ein Video, in dem ich dir diesen Schritt nochmal zeige.*

Du kannst dich dann bei dem Newsletter-Anbieter einloggen und hast dann zwei Möglichkeiten.

1. Du kannst eine Reihe von automatisierten E-Mails erstellen, die verschickt werden, sobald sich jemand eingetragen hat (Sequence genannt).

2. Du kannst sofort an alle deine Kontakte eine E-Mail versenden (Broadcast genannt).

Wenn du mit einem Newsletter arbeitest, gibt es einige rechtliche Anforderungen, die du beachten solltest. Du musst beispielsweise die E-Mail-Adressen bestätigen (Double-Opt-In genannt), die Daten müssen sicher gespeichert werden und du benötigst eine Einverständniserklärung zum Empfang von werblichen E-Mails (DSGVO). Die auf der Seite zum Buch empfohlenen Anbieter unterstützen all diese Anforderungen.

Das Thema E-Mail-Marketing und Inhalte für deinen Newsletter sehen wir uns im sechsten Schritt im Detail an. Für jetzt ist erst einmal nur wichtig, dass du weißt, was ein Newsletter ist und wie du diesen auf deiner Webseite einbinden kannst.

13.3.4.2 Lead-Magnet

Im nächsten Schritt wollen wir erreichen, dass sich die Leute auch in deinen Newsletter eintragen. Wenn du auf deiner Landing-Page einen Handlungsaufruf hast wie „Gib mir eine E-Mail-Adresse, damit ich dir was verkaufen kann“ wirkt das vermutlich auf die wenigsten Besucher deiner Seite attraktiv genug, um sich wirklich einzutragen.

Deshalb lassen wir uns jetzt etwas Klügeres einfallen, den sogenannten Lead-Magneten. Dieser soll wie ein Magnet Kunden anziehen und sie dazu bewegen, dir ihre Kontaktdaten zu geben. Ein Lead-Magnet kann beispielsweise ein kostenloses eBook sein (oft auch Freebie genannt), welches ein spezielles Problem löst.

Weitere mögliche Lead-Magneten sind:

- Ein spezieller Rabatt, für alle Kunden, die sich eintragen
- Ein kostenloser Online-Kurs / E-Mail-Kurs
- Ein Webinar
- Exklusives Wissen
- kostenloses Beratungsgespräch
- Einige Shops verschicken sogar Gratisprodukte, und spekulieren darauf, dass die meisten Kunden weitere kostenpflichtige Produkte dazu bestellen

Es gab mal eine Taktik einer religiösen Gemeinschaft. Diese teilte sich bei Spendensammelaktionen in zwei Gruppen auf. Die erste Gruppe verschenkte Blumen an Passanten. Die zweite traf später auf genau jene Passanten und bat um eine Spende.

Das faszinierende daran war, dass sie diese den meisten Fällen erhielten, selbst wenn die Blumen längst in den Müll gewandert sind. Diese Methode war so effizient, dass sie irgendwann verboten wurde.

Wir Menschen haben meist das Bedürfnis, etwas zurückgeben zu wollen, wenn wir etwas erhalten. Das ist der Grund, warum der Autoverkäufer dir seinen wertvollen Quattro-Schlüsselanhänger schenkt oder den Kugelschreiber dazu gibt. Aber ebenfalls der Grund, warum du dir als Frau vielleicht keinen Drink ausgeben lassen solltest, wenn du keine Lust auf den Typen hast. Man spricht hier auch vom Gesetz der Reziprozität.

Für uns im Verkaufsprozess bedeutet das, gib den Leuten etwas kostenlos (den Lea-Magneten). Biete Mehrwert, biete kostenlose Ratschläge oder ganze Projekte kostenlos. Das wird die Wahrscheinlichkeit deutlich erhöhen, dass du etwas zurückerhältst oder dein Produkt verkaufst.

Damit die Besucher deiner Webseite von deinem Lead-Magneten erfahren, kannst du diesen auf einer eigenen Landing-Page bewerben.

Der passende Handlungsaufruf dazu ist beispielsweise: „Sicher dir jetzt mein gratis eBook - wie du endlich ALLES erreichst". Auf dieser Seite hebst du nochmal den Mehrwert deines Lead-Magneten hervor und am Ende der Landing-Page können die Besucher sich in deinen Newsletter eintragen, um ihn zu erhalten.

Hinweis: *Du kannst dich beim Aufbau der Seite für deinen Lead-Magneten an der Verkaufsseite orientieren, die wir uns gleich noch im Detail ansehen.*

13.3.4.3 Qualifizierung von Leads

Mit Hilfe deines Lead-Magneten sammelst du jetzt eine Reihe von Leads ein. Damit kommen wir zur nächsten spannenden Frage: Was machst du mit diesen Leads?

Die Antwort ist: Du willst herausfinden, wer ein potentieller Käufer deines Produktes ist.

Dazu reicht Interesse am Thema nicht aus. Denk hier wieder an die AIDA-Formel. Du willst herausfinden, wer wirklich einen Wunsch nach Veränderung hat und bereit ist, zu handeln.

Die Qualität von Leads kann extrem unterschiedlich sein. Nur weil dir jemand seine Kontaktdaten gibt, kannst du nicht immer von einem Interesse an deinem Produkt ausgehen. Manchmal ist es nur Höflichkeit, manchmal wollte er auch nur ein Gratisgeschenk einsammeln oder interessiert sich generell für das Thema, hat aber keine Kaufabsicht.

Dieses Filtern von Kontakten nach Interessenten, Leuten, die sich nur angemeldet haben, weil es etwas gratis gab, oder echten potentiellen Kunden nennt man auch Qualifizierung.

Bei hochpreisigen Coaching Angeboten erfolgt das meist telefonisch. Die Telefonverkäufer haben dazu eine Reihe von Standardfragen wie "Wie viel Geld kannst du aktuell in dein Business investieren?". Wenn das Produkt dann 10.000 Euro kostet und der Interessent mit 50 Euro antwortet, ist er nicht qualifiziert.

Egal wie gut du verkaufen kannst, er kann sich das Produkt aktuell nicht leisten. Du kannst in einem Jahr nochmal nachfragen, aber aktuell solltest du dich auf die Leads konzentrieren, die sich qualifizieren.

Das betrifft auch deine Lösung. Wenn du dich mit deinem Produkt an alleinerziehende Frauen richtest, die sich nebenbei selbständig machen wollen, dann wirst du einem Mann nicht helfen können. Männer sind ebenfalls nicht qualifiziert.

Insbesondere wenn du irgendwann viele Anfragen bekommst, wird diese Qualifizierung von Leads immer wichtiger, damit weder du noch deine Kunden unnötig kostbare Zeit verschwenden. Die richtige Qualifizierung wird dir langfristig jede Menge Zeit und nerven sparen.

Bei günstigen Produkten kannst du das automatisiert per E-Mail oder Umfrage machen. Ich nutze dazu oft Umfragen mit Hilfe von Typeform und frage da vor allen Gesprächen bereits die wichtigsten

Details zur aktuellen Situation ab. So kann ich nicht nur die Leute qualifizieren, sondern mich auch besser auf die Gespräche vorbereiten.

In der Praxis könnte das wie folgt aussehen:

Wenn sich jemand auf deiner Webseite eingetragen hat, schickst du ihm automatisch eine Willkommens-Mail. Frage ihn vielleicht nach seiner größten Herausforderung, vor der er im Moment steht. So kannst du direkt eine persönliche Beziehung aufbauen und wertvolles Feedback über mögliche Probleme sammeln, die du für deine Interessenten lösen kannst.

Mailchimp und andere E-Mail-Anbieter ermöglichen auch, ganze Sequenzen von E-Mails zu automatisieren. Du kannst zunächst fragen, ob du helfen kannst, oder später eine ausführliche Anleitung oder ein Webinar-Video und weitere Zusatzinhalte automatisiert verschicken.

So findest du heraus, ob du überhaupt die richtige Lösung für das Problem der Interessenten hast oder entdeckst weitere Probleme, die du eventuell lösen kannst.

Alle modernen E-Mail-Anbieter, die auf der Seite verlinkt sind, ermöglichen es dir auch zu sehen, wer welche E-Mail geöffnet hat und somit wirklich interessiert ist.

Wenn die Leads qualifiziert sind, wird es langsam ernster mit deinem Business, denn dann schickst du diese auf die Verkaufsseite deines Angebotes. Diese sehen wir uns gleich an, doch zunächst benötigst du ein Angebot und dafür hast du verschiedene Möglichkeiten, die wir uns jetzt ansehen.

13.3.5 Tripwire (günstiges Einstiegsprodukt)

Als erstes Angebot empfehle ich meist ein günstiges Einstiegsprodukt, welches meist zwischen 5 Euro und 25 Euro kostet. In der

Marketing-Fachsprache nennt man so ein günstiges Einstiegsprodukt Tripwire. Bei mir sind es oft die Bücher, die ich dazu verwende.

So ein günstiges Produkt hat die Aufgabe, den Statuswechsel des Webseitenbesuchers vom Interessenten zum Käufer. Das ist ein extrem wichtiger Schritt und unabhängig vom Preis ein großer Erfolg, wenn du das schaffst. Die Wahrscheinlichkeit, dass er, wenn das erste Produkt gut ist, auch weitere kauft, ist wesentlich höher als bei Kunden, die bisher nichts gekauft haben.

Dieses Prinzip des günstigen Produktes zum Kennenlernen gefolgt vom Verkauf des teureren Produktes solltest du unbedingt immer umsetzen.

Tipp: *Verkaufe das Tripwire so früh wie möglich. Eine gute Stelle ist z. B. die Danke-Seite nach der Eintragung in deinen Newsletter. Zu dem Zeitpunkt hat der Kunde gerade gehandelt, dir gezeigt, dass ein gewisses Vertrauen und Interesse am Thema vorhanden ist.*

13.3.6 Hauptangebot

Das nächste Element in deinem Funnel ist das eigentliche Hauptangebot. Die Freunde von Anglizismen sagen dazu auch manchmal Core-Offer. Das günstige Tripwire beispielsweise ist ein Buch und die Leser deines Buches können dann ein teureres Coaching bei dir buchen oder einen Online-Kurs kaufen.

Die Preise des Hauptangebotes sind total unterschiedlich und reichen meist von 50 Euro bis hin zu hohen 5-stelligen Beträgen.

Dieses Hauptangebot sollte es dir langfristig ermöglichen den Leuten zu helfen und davon auch gut leben zu können.

13.3.7 Upsells / Downsells / Addons

Wir haben jetzt ein günstiges Angebot und ein etwas teureres. Um mehr zu verkaufen, gibt es in der Online-Business-Welt das Konzept der Upsells, Downsells und Addons.

Stell dir vor du fährst Tanken und an der Tankstelle gibt es gerade zwei Schokoriegel zum Preis von einem. Super Angebot, du schlägst du und kaufst etwas, von dem du noch gar nicht wusstest, dass du es willst.

Das gleiche Prinzip gilt für den cleveren Kellner, der im Restaurant nach dem Essen fragt:

„Wünschen Sie noch einen Espresso gegen die Müdigkeit nach dem Essen oder einen leckeren Nachtisch? Das Tiramisu ist frisch zubereitet und besonders empfehlenswert!"

Ich habe bereits etwas gekauft und mir werden dazu passende weitere Produkte angeboten.

Im Idealfall gleich mit einer passenden Begründung. Die Fleischereifachverkäuferin oder Bäckerin, die lediglich fragt, „Und außerdem?" Oder „Darf es sonst noch etwas sein?" Hat da noch einiges an Verbesserungspotential.

Dieses Prinzip zusätzlicher Produkte sind in der Online-Welt Upsells, Downsells und Addons.

Upsell:

Ich verkaufe erst ein günstiges Produkt und im Anschluss biete ich dem Kunden ein teureres Produkt an. Beispiel: Buch für 10 Euro und der Upsell wäre ein Videokurs für 100 Euro.

Tipp: *Da bestehende Kunden mit einer deutlich höheren Wahrscheinlichkeit erneut von dir kaufen als neue Kunden, kann es sinn-*

voll sein, anstelle immer neuer Produkte und Kunden passende Upsell-Angebote auszuarbeiten.

Downsell:

Beim Downsell versuche ich erst ein teureres Produkt zu verkaufen und wenn der Kunde nicht kauft, biete ich ihm ein günstigeres an. Das gleiche Prinzip wie beim Upsell, nur umgedreht von teuer zu günstig.

Addon:

Ich biete einen zusätzlichen Nutzen als Erweiterung meines ursprünglichen Angebotes an. Der Kunde kauft beispielsweise meinen Kurs für 100 Euro und als Erweiterung gibt es den Kurs inklusive persönlicher Betreuung, diversen Extra-Lektionen oder anderen Bonus-Inhalten für weitere 100 Euro.

13.3.8 Rabatte, künstliche Verknappung und zeitlich begrenzte Sonderangebote

Leads, Angebote und Vertrauen hast du an dieser Stelle in deinem Sales-Funnel. Dein Ziel mit dem Sales-Funnel ist es, den Besucher zum Handeln zu bewegen: Er soll dein Angebot auch wahrnehmen.

Das erreichst du beispielsweise mit Rabatten, künstlicher Verknappung oder zeitlicher Begrenzung.

Bei einem Mitgliederbereich kann es z. B. verkaufsfördernd sein, wenn du nur alle 6 Monate für ein paar Tage neue Mitglieder hereinlässt.

Durch die zeitlich begrenzte Aufnahmezeit sparst du Marketing-Budget. Wenn deine Besucher sich nur wenige Tage anmelden können, zwingst du sie automatisch dazu, schnell zu handeln.

Dadurch, dass immer mehrere neue Mitglieder auf einmal beitreten, fühlen sich die Neuen nicht so alleine und du schaffst eine künstliche Verknappung, durch die Besucher eher bereit sind, zu kaufen.

Dieses Prinzip von Sonderangeboten und Verknappung funktioniert nahezu überall. Du kannst auch den Verkaufspreis bewusst etwas höher ansetzen und dann durch Rabatte regelmäßig senken. Weihnachtsrabatt, Osterrabatt, Sommerschlussverkauf, Winterschlussverkauf usw., immer jeweils zeitlich begrenzt.

Du riskierst jedoch, dass Besucher der Seite dann bewusst auf den nächsten Rabatt warten. Was da am besten funktioniert, hängt deshalb stark vom konkreten Produkt ab.

Beim Thema Preisfindung habe ich ja schon einige Gedanken dazu geäußert. Ich empfehle dir aber, sparsam mit Rabatten und Gutscheinen zu arbeiten.

Eine gute Möglichkeit ist es aber immer, mit zeitlich begrenzten Angeboten zu arbeiten. Das muss kein Rabatt sein, sondern kann auch ein Bonus sein, den es nur für begrenzte Zeit gibt. Beispielsweise wer innerhalb der ersten 48 Stunden kauft, erhält 3 Extravideos und ein exklusives eBook dazu. Häufig werden solche Funnel dann mit einem großen Countdown-Timer versehen, wo die Zeit bedrohlich herunterzählt und das Angebot dann verfällt.

Damit haben wir dann auch fast alle wichtigen Elemente deines Sales-Funnels zusammen. Jetzt fehlt nur noch eines, deine Verkaufsseite auf der du deine Angebote inklusive Rabatten präsentierst.

13.3.9 Die Verkaufsseite (Landing-Page)

Eine Verkaufsseite ist ebenfalls eine Landing-Page, jedoch mit dem Handlungsaufruf, dein Angebot zu kaufen.

Langfristig wirst du, auch wenn du nur ein Produkt hast, mehrere solcher Verkaufsseiten für unterschiedliche Zielgruppen und Produkte erstellen und kannst so Testen, welche am besten funktioniert.

Ziel ist es immer, die Besucher und deine Leads auf diese Seite zu lenken, egal ob aus dem Blogartikel, Social-Media-Beiträgen, dem Newsletter, einem Webinar oder bezahlter Werbung.

Die Verkaufsseite hat die Aufgaben Vertrauen aufzubauen, das Problem zu beschreiben, deine Lösung zu präsentieren, ein konkretes Angebot zu machen und den Besucher zum Handeln aufzufordern.

Die genauen Inhalte sind von deinem Produkt und Thema abhängig, aber ich gebe dir einige wichtige Hinweise und nenne dir die wichtigsten Elemente einer Verkaufsseite.

Ganz wichtig ist aber bei allen Tipps immer:

Es ist dein Business!

Letztendlich musst du entscheiden und vor allem ausprobieren was für dich und dein Thema funktioniert und was nicht. Ich kann dir nur aus meinen Erfahrungen berichten und ein paar Gedankenanregungen mitgeben. Zusätzlich kannst du bei anderen erfolgreichen Verkaufsseiten sehen, wie diese aufgebaut sind. Aber letztendlich musst du deinen eigenen Weg finden und deine eigenen Erfahrungen sammeln.

Die nachfolgenden Elemente, sollten auf deinen Verkaufsseiten vorhanden sein:

13.3.9.1 Die Überschrift

Jede Seite beginnt mit einer Überschrift. Eine gute Überschrift regt das Interesse der Leser an und gibt einen Hinweis auf das Thema und den Mehrwert. Für Einsteiger empfehle ich eine Variante der folgenden Formel:

Wie du als ZIELGRUPPE mit VORTEILEN dein ZIEL erreichst, sogar wenn ÄNGSTE.

Die großgeschriebenen Wörter ersetzt du mit deinem Thema.

Ein paar praktische Beispiele dazu:

- Wie du als Einsteiger mit nur 500 Euro Startkapital profitabel an der Börse Traden kannst, selbst wenn du bisher keinen Erfolg hattest
- Wie du als Mann, ohne groß nachzudenken, erfolgreich Frauen ansprichst, selbst wenn du schüchtern / nüchtern bist
- Wie du als Frau innerhalb von nur 10 Wochen deine Bikini-Figur erreichst, ohne Diät zu machen
- Wie du als Frau erfolgreich ein profitables Business aufbaust, sogar wenn du bereits eine Familie hast

Es gibt viele weitere Möglichkeiten für spannende Überschriften, die das Interesse wecken, aber das Prinzip sollte klar sein. Du solltest meiner Meinung nach darauf achten, nicht zu unseriös zu werden. In 7 Tagen zum Sixpack oder zum Millionär ist dann doch ein wenig übertrieben.

Ich mag an meinem Business, dass ich durch meine Bücher und Kurse mit Menschen in Kontakt komme, die inspirierend, erfolgreich und clever sind. Menschen die sich selbständig weiterbilden.

Wenn ich das Buch „Wie du in 7 Tagen zum Millionär wirst“ genannt hätte, würde ich eine völlig andere Zielgruppe anziehen.

Interesse wecken und auffällig oder auch provokativ zu sein ist gut, aber du solltest keine falschen Versprechungen machen. Ich bin auch kein Fan von diesen Clickbait-Überschriften „Das größte Geheimnis aller Zeiten...“ Oder „Du wirst niemals glaube, was dann passiert ist“.

Starte zunächst mit einer Überschrift und später kannst du diese dann weiter optimieren oder gegen andere Testen.

13.3.9.2 Das Problem

Der zweite Aspekt der Verkaufsseite ist das eigentliche Problem, an dieser Stelle willst du den Besucher abholen. Du willst zeigen, dass du sein Problem kennst, und willst, das er sich mit dir oder deinem Text identifizieren kann. Dafür sind Geschichten und sprachliche Bilder die emotionalisieren gut geeignet.

Beispiel für eine Diät Lösung:

„Die Sonne kommt raus, es wird Sommer. Der Strand ruft, doch beim Blick in den Spiegel fühlst du dich nicht mehr wohl. Wenn du dich doch mal an den Strand traust, lässt du am liebsten einfach dein T-Shirt an, egal wie heiß es ist.

Schon zu Beginn des Jahres hattest du dir vorgenommen, endlich abzunehmen, wie eigentlich jedes Jahr doch irgendwie klappt es bisher nicht... “

Wichtig ist, das Gefühl zu vermitteln, dass du ihn verstehst. Du versuchst immer, ein innerliches „Ja“ von deinem Besucher zu erhalten. Ein „Ja“ das kenne ich, mir geht es genauso. Je mehr Zustimmungen du erhältst, je wahrscheinlicher ist es, dass der Besucher auch zu dir und deinem Produkt „Ja“ sagt.

13.3.9.3 Die Lösung

Nachdem du das Problem auf der Verkaufsseite genannt hast, ist es Zeit für deine Lösung. Bevor du die Lösung konkret vorstellst, willst du dieses "Will ich haben"-Gefühl nochmal verstärken. Der Besucher sollte nicht das Gefühl haben, dass du im zwanghaft etwas verkaufen willst.

Die meisten unserer Entscheidungen laufen ohnehin unterbewusst ab. Unser Bewusstsein gibt uns später gute rationale Gründe, warum die Entscheidung klug war.

Du könntest auf der Verkaufsseite also zunächst die Fantasie der Besucher weiter anregen und auf die Gefühle und menschlichen Bedürfnisse abzielen, die dein Produkt vermittelt.

Wichtig: Nenne hier keine Produktfunktionen, die interessieren keinen.

"Ein 300 Seiten eBook mit 20 Bildern, 17 Tabellen, 47 Quellen und als Bonus gibt es ein Inhaltsverzeichnis"!

Würdest du das Buch kaufen wollen?

Das Beispiel ist sicher übertrieben, aber viele verkaufen mit irgendwelchen Funktionen und nicht mit Emotionen und Bedürfnissen.

Ich will kein eBook.

Wie sieht es bei dir aus?

Würdest du gerne respektiert werden? Anerkannt sein? Ein Gefühl von Zugehörigkeit haben? Geliebt werden? Etwas sinnvolles tun? Wärst du gerne frei von finanziellen Sorgen?

Vermutlich hast du auch die meisten der Fragen bejaht und mir geht es genauso.

Ich will mich frei, unabhängig, glücklich, abgesichert, sozial integriert, etc. fühlen. Wir kaufen Produkte meist, weil sie uns entsprechende Gefühle geben und unsere Grundbedürfnisse erfüllen. Bedenke beim Verkaufen also die bereits vorgestellte Bedürfnishierarchie von Maslow aus dem ersten Schritt.

Die einen kaufen eine Rolex, um das Gefühl von Exklusivität am Arm zu tragen. Andere kaufen ein Ticket für ein Konzert oder Fußballspiel, um das Gefühl von Gemeinschaft zu haben. Wieder andere kaufen eine Aktie oder einen ETF und fühlen sich jetzt finanziell abgesicherter für die Zukunft.

Bevor du die Lösung präsentierst, denk kurz darüber nach, welches Gefühl du verkaufst und welches Bedürfnis wirklich dahinter steckt.

Beispiele:

Freiheit / Unabhängigkeit:

"Wie wäre es, wenn du völlig frei ohne Chef oder an einen Ort gebunden zu sein, dein Geld verdienen könntest, nur mit ein paar Mausklicks und einem Computer?"

Wohlfühlgefühl / Selbstbewusstsein / Selbstliebe / Attraktivität:

"Wie wäre es, wenn du das nächste mal am Strand voller stolz dein T-Shirt ausziehen kannst. Keine Sorgen, kein Verstecken, einfach nur frei sein und mit den anderen gemeinsam das schöne Wetter genießen!"

Der Leser deiner Seite soll nicht nur passiv lesen. Er soll träumen und fühlen. Bis er vor seinem Bildschirm innerlich „Ja, genau das will ich!" sagt.

Tipp: *Arbeite mit Fragen und sprich deine Leser direkt an.*

Danach kannst du deine Lösung präsentieren.

"Eine klarer Schritt für Schritt Plan, mit dem du endlich Erfolge an der Börse hast."

Hilfreich ist es, wenn deine Lösung ein Alleinstellungsmerkmal hat. Etwas Neues, was nur du bietest. Das kann bereits deine persönliche Art sein oder aber eine einzigartige Kombination aus verschiedenen Themen.

Auf jeden Fall solltest du auf der Verkaufsseite den Mehrwert und den Nutzen für den Kunden herausstellen. Im Idealfall konkret messbar. 4 kg abnehmen in 4 Wochen. Das ist messbar. Nenne Zahlen, dann wirst du auch bezahlt.

Ein weiterer wichtiger Aspekt deiner Lösung ist die Umsetzbarkeit. Dein Leser wird sich fragen, ob er das auch schaffen kann. Bei dem Diät-Beispiel haben die meisten Kunden vermutlich vorher schon einige Diäten probiert und sind zu recht skeptisch.

Sage ihnen, dass die bisherigen Systeme nicht gut waren, warum sie möglicherweise gescheitert sind und im Idealfall, warum sie daran keine Schuld haben.

Ergänze dann, warum es bei dir und deiner Lösung anders ist.

Beispiel:

„Du hast bereits unzählige Diäten probiert und hattest nie den gewünschten Erfolg?

Viele Diäten, versuchen dich einzuschränken und zwingen dich zum Sport. Aber so funktioniert nachhaltiges Abnehmen nicht! Oder hast du Lust auf Sport und Verzicht?

Ich hatte das nie und bin deshalb immer gescheitert.

Doch dann entdeckte ich eine Methode, die mein Leben für immer verändert hat. Die wahre Ursache für Übergewicht ist im Kopf und nicht auf dem Teller! Ich zeige dir wie du komplett ohne Sport und Verzicht abnehmen kannst, in dem ich dir helfe ....“

13.3.9.4 Autorität / Vertrauen

Wir haben ein Problem und eine Lösung. Das alleine reicht aber nicht, denn viele Verkäufer versprechen heutzutage alles mögliche. Deshalb ist es wichtig, dass du Autorität und Vertrauen aufbaust.

Wie du das erreichst, hast du ja bereits im Abschnitt über den Hürdenlauf zum erfolgreichen Verkauf erfahren. Arbeite auf deiner Verkaufsseite mit vertrauensbildenden Elementen wie den Testimonials.

13.3.9.5 Angebot

Das nächste wichtige Element jeder Verkaufsseite ist dein Angebot. Das kann sowohl dein Lead-Magnet, als auch dein Tripwire oder dein Hauptangebot sein.

Beispiel:

Erhalte jetzt meine persönliche Erfolgsformel für nur 27 Euro statt 2700 Euro!

Ganz so übertreiben solltest du es nicht, aber Rabatte können helfen, dass du besser verkaufst.

Besser als Rabatte funktioniert es, wenn du bei deinem Angebot einen großen Unterschied zwischen Preis und Wert schaffst.

Dieses Buch hier kostet nur 10 Euro, aber stell dir mal vor, welchen Wert es für dich hat, wenn du ein erfolgreiches Online-Business startest und finanziell frei bist.

Oder ich gebe dir noch einen Bonus obendrauf, wie einen Monat kostenlosen Zugang zur Online-Business Akademie oder einen gratis Leserbereich.

Boni funktionieren extrem gut. Da gibt es noch viele andere Verkaufstricks, aber du solltest dich erst einmal nicht auf solche Tricks konzentrieren, sondern auf ein gutes Produkt und eine gute Beschreibung des Mehrwerts.

Sag dem Kunden klar, was er von dir für sein Geld erhält und gib ihm am besten einen Bonus dazu.

Zufriedene Kunden sind das beste Marketing und völlig kostenlos.

Achte beim Angebot auf jeden Fall darauf, dass du nicht das Produkt verkaufst, sondern die Transformation wie in Schritt 1 beschrieben. Du verkaufst kein eBook über Diät, sondern ein leichteres sorgenfreies Leben mit 10 kg weniger.

Es ist außerdem wichtig, dass klar wird, für wen dein Produkt ist. Die Zielgruppe muss klar benannt sein.

13.3.9.6 Sicherheit

Heutzutage gibt es online etliche unseriöse Angebote. Deshalb ist es manchmal hilfreich, wenn du einfach eine Geld-zurück-Garantie anbietest, damit der Kunde kein Risiko angeht. Du vermeidest so unnötigen Ärger und ich habe es bisher nur sehr selten erlebt, dass jemand ein Produkt von mir zurückgegeben hat und wenn, dann aus anderen Gründen wie Doppelt-Kauf.

Sei du ehrlich und die meisten anderen Menschen sind es auch. Wenn sich dann doch mal jemand dein Angebot kostenlos sichern will, dann ist das halt so.

Weitere Möglichkeiten, um dem Kunden ein Gefühl von Sicherheit zu vermitteln sind:

- Logos bekannter Partner
- diverse Sicherheitssiegel vom TÜV, über DIN/ISO-Normen, über Anti-Viren-Programme bis hin zu SSL-Verschlüsselung
- Testangebote
- guter Support
- persönlicher Kontakt per E-Mail, Facebook, WhatsApp oder LiveChat auf der Webseite
- etc.

Ich finde es auch wichtig, dass du ausführlich den kompletten Bestellprozess erläuterst. Viele Leute haben, je nach Zielgruppe, immer noch ein Misstrauen beim Bestellen im Internet oder wissen gar nicht, wie es funktioniert.

Erkläre also ganz genau, wie alles funktioniert.

"Wenn du auf den Bestellen-Button geklickt hast, schicke ich dir das eBook innerhalb weniger Minuten per Email. Du erhältst außerdem die Möglichkeit, das Produkt jederzeit ohne Angabe von Gründen innerhalb von 14 Tagen zurückzugeben. Solltest du Fragen dazu haben, kannst du dich per Email an mich wenden."

Das mögen Kleinigkeiten sein, aber diese Details machen manchmal den Unterschied zwischen Erfolg und Misserfolg aus.

13.3.9.7 Handlungsaufruf

Du hast bisher die Leads gesammelt und qualifiziert. Du hast Mehrwert geliefert, Vertrauen aufgebaut, Problem und Lösung vorgestellt und das Gefühl von Sicherheit vermittelt. Jetzt ist es an der Zeit für den großen Moment und die alles entscheidende Frage.

Willst du mein Produkt kaufen?

Das ist der letzte Punkt auf der Verkaufsseite. Ein Handlungsaufruf, indem du den Besucher deiner Seite dazu aufforderst, dein Produkt zu kaufen,

Dazu kannst du einen "Jetzt kaufen"-Button machen, oder aber du gestaltest das ganze etwas kreativer, wie "Jetzt an der Börse durchstarten!" Oder „Jetzt erfolgreich abnehmen!".

Ich empfehle dir, nur einen einzigen Handlungsaufruf auf der Verkaufsseite zu haben. Der sollte zwar mehrfach vorkommen, aber immer zur gleichen Option führen.

Mach keine komplizierten Angebote oder Auswahlmöglichkeiten am Anfang. Entscheidungen sind immer schwierig für deine Besucher und umso weniger Auswahl ein Besucher der Seite hat, umso wahrscheinlicher wird er auch handeln.

13.3.9.8 Bonus: häufige Fragen (F.A.Q)

Ein guter Tipp für deine Verkaufsseite ist es, wenn du bereits von Anfang an alle Fragen deiner Interessenten sammelst und diese direkt auf der Verkaufsseite in einem F.A.Q (Frequently Asked Questions) beantwortest. Das spart dir und deinen Kunden Zeit.

Beispiele:

- Wie läuft der Bestellprozess ab?

- Wie lange habe ich Zugriff auf das Produkt
- Welche Bezahlmethoden gibt es?

Immer wenn du Anfragen über dein Thema, Angebot oder Produkt erhältst, kannst du die Fragen dort ergänzen. Das spart dir langfristig viel Zeit und gibt deinem Kunden die Möglichkeit, sich selbständig vorher zu informieren.

Für Wordpress kannst du dazu spezielle FAQ-Plugins verwenden, aber eine einfache Seite reicht ebenfalls. Wenn es sich nur um relativ wenige Fragen handelt, kannst du die Fragen auch direkt auf der Verkaufsseite ergänzen.

Wenn du die Verkaufsseite erstellt hast, haben wir alle wichtigen Elemente deines Sales-Funnels beisammen. Oft kommt es aber vor, dass der Benutzer während des Kaufprozesses abgelenkt wird. Manchmal hast du bereits einen Besucher auf deiner Webseite oder bereits auf dem Verkaufsformular, aber dann kommt etwas dazwischen.

Manchmal ist das Vertrauen noch nicht vorhanden, das Essen ist fertig, der Postbote klingelt oder es kann auch sein, dass ein Kunde vielleicht erst im Sommer dein Produkt benötigt, aber weil er gerade Zeit hat, jetzt schon mal recherchiert.

Für diese Situationen bietet es sich an, wenn du einen Rückweg in deinen Sales-Funnel anbietest.

13.3.10 Der Rückweg

Es gibt verschiedene Möglichkeiten, die du auch unbedingt nutzen solltest, einen Rückweg in deinen Funnel anzubieten.

Wenn du beispielsweise seine E-Mail-Adresse hast, kannst du in regelmäßigen Abständen E-Mails versenden, um an dich zu erinnern. Diese E-Mails kannst du leicht automatisieren. Das sollte auch nicht immer Werbung sein. Es kann eine E-Mail mit Mehrwert sein, ein neuer Artikel auf deiner Seite über den du informierst oder einfach nur ein Glückwunsch zu Weihnachten oder Neujahr.

Wenn du keine E-Mail Adresse hast, ermöglichen dir alle großen Werbeplattformen wie Facebook und Google, sogenannte Tracking-Cookies zu setzen.

Ein Tracking Cookie ist eine kleine Datei, die auf dem Computer deines Webseitenbesuchers gespeichert wird und es dir ermöglicht, diesen wiederzuerkennen, wenn er ein zweites Mal deine Webseite besucht.

Moderne Techniken wie das Retargeting gehen sogar noch einen Schritt weiter. Dadurch kannst du gezielt auf Facebook und Co. Werbung für alle Besucher deiner Webseite ausspielen anhand der Artikel, die sie gelesen haben.

Google doch beispielsweise mal nach dem Schlüsselwort „Reich werden". Du wirst dort eine meiner Seiten auf den vorderen Plätzen finden. So weiß ich, dass du dich für das Thema reich werden interessierst.

Wenn du dich dann danach auf Facebook oder Instagram einloggst, kann ich gezielt Werbung an dich ausspielen und als Überschrift für meine Anzeige verwende ich:

Möchtest du reich werden? Ich zeige dir, wie du das in 7 einfachen Schritten erreichst!

Klingt ein wenig gruselig vielleicht, aber das ist die Realität des Online-Marketings heutzutage und so verdienen die meisten „Sozialen"-Netzwerke ihr Geld, indem Sie sich überwachen und dir Sachen verkaufen.

Mit Hilfe von Cookies kannst du Besucher nicht nur wiedererkennen, sondern dir beispielsweise auch merken, an welcher Stelle deines Sales-Funnels sie eventuell deine Webseite verlassen haben und kannst sie dann wiederum gezielt auf anderen Werbeplattformen ansprechen.

Im Schritt 6 sehen wir uns das Thema nochmal im Detail an.

Eine weitere sehr einfache Möglichkeit sind sogenannte Exit-Intent-Popups. Das sind Pop-Ups, die sich öffnen, wenn du die Seite verlassen willst. Die Webseite erkennt praktisch die Mausbewegung zum Schließen-Button und zeigt dir einen Werbebanner an. Das mag nervig klingen, ist es vielleicht auch, aber letztendlich hättest du den Besucher ggf. sowieso verloren.

Es gibt etliche solcher technisch interessanten Möglichkeiten. Aber ich empfehle dir, als Einsteiger dich nicht auf sowas zu konzentrieren.

Hinweis: *Ich verwende bis auf das E-Mail-Marketing auch aktuell diese Techniken kaum noch. Die aktuellen Entwicklungen der DSGVO und anderer Datenschutzrichtlinien, versuchen, diese Praktiken immer weiter einzuschränken.*

Mach ein gutes Produkt, das die Kunden kaufen wollen, dann brauchst du diese ganzen Tricks und Techniken erst einmal nicht. Wenn dein Produkt irgendwann sehr gut ist, du bereits genug zufriedene Kunden hast, dann kannst du solche Sachen optimieren. Dazu gibt es dann das Buch Online-Business für Fortgeschrittene als Add-on.

13.3.11 Reden wie ein Online-Marketer

Jetzt packen wir all die Begriffe nochmal in einen Absatz, damit du Fachartikeln folgen kannst und deine Freunde mit deinen neuen Online-Marketing Skills beeindrucken kannst:

Dein Sales-Funnel sieht also so aus:

Auf deiner Landing-Page hast du einen Call-to-Action Button der deine Seitenbesucher auffordert sich in deinen kostenlosen Newsletter einzutragen. Dafür erhalten sie als Lead-Magnet ein kostenloses PDF, welches sie sich herunterladen können.

Du verschickst dann an deine gesammelten Leads 2-3 Newsletter, lieferst Mehrwert und verkaufst das günstige Tripwire-Produkt. Natürlich hast du auch einen Rabatt, denn dein Angebot ist nur für 24 Stunden gültig. Allen Käufern bietest du als Upsell dein teureres Hauptprodukt an. Als Addon gibt es noch ein Coaching zum Thema und als Downsell eine günstige Checkliste.

Alle die nicht sofort kaufen, erhalten eine Retargeting-Werbung auf den gängigen Social-Media-Kanälen als Rückweg in deinen Sales-Funnel.

Alles verstanden? Dann sehen wir uns jetzt ein paar praktische Umsetzungen von solchen Verkaufsprozessen an.

13.4 Der Zahlungsanbieter

Bisher haben wir eine Landing-Page erstellt, auf der wir den Besucher in unseren Sales-Funnel holen. Dann haben wir ihn durch den Verkaufsprozess, egal ob mit E-Mails, Videos oder Webinaren, so weit von uns überzeugt, dass er jetzt das Produkt kaufen möchte.

Jetzt betrachten wir genau diesen letzten Punkt der Kaufabwicklung.

Heutzutage gibt es dafür Zahlungsanbieter, die diesen Prozess der Zahlungsabwicklung und Produktauslieferung komplett automatisiert für dich erledigen. Alles, was du tun musst, ist einen kostenlosen Account erstellen, ein Produkt anlegen, einen Preis festlegen, ein paar rechtliche Anforderungen erfüllen und dein Produkt dort hochzuladen.

Dafür erhält der Zahlungsanbieter von jedem Verkauf ein paar Prozent an Provision (meist zwischen 3-10%).

Du könntest die Zahlungsabwicklung und Produktauslieferung auch von Hand erledigen. Du könntest dein Konto auf Überweisungseingänge prüfen oder mit PayPal arbeiten und das Produkt dann per E-Mail verschicken. Aber das wäre sehr zeitaufwendig. Deshalb solltest du diesen Schritt als Einsteiger in fast allen Fällen von Anfang an automatisieren. Die Ausnahme sind ggf. hochpreisige Produkte, die du nur selten verkaufst und wo es sinnvoll ist, dass du dir die Gebühren sparst.

Der jeweilige Zahlungsanbieter übernimmt die komplette Abwicklung des Kaufprozesses für dih. Er nimmt die Zahlung vom Kunden an, liefert das Produkt aus und im Falle von Rückgaben, kümmert er sich auch darum.

Ein ganz wichtiger Vorteil ist auch, dass der Zahlungsanbieter sich um die Umsatzsteuer kümmert. Mit den abschreckenden Details zu diesem Thema will ich dich an dieser Stelle gar nicht belasten, aber das ist ein Riesenvorteil.

Es gibt verschiedene Zahlungsanbieter die diverse Vor- und Nachteile haben. Die genannten grundlegenden Funktionen können aber alle.

Auf der Webseite der Online-Business Akademie findest du eine Übersicht über die wichtigsten Anbieter, die ich aktuell nutze.

Der wichtigste Zahlungsanbieter für den deutschsprachigen Raum ist derzeit Digistore24.

Er ermöglicht dir, sehr einfach digitale Produkte zu verkaufen und unterstützt alle wichtigen Bezahlmethoden wie Überweisung, Kreditkarte, PayPal, Klara oder Sofortüberweisung.

Das interessante an Digistore24 ist das sogenannte Reseller-Modell. Der Kunde kauft das Produkt also nicht direkt von dir, sondern er kauft es vom Zahlungsanbieter und dieser kauft es dir ab. Dadurch wird dein Geschäft wesentlich einfacher. Du erhältst einmalig oder mehrfach im Monat einfach eine Gutschrift, aber musst dich nicht selbst um die Kunden- und Bezahldaten kümmern und vor allem auch nicht um die korrekte Versteuerung der Umsatzsteuer.

Du kannst bei Digistore24 mit Rabatten, Gutscheinen, Upsells, Downsells und Addons arbeiten und ein weiteres wichtiges Feature: Du kannst Affiliate-Partner dazu einladen, dein Produkt für dich zu bewerben.

Dazu legst du eine Verkaufsprovision fest, wenn jemand für dich dein Produkt verkauft. Meist beträgt diese 50%. Mehr dazu später unter Marketing.

Für dich konkret heißt das, du erstellst einen Account bei einem Zahlungsanbieter deiner Wahl, legst das Produkt dort an, legst den Preis fest und schon kannst du mit dem Verkauf beginnen.

Hinweis: *Auf dem YouTube-Kanal und auf der Seite zum Buch findest du ein Video, in dem ich die einzelnen Schritte mit dir durchgehe.*

Der Zahlungsanbieter stellt dir dazu ein Bestellformular zur Verfügung, das du dann auf deiner Webseite einbinden kannst. Die Auslieferung des Produktes per E-Mail etc. übernimmt alles der Zahlungsanbieter für dich. Du musst dich um nichts weiter kümmern und ab jetzt ist dein Business an der Stelle praktisch voll automatisiert.

Wichtiger Tipp: Bevor du das Marketing dann startest, teste den Verkaufsprozess einmal komplett. Sowohl auf dem Computer als auch auf dem Smartphone, um sicher zu sein, das alles funktioniert.

Das war es dann auch schon. Du erhältst dein Geld, der Kunde die Lösung für sein Problem und alle sind zufrieden.

Die letzte große Herausforderung wird es dann sein, Besucher auf die Landing-Page zu bekommen und das machen wir durch Marketing. Vorher zeige ich dir aber noch ein paar Sales-Funnel aus der Praxis, die häufig eingesetzt werden.

13.5 Sales-Funnel in der Praxis

Wir haben uns jetzt die Elemente eines Sales-Funnels angesehen und die wichtigsten Begriffe geklärt. Ich zeige dir in diesem Abschnitt, wie du einen Sales-Funnel für verschiedene Produkte praktisch umsetzt.

Du kannst die verschiedenen Funnel auch nach Belieben kombinieren, ergänzen und erweitern. Wir verwenden dazu die verschiedenen Inhaltsformate aus Schritt 4 und die Elemente eines Sales-Funnels.

Wichtig ist, dass du anfängst. Ich schreib das mal fett für dich, um das nochmal mehr zu betonen.

Zu den Details der Umsetzung findest du auf der Webseite zum Buch noch weitere Hinweise. In diesem Buch geht es erst einmal nur darum, dass du einen groben Überblick über die Möglichkeiten erhältst.

Ich rate dir, so einfach wie möglich zu starten. Nimm den direkten Verkauf und ein günstiges Einstiegsprodukt.

Wenn das funktioniert, baust du das Thema weiter aus. Du erweiterst das Produkt und dann dementsprechend auch deinen Sales-Funnel. Wichtig ist aber erst einmal, dass du die Grundlagen lernst und alles einmal umgesetzt hast.

Tipp: *Male dir deinen Sales-Funnel grafisch auf. Das kannst du mit Stift und Papier machen, mit kostenlosen Tools wie Lucid-Charts oder aber speziellen Tools wie Funnellytics.*

13.5.1 Der Direkte Verkauf

Der direkte Verkauf ist, zumindest in der Umsetzung, der einfachste. Du erstellst eine Verkaufsseite nach den oben beschriebenen Prinzipien und platzierst dort einen Verkaufen-Button, der einfach zum Zahlungsanbieter führt.

Der Kunde bezahlt und erhält sein Produkt als Download. Den Bezahlvorgang und die Auslieferung erledigt alles der Zahlungsanbieter für dich.

In der Praxis funktioniert das aber nur noch selten so einfach. Denk hier wieder an den Vergleich mit dem flirten. Wenn du sehr attraktiv bist oder billig, dann mag das manchmal klappen, aber die Chancen sind doch eher schlecht.

Den direkten Funnel empfehle ich nur für sehr günstige Produkte (Tripwire) in der Preisklasse unter 50 Euro, meist auch nur 5-10 Euro. Wenn du ein gutes Produkt und eine ansprechende Verkaufsseite hast, funktioniert das. Die Einnahmen sind ausreichend, um die Werbekosten zu decken und Kunden zu gewinnen. Der eigentliche Profit kommt dann oftmals später durch ein teureres Produkt.

13.5.2 Der E-Mail-Funnel

Der E-Mail-Funnel sieht meist so aus, dass du auf der Webseite gegen einen Mehrwert (Lead-Magnet) die E-Mail-Adresse abfragst und dann eine Reihe von E-Mails automatisiert versendest. Das kannst du einfach umsetzen und ist sehr effektiv.

Achte aber darauf in den E-Mails nicht nur zu verkaufen, sondern unbedingt wieder weiter Mehrwert zu liefern.

Du findest wichtige Hinweise zum Thema E-Mail-Marketing auf der Seite der Online-Business Akademie.

Mit den aktuellen Gesetzesänderungen zum Datenschutz (Stichwort: DSGVO) gibt es jedoch das sogenannte Koppelungsverbot. Das bedeutet, du darfst die E-Mail theoretisch nur abfragen, wenn sie notwendig ist und musst auch eine Alternative ohne E-Mail zur Verfügung stellen. Das ist rechtlich alles noch recht unklar und bis es da Entscheidungen gibt, orientiere dich am Besten an anderen Seiten, wie diese das umsetzen.

Im E-Mail-Funnel empfiehlt es sich, z. B. einen kostenlosen E-Mail-Kurs anzubieten zu einem spezifischen Teilproblem, welches inhaltlich wieder vor deinem eigentlichen Produkt liegt.

Wenn du einen Diätkurs verkaufst, kannst du per E-Mail eine automatisierte 7-Tage-Abnehmen Challenge anbieten. In dieser schickst du den Interessenten 7 Tage lang jeden Tag einen praktischen Tipp zum Abnehmen und ein gesundes Rezept.

Ich versuche, in dieser Phase immer Erfolgserlebnisse oder „Aha"-Momente zu schaffen. Deine Tipps sollten so gut sein, dass man sich bereits nach 7 Tagen besser fühlt. Du willst es erreichen, die Leute 7 Tage zu motivieren, gesünder zu essen oder sich mehr zu bewegen. Wenn klappt, dann bist du auf einem sehr guten Weg. Die Leser werden dann wahrscheinlich auch dein Produkt kaufen.

E-Mail-Marketing verbinden viele mit Spam, die Öffnungsraten der E-Mails sind nicht mehr so hoch wie früher, aber es ist immer noch die mit Abstand umsatzstärkste Verkaufsstrategie aktuell. Ein weiterer Vorteil ist, dass du von Fremdanbietern weitestgehend unabhängig bist.

Das ist das gleiche Prinzip, wie beim Flirten nach der Nummer zu fragen. Aus einem schüchternen Blick wird eine flüchtige Bekanntschaft und durch den Austausch der Nummer hast du die Möglichkeit, weitere Treffen zu vereinbaren.

Genau wie beim Flirten gilt auch hier, sende Mehrwert, nerv nicht, übertreibe es nicht. Sei nett, charmant und unterhaltsam. Dann ist das E-Mail-Marketing sehr effektiv und du solltest das in deinem Verkaufsprozess auf jeden Fall nutzen.

13.5.3 Der Webinar-Funnel

Der Webinar-Funnel ist bis heute sehr beliebt und wird häufig verwendet, um teurere Produkte wie Online-Kurse zu verkaufen. Das Webinar ist der Lead-Magnet, über den du die Kontaktinformationen deiner Interessenten einsammelst.

Die Interessenten können sich dann auf deiner Webseite zu dem Termin eintragen und dann an deinem Webinar teilnehmen.

Aktuell habe ich selbst einige solcher Webinare und kenne auch die Verkaufsprozesse anderer und teilweise kaufen bis zu 30 % der Webinarzuschauer, am Ende das jeweilige Produkt.

Auf YouTube findest du ein Beispielwebinar von mir auf meinem YouTube-Kanal, welches ich früher verwendet habe. Ich verlinke dir das aber auch nochmal auf der Seite zum Buch. Du kannst dir ebenfalls das Webinar zur Online-Business Akademie ansehen, welches du auf der Seite der Akademie findest. Du hast im Abschnitt zum Thema Inhalte erstellen ja bereits gelernt, wie du solche Webinare erstellen kannst.

Je nach Feedback passe ich meine Webinare in unregelmäßigen Abständen an.

Der Webinar-Funnel lässt sich optimal mit dem E-Mail-Funnel ergänzen. Wenn jemand an deinem Webinar teilgenommen hat, kannst du ihm automatisch E-Mails schicken mit Angeboten und Inhalten.

Nicht-Teilnehmern kannst du automatisiert einen neuen Termin anbieten.

Käufern könntest du einen Upsell anbieten und Nicht-Käufern einen Downsell oder einen Rabatt.

13.5.4 Der Messenger-Bot-Funnel

Der Messenger-Bot-Funnel ist im Prinzip das gleiche, wie der E-Mail-Funnel nur das du anstelle von E-Mails Nachrichten im Facebook Messenger (oder anderen Messenger-Plattformen) automatisiert versendest. Man spricht hier auch von Chatbots und diese waren eine Weile ein großer Hype und auch effektiv, aber viele Leute sind davon auch mittlerweile genervt.

Einer der bekanntesten Anbieter für so einen Chatbot ist Manychat (https://manychat.com/). Dort kannst du grafisch den kompletten automatischen Nachrichtenprozess einrichten.

Wenn dann jemand auf deine Facebook-Seite kommt, öffnet sich das Dialogfenster und er kann mit dem Bot schreiben. Dazu kannst du Standardfragen vorgeben und der Benutzer kann aus einer Reihe von Antworten auswählen.

Der Bot fragt beispielsweise:

„Hast du schon einmal eine Diät versucht?“

Und der Nutzer kann zwischen „Ja“ oder „Nein“ als Antwort auswählen.

Du kannst dann logische Verknüpfungen und verschiedene Bedingungen bestimmen. Wenn die Antwort ja ist, dann Frage:

„Welche Diät war das?"

Wenn die Antwort „Nein" ist, dann Frage:

„Was hat dich bisher davon abgehalten?"

Das Prinzip sollte klar sein und richtig eingesetzt, lässt sich so eine Menge über deine potentiellen Interessenten herausfinden und du kannst später sehr zielgerichtet ein passendes Angebot machen.

Je nach Zielgruppe kannst du solche Trends aufgreifen, aber langfristig solltest du auf jeden Fall auch Alternativen haben. Du bist bei den Chatbots komplett von einem Anbieter abhängig.

13.5.5 Der Telefon-Funnel

Der Telefon-Funnel kommt meist erst bei höherpreisigen Produkten ab 500 Euro und mehr zum Einsatz. Die Idee ist, dass du auf deiner Webseite Buchungen für ein kostenloses Telefongespräch ermöglichst.

Dazu gibt es Anbieter wie calendly für einen Buchungskalender, den du innerhalb weniger Minuten kostenlos eingerichtet hast. Im Buchungskalender kannst du deine verfügbaren Zeiten eintragen und die Länge für die einzelnen Gespräche festlegen.

Die Interessenten kommen dann auf deine Seite, lesen ein oder zwei Beiträge von dir, und gut sichtbar hast du auf der Seite einen Handlungsaufruf: „Jetzt kostenloses Kennenlerngespräch vereinbaren".

Anschließend überzeugst du persönlich im Gespräch.

Viele Einsteiger wollen immer gleich alles automatisieren und scheuen genau diesen persönlichen Kontakt. Aber ich rate dir, insbesondere am Anfang, genau diesen Kontakt zu suchen.

Wenn du mit deinen Interessenten sprichst, lernst du sie kennen. Du lernst, wie sie reden, welche Begriffe sie verwenden, wofür sie sich interessieren, du erhältst sofort direktes Feedback zu deinem Produkt und lernst, wie du erfolgreich verkaufst.

Das ist ein enormer Mehrwert, der diesen Sales-Funnel auch für günstigere Produkte sehr interessant macht.

Wenn du 100 solcher Gespräche geführt hast, kannst du dies langfristig weiter automatisieren. Aber diese Erfahrungen, die du machst, sind mehr Wert, als das Geld, welches du verdienst.

Von daher rate ich oft, diesen Verkauf am Telefon oder im persönlichen Gespräch einmal zu probieren.

Meist gilt, umso persönlicher der Verkaufsprozess ist, umso besser wirst du verkaufen. Ein Video verkauft meist besser als Text. Ein persönliches Gespräch nochmal besser als ein Video.

Das waren jetzt einige Beispiele von Verkaufsprozessen in der Praxis. Fang klein an. Versuch bei sehr günstigen Produkten den direkten Verkauf oder einen einfachen E-Mail-Funnel. Alles andere ergibt sich dann.

13.6 Aufgaben Schritt 5: Sales-Funnel

Genug Theorie, bauen wir das Ganze jetzt mal in der Praxis.

1. Erstelle einen Account bei einem Zahlungsanbieter und lege dort dein erstes Produkt an. (Videoanleitung auf der Webseite)

2. Erstelle einen Account bei einem Newsletter-Anbieter und binde auf deiner Webseite ein Newsletter-Formular ein, in dem die Besucher ihre Kontaktdaten hinterlassen können. (Videoanleitung auf der Webseite)

3. Erstelle eine automatische Willkommens-E-Mail, die an alle verschickt wird, die sich in deinen Newsletter eintragen.

4. Zeichne deinen Sales-Funnel auf. Beginne möglichst einfach. Für den direkten Verkauf verlinkst du deinen Verkaufen-Button auf der Landing-Page mit dem Bestellformular des Bezahlungsanbieters. Als Einsteiger mit einem Produkt wie einem eBook kannst du den direkten Verkauf probieren und ergänzend dazu noch eine Reihe von E-Mails entwerfen für einen Mail-Funnel.

5. (optional) Erstelle einen Lead-Magneten, der thematisch zu deinem Produkt passt.

6. (optional) Erstelle ein Tripwire-Angebot. Das kann aber auch bereits dein günstiges eBook sein.

7. (optional) Sammle Ideen für ein teureres Hauptangebot.

8. (optional) Baue das Kundenfeedback aus Schritt 4 auf deiner Verkaufsseite ein.

9. Teste den gesamten Prozess ausführlich und bitte auch Freunde und Bekannte für dich zu testen.

10. Verkauf dein Produkt! Geh auf Social-Media in Facebookgruppen oder schreibe Leute aus deiner Zielgruppe auf Instagram oder anderen Plattformen persönlich an. Bevor wir das Marketing starten und automatisieren, musst du dein Produkt wenigstens einmal erfolgreich verkauft haben.

14. Schritt 6: die Vermarktung

Wenn Sie einen Dollar in Ihr Unternehmen stecken wollen, so müssen Sie einen weiteren bereithalten, um das bekannt zu machen. (Henry Ford)

Ziel: Nach diesem Schritt 6 hast du die ersten 1.000 Besucher auf deiner Webseite.

Du hast zu diesem Zeitpunkt eine Idee, ein minimal nützliches Produkt, eine Webseite und einen Sales-Funnel. Der Sales-Funnel war der Verkaufstrichter, bei dem eine Vielzahl von Webseitenbesuchern zu zahlenden Kunden werden sollen.

Dir fehlen also nur noch diese Webseitenbesucher. Wie du die erhältst, sehen wir uns jetzt in diesem Schritt 6 an.

Das Ziel des Marketings ist einfach: So viele interessierte Menschen wie möglich sollen dein Angebot sehen.

Dazu gibt es verschiedene Marketing-Kanäle die ich dir in Grundzügen in diesem Kapitel vorstelle.

Damit du sofort mit der Umsetzung starten kannst, nenne ich dir jeweils die ersten Schritte. Sieh dazu aber auch auf jeden Fall in den Leserbereich auf der Webseite, da du dort ergänzende Videos und Anleitungen findest.

14.1 Was ist Marketing?

Dein Marketing hilft deinen Kunden, eine Lösung zu ihrem Problem zu finden und den Kontakt zu bestehenden Kunden zu pflegen.

Es geht nicht um irgendwelche Tricks oder komplizierte Techniken.

Marketing ist leider auch der schwierigste Teil im ganzen Online-Business. Ein Produkt zu erstellen, ist nicht so schwer. Aber dieses später erfolgreich zu vermarkten ist schwieriger.

Das Marketing wird langfristig deine Hauptaufgabe sein.

Drei wichtige Grundregeln zum Marketing gleich vorweg:

1. Vermarkte dein Produkt von Beginn an und warte nicht erst bis zur Fertigstellung.
2. Du solltest ca. 50% deiner Zeit in Marketing investieren und 50% in die Produktentwicklung.
3. Marketing ist nur sinnvoll, wenn du die Ergebnisse messen kannst. Behalte immer die Marketing-Kennzahlen im Auge.

14.2 Der Schlüssel zu erfolgreichem Marketing

Einmal im Jahr fahre ich mit dem Auto nach Italien und für ein paar Tage in das wunderschöne Venedig. Wenn man dort durch die kleinen engen Gassen geht oder mit der Gondel fährt, hat man das Gefühl, dass einfach jedes Haus, jeder Zaun und jeder Türknopf ein ganz eigenes Kunstwerk ist. Dort gibt es etliche dieser typischen Touristen Hotspots wie den Markusplatz oder diverse Kathedralen. Um diese bekannten Plätze sammeln sich meist etliche Verkäufer afrikanischer Herkunft und versuchen, teilweise mit sehr aufdringlichen Methoden, ihre Waren zu verkaufen.

In den letzten Jahren ist mir dabei aufgefallen, dass es sich immer um ähnliche Produkte handelt. Durch denselben ethnischen Hintergrund und vermutlich das Leben in den gleichen sozialen Kreisen erzählt der eine dem anderen, dass er erfolgreich Handtaschen verkauft und dieser erzählt es dem nächsten. Vor zwei Jahren waren es diese Selfiesticks, die Besuchern praktisch an jeder Ecke aufgedrängt wurden, im letzten Jahr waren es bunte Flugdinger und so wechselt es jedes Jahr. In anderen touristischen Gegenden gibt es vermutlich dasselbe Phänomen. Aggressive Verkäufer die aufgrund ihrer aufdringlichen Art oftmals als unangenehm empfunden werden.

Was hat das Ganze jetzt mit online Marketing zu tun?

Die meisten Online-Marketer oder anderen Online-Gruppen haben einen ähnlichen gemeinsamen kulturellen Hintergrund, sie haben ein identisches soziales Umfeld, folgen den gleichen Kanälen und tauschen sich mit den gleichen Leuten aus.

Jetzt funktionieren für einen Online-Kurse und für einen anderen eBooks. Man erzählt das weiter und schon gibt es hunderte eBooks. Jeder will diesen Erfolg. Der erfolgreiche Reiseblogger macht es vor und plötzlich wollen alle einen Reiseblog.

So weit so gut, ich hab ein paar eBooks, Online-Kurse und beim Bloggen bin ich natürlich auch dabei und sogar einen Podcast gibt es.

Ein Problem tritt dann auf, wenn alle ein vergleichbares Produkt haben, weil sie voneinander abschreiben oder Ideen und Inhalte mehr oder weniger von den gleichen Quellen übernehmen.

Wenn alle Händler die gleichen Selfiesticks verkaufen, dann gewinnt kurzfristig zunächst der, der diese am besten oder auch aggressivsten vermarktet. Langfristig verlieren alle, weil keiner mehr Bock drauf hat und alle nur noch kopfschüttelnd und „No, Thanks" sagend weiter gehen.

Online ist es das Gleiche. Tausende Blogs und Webseiten schreiben das Gleiche. Wie du glücklich und reich wirst, deinen Traumpartner findest und diesem klischeehaften Hamsterrad doch endlich entfliehen kannst. Weil die Inhalte so vergleichbar sind, gibt es hier die gleichen Probleme. Nervige Pop-Ups, Push-Benachrichtigungen immer mehr Werbung, Banner, Facebook-Ads die immer penetranter werden.

Ein Amerikaner hatte herausgefunden, dass wenn er den Betreff seines Newsletters mit „Re: blablabla“ beginnt, viele Leute denken, dass es sich um eine Antwort einer vorherigen Mail handelt. Er bloggte darüber.

Die deutschen Online-Marketer kopierten das und auf einmal hatten etliche Newsletter plötzlich „Re: blablabla“ als Betreff. Es gibt dutzende solcher Tricks, die kurzfristig manchmal funktionieren, indem sie die Leute verarschen. Kurzfristig gewinnen die Lautesten, langfristig stirbt dieses aggressive Push-Marketing denke aus und werden die Leute einfach blind dafür.

Der Schlüssel zum langfristig erfolgreichen Online-Marketing ist es, gute einzigartige Inhalte zu erstellen, welche die Besucher interessieren und anziehen. Du musst ein gutes Produkt für deine Zielgruppe haben und solltest langfristig deinen eigenen Stil finden.

Zuerst an deine Kunden zu denken ist wichtiger, als die ganze Technik und Zahlen, welche wir gleich besprechen.

Denk beim Marketing immer daran, was dem Kunden hilft, eine Lösung für sein Problem zu finden.

14.3 Wichtige Marketing Kennzahlen

Damit du den Erfolg deines Marketings messen kannst, sehen wir uns als erstes die wichtigsten Kennzahlen dazu an.

Einfache Regel: Mach die Zahlen so groß wie möglich. Hier kommt es auf die Größe an und mehr ist besser.

Tipp: *Konzentriere dich auf dein Business und den Gewinn. Siehe dir solche Zahlen nicht täglich an. Die Besucherzahlen schwanken aus allen möglichen Gründen. Mal ist das Wetter schlecht, mal spielt Deutschland im Halbfinale der Fußball Weltmeisterschaft. Sowas alles beeinflusst deine Zahlen. Die langfristige Tendenz, ungefähr auf Monatsbasis, ist wichtig. Hier musst du aber auch Schwankungen berücksichtigen. Im Winter sind mehr Leute vor dem Computer, da läuft dein Online-Business meist besser. Im Sommer, wo alle draußen sind, kauft keiner online. Anders ist das natürlich bei saisonalen Angeboten. Wenn du eine Webseite über Klimaanlagen hast, ist der Sommer genau deine Zeit.*

14.3.1 Unique Visitors / Page Impressions

Ich hatte ja eingangs die Aufgaben des Marketing genannt, eine davon war es, dein Produkt so vielen interessierten Menschen wie möglich zu zeigen. Um zu sehen, ob das funktioniert, müssen wir die Anzahl an interessierten Menschen messen können.

Das machen wir mit der Kennzahl Unique Visitors und den Page Impressions.

Die Unique Visitors sind die eindeutigen Besucher auf deiner Webseite und werden meist auch einfach als Traffic bezeichnet.

Wenn dein Seitenbesucher beispielsweise innerhalb von 10 Minuten deine Seite mehrmals aufruft oder sich durch deinen Blog klickt, zählt dies trotzdem nur als ein Besucher. Daher das „unique".

Wenn der Seitenbesucher mehrere Beiträge oder Unterseiten deiner Webseite ansieht, sind das die Page Impressions (Seitenaufrufe).

Wenn jemand auf deinen Blog kommt, dann ist deine Unique Visitor Zahl 1, er liest sich 4 Artikel durch, dann sind deine Page Impressions auf 4.

Die Messung dieser Kennzahlen erfolgt mit Hilfe von Google Analytics, Matomo oder in der einfachsten Form mit dem kostenlosen Wordpress-Plugin Statify.

Bei den Besuchern ist aber nicht nur die Anzahl, sondern die Qualität entscheidend. 100 zielgerichtete Besucher, die sich genau für dein Thema interessieren, können für mehr Umsatz sorgen als 10.000 allgemeine Besucher, die nur zufällig da sind, weil du ein lustiges Video geteilt hast.

Um diese 100 oder gar 10.000 Besucher auf deine Webseite zu leiten, hast du zwei Möglichkeiten. Du kannst sie organisch gewinnen oder aber in Form von Werbung für diese Besucher bezahlen.

14.3.2 Organischer Traffic vs. Gekaufter Traffic

Bei den Besuchern deiner Webseiten oder Profile gibt es eine wichtige begriffliche Unterscheidung.

Immer wenn du kein Geld ausgibst, spricht man von organischen Besuchern. Wenn du für die Besucher in Form von Werbung bezahlst, spricht man von gekauften / unorganischen Besuchern.

Der Artikel, den du auf deiner Seite postest bring dir, wenn er in der Suchmaschine gefunden wird, kostenlose organische Besucher. Der Facebook oder Instagram Post bringt dir, wenn du einige Follower und ein bisschen Glück hast, ebenfalls kostenlose organische Besucher.

Wenn du auf Google, Facebook oder anderen Seiten Werbung einkaufst und für die Besucher zahlst, sind sie unorganisch.

Wir werden uns beide Strategien später im Detail ansehen, wichtig ist jetzt erst einmal nur diese Unterscheidung.

Wenn du die Besucher dann auf deiner Seite hast, willst du als Nächstes messen, ob diese die gewünschte Handlung ausführen und beispielsweise dein Produkt kaufen.

14.3.3 Conversion-Rate

Die Conversion-Rate gibt in Prozent an, wie viele Besucher (Unique Visitors) die gewünschte Handlung (Call to Action) ausführen.

Konkret, wie viele Besucher deiner Verkaufsseite dein Produkt kaufen, sich in den Newsletter eintragen oder sich für das Webinar anmelden.

Wenn du ein Produkt wie ein eBook auf deiner Webseite verkaufst und von 1.000 Unique Visitors 15 Leute dein Buch kaufen, dann beträgt die Conversion-Rate 1,5%.

In der Praxis hast du in einem Verkaufsprozess oftmals nicht nur eine, sondern viele Conversion-Rates.

- 100 Besucher erreichen die Landing-Page für deinen Newsletter und davon tragen sich 20 ein (Conversion-Rate: 20%).
- Diesen 20 schickst du automatisierte E-Mails und eine Einladung zum Webinar. Von den 20 Abonnenten melden sich 5 zum Webinar an (Conversion-Rate: 25%).
- Von den 5 Betrachtern deines Webinars, kaufen zwei deinen Kurs (Conversion-Rate: 40%).

Die Conversion-Rate deines gesamten Funnels beträgt 2%.

Du kannst jetzt anhand dieser Messungen Schritt für Schritt den gesamten Prozess optimieren. Die meisten Einsteiger konzentrieren sich immer nur darauf, mehr Besucher zu erhalten. Aber meist ist es einfacher und viel effektiver, den gesamten Prozess und jeden dieser Zwischenschritte zu optimieren.

Zur Berechnung der Conversion-Rate benötigst du folgende zwei Werte:

1. Die Anzahl der Besucher
2. Die Anzahl der Verkäufe

Die Anzahl der Besucher erhältst du aus dem Tracking-Tool und die Anzahl der Verkäufe erhältst du über deinen Zahlungsanbieter oder kannst du an deinem Kontoeingang leicht sehen.

Oft erhalte ich die Frage, welcher Wert für eine Conversion-Rate denn gut sei. Das lässt sich jedoch nicht pauschal beantworten. Die Conversion-Rate hängt von zu vielen verschiedenen Faktoren wie dem Markt, dem Angebot, deiner Zielgruppe, dem Preis, etc. ab, so dass es schwer ist, da einen sinnvollen Vergleich herzustellen. Konzentriere dich darauf, dass du langfristig eine Steigerung erreichst. Mehr kannst du nicht tun.

Hinweis: *Du kannst in den meisten Tracking-Tools sogenannte Conversion-Ziele definieren. Beispielsweise ist der Aufruf der Danke-Seite nach dem Kauf des Produktes ein Conversion-Ziel. Du weißt, wer auf dieser Seite war, hat dein Produkt gekauft. So kannst du das Messen deines Marketings langfristig etwas vereinfachen.*

14.3.4 ROI (Return on Investment - Gewinn)

Die nächste Kennzahl ist der Return on Investment oder auf Deutsch der Gewinn. Der Gewinn ist in einem Business eine der wichtigste Kennzahlen überhaupt und zeigt dir, ob du auf dem richtigen Weg bist.

Der Gewinn ist das Geld, welches auf deinem Konto landet und da auch für dich bleibt.

Hinweis: *Reichweite alleine bringt dir gar nichts, wenn niemand kauft. Viele Einsteiger betrachten bei ihrem Business oft die falschen Zahlen und mir erging es lange genauso. Ich habe mich daran erfreut, dass ich immer mehr Besucher hatte, hab fast täglich mir die Google Analytics Daten angesehen, ohne dabei zu merken, dass ich nicht mehr verkaufe als vorher.*

Neben dem Gewinn gibt es auch noch den Umsatz. Wenn ich 100 Euro für Werbung ausgebe und dadurch einen Kurs verkaufe im Wert von 300 Euro, dann sind die 300 Euro mein Umsatz. Umsatz abzüglich der Kosten ist der Gewinn, also 200 Euro.

Hinweis: *Ein großer Umsatz sagt praktisch gar nichts darüber aus, ob dein Unternehmen gut läuft oder nicht. Du kannst dir auch den Lamborghini für 3.000 Euro im Monat leasen und hast 3.000 Euro Umsatz im Monat. Das reicht für tolle Instagram Fotos, aber du kannst noch lange nicht davon leben. Wichtig ist immer nur, was am Ende davon übrig bleibt, also der Gewinn.*

Deshalb heißt der Gewinn auch Return on Investment. Du investierst 100 Euro in Werbung und dein "Return", das was du damit verdienst, sind die 200 Euro.

14.3.5 Kundenakquise-Kosten (CAC - Customer Acquisition Cost)

Diese Kennzahl gibt an, wie hoch die durchschnittlichen Kosten sind, um einen neuen Kunden zu gewinnen.

Dazu werden alle Marketing- und Vertriebskosten für einen bestimmten Zeitraum addiert und diese Zahl anschließend durch die Anzahl der Neukunden in diesem Zeitraum dividiert.

Wenn das Budget für Marketing bei 1000 Euro im Monat lag und 100 Neukunden gewonnen werden konnten, liegen die CAC bei 10 Euro.

14.3.6 Customer Lifetime Value (CLV)

Die Customer Lifetime Value gibt an, wie viel du durchschnittlich an einem Kunden über den gesamten Zeitraum der Kundenbeziehung verdienst. Dies ist insbesondere für Abomodelle wie Mitgliederbereiche interessant, aber auch für günstige eBooks, die ein teureres Produkt, wie einen Video-Kurs oder Coaching, als zusätzlichen Verkauf anbieten.

Bei einem Abomodell mit monatlichen Deckungsbeitrag (Gewinn abzüglich der variablen Kosten wie Marketing) pro Kunde von 50 Euro und Kunden, die im Schnitt 12 Monate angemeldet bleiben, beträgt der CLV 600 Euro.

Die Kosten für Neukundengewinnung müssen stets unter diesem Betrag sein. Idealerweise in einem Verhältnis von mindestens dem Drei- bis Vierfachen. Du kannst anhand dieses Wertes ungefähr abschätzen, wie hoch dein Marketing-Budget oder andere Ausgaben sein dürfen.

Ziel sollte es immer sein, die Kosten für die Neukundengewinnung möglichst schnell wieder hereinzuholen und den CLV zu erhöhen.

Das war es dann soweit auch mit den Kennzahlen und der Theorie. Wir beginnen jetzt mit der Praxis.

14.4 Die Marketing-Map

Als Vorbereitung deiner Marketing-Aktivitäten erstellst du zunächst eine Tabelle mit allen Orten, Personen und Produkten, die für dein Thema oder Produkt relevant sind. Diese Tabelle nennen wir Marketing-Map und können wir später dazu verwenden, um die Marketing-Aktivitäten zu starten. Außerdem erhältst du so einen groben Überblick über dein Thema und die mögliche Konkurrenz.

An den Orten kannst du deine Inhalte bewerben, mit den Personen zusammenarbeiten und von den Produkten kannst du lernen oder es ergeben sich gegebenenfalls Partnerschaften.

Mit Hilfe der Marketing-Map erhältst du einen groben Überblick über dein Thema und die mögliche Konkurrenz.

Hinweis: *Auf der Webseite zum Buch findest du eine Vorlage und ein Beispiel für die Marketing-Map.*

14.4.1 Die Orte

Mit Orten sind alle Webseiten, Blogs, Facebookgruppen, Foren, Chats, Messen, Veranstaltungen usw. gemeint, die für deine Zielgruppe relevant sein könnten.

Diese können ein guter Ausgangspunkt sein, um dein Angebot möglichst vielen potentiellen Kunden zu zeigen. Du kannst dein Produkt kostenlos in Facebook-Gruppen posten oder in Blog-Kommentaren verlinken. Ein Produkt am richtigen Ort platziert, kann dir zu sofortigem Erfolg verhelfen.

Schreibe deshalb alle Webseiten, Gruppennamen, Kanäle und was du sonst noch findest in deine Marketing-Map. Notiere dir bei den Blogs und Webseiten ebenfalls kurz, ob du die Möglichkeit hast, Kommentare oder deine eigenen Links auf der Webseite zu platzieren.

14.4.2 Die Personen

Mit Personen sind alle Menschen in deinem Bereich gemeint, die Einfluss auf deine Zielgruppe haben und sich für Partnerschaften anbieten. Von diesen kannst du lernen, wie sie mit ihrer Zielgruppe umgehen, welche Sprache und Begriffe üblich sind und was für dein spezielles Thema vielleicht auch funktioniert.

Du kannst ebenfalls sehen, was du eventuell vermeiden solltest oder wie du dich von den anderen unterscheiden kannst. Wenn alle dieselben Click-Bait-Überschriften in ihren Newslettern verwenden und keinen Mehrwert bieten, sondern nur Produkte verkaufen, dann ist das deine Chance, etwas besser zu machen.

Ein weiterer wichtiger Punkt bei den Personen ist das Netzwerken mit anderen. Während du dir erst eine Reichweite aufbauen musst, kann eine Partnerschaft mit der richtigen Person, die bereits in deinem Thema erfolgreich ist, dir zu sofortigem Erfolg verhelfen.

Notiere alle Personen in deiner Marketing-Map mit ihren Kontaktinformationen. Ergänze idealerweise auch persönliche Informationen. Diese helfen dir, einen Gesprächseinstieg zu finden, ohne direkt mit einer Forderung oder mit dem Geschäftlichen zu beginnen.

14.4.3 Produkte

Im dritten Schritte der Erstellung deiner Marketing-Map listest du alle Produkte auf, die für dich Konkurrenz sind oder aber deines ergänzen. Das sind Bücher auf Amazon, Video-Kurse auf Udemy oder beispielsweise Infoprodukte auf Digistore24.

Anhand der anderen Produkte kannst du sehen, wofür bereits Geld bezahlt wird und wie viel. Außerdem siehst du, welchen Methoden die anderen Produkte verkauft werden.

Ebenfalls kannst du den anderen Verkäufern Partnerschaften anbieten und die ergänzenden Produkte gemeinsam verkaufen. Schreib dir zu allen Produkten den Ort auf, wie diese vermarktet werden, wer der Ansprechpartner ist und zu welchem Preis diese verkauft werden.

14.4.4 Marketing-Kanäle

Um diese Besucher auf deine Webseite zu holen, gibt es verschiedene Möglichkeiten, die Marketing-Kanäle.

Im Rest des Kapitels sehen wir uns an, welche verschiedenen Marketing-Kanäle sinnvoll sind. Du ergänzt dann deine Marketing-Map um die für dich relevanten, auf denen du deine Zielgruppe erreichen kannst und erstellst dann später für dich eine zum jeweiligen Kanal passende Strategie.

Ich werde nur auf die Wichtigsten eingehen, die für den Anfang sinnvoll sind und dir kurz erzählen, wie die jeweiligen ersten Schritte aussehen könnten.

Hinweis: *Langfristig solltest du prüfen, welcher Kanal für dich am besten funktioniert und dich dann auf diesen konzentrieren. Gerade wenn du am Anfang alleine und klein anfängst, ist es nicht sinnvoll, alle gleichzeitig zu benutzen.*

Welcher Kanal für dich am besten funktioniert, hängt von deiner gewählten Nische ab und du kannst in deinem Tracking-Tool wie Google Analytics sehen, woher du die meisten Besucher / Käufe erhältst. In sozialen Netzwerken wie Facebook oder Instagram funktionieren positive Nischen besser. In Google suchen die Leute eher nach Lösungen für Probleme. Hier funktionieren negative Nischen besser. Dann gibt es spezielle Suchmaschinen wie Pinterest, wo überdurchschnittlich viele Frauen angemeldet sind und es um Bilder geht. Solche Besonderheiten musst du jeweils berücksichtigen.

Tipp: *Du kannst in den meisten Tracking-Tools die Besucher segmentieren. Beispielsweise bilden alle Besucher, die deine Web-*

seite über die Suchmaschine finden ein Segment. Ein Weiteres sind alle Besucher aus den sozialen Netzwerken. So kannst du später leicht die Effektivität deiner unterschiedlichen Marketing-Maßnahmen messen. Alternativ kannst du dich, wenn du einzelne Werbekampagnen messen willst auch mit dem Thema UTM-Parameter befassen.

14.5 Direktes Marketing

Der erste Marketing-Kanal, den wir betrachten, ist das direkte Marketing. Dieses umfasst alle Möglichkeiten, um direkt 1 zu 1 mit anderen Leuten zu kommunizieren und zu verkaufen.

Einige Beispiele sind:

- Telefon
- Facebook
- LinkedIn
- Xing
- Instagram
- Skype
- WhatsApp
- Telegram
- Signal
- etc.

Dieser Marketing-Kanal ist einerseits sehr einfach, weil du praktisch unbegrenzt viele Kontaktmöglichkeiten hast, dich nicht groß mit technischen Problemen oder der Umsetzung befassen musst und sofort beginnen kannst. Andererseits ist gerade dieses persönliche (Verkaufs)Gespräch oftmals auch eine große Herausforderung für viele Einsteiger.

Beispiel:

Nehmen wir an, dein digitales Produkt ist ein Online-Kurs zum Thema „Fotografieren mit dem Smartphone“.

Dein erster Schritt im direkten Marketing könnte sein, dass du in eine Facebook-Gruppe zum Thema Fotografie gehst. Dort liest du eine Weile mit, gibst Mehrwert, indem du Fragen beantwortest und wenn es passt, schreibst du Links zu deiner Webseite und passenden Artikeln.

Wenn jemand beispielsweise fragt, wie er denn bessere Fotos im Dunkeln machen kann, beantwortest du die Frage und weist auf deinen Kurs oder einen Artikel auf deiner Webseite hin, der genau das Thema beantwortet.

Wenn du noch keinen Artikel zu dem Thema hast, dann schreib einen. So baust du erstmal vertrauen und eine Reichweite auf. Wenn es passt, kannst du dann auch direkt die Mitglieder dieser Gruppe anschreiben und ihnen dein Angebot unterbreiten.

Hinweis: *Ich empfehle dir grundsätzlich nicht, einfach in fremde Gruppen ungefragt Werbung zu posten, das wird meist als störend wahrgenommen.*

Du kannst dich auch auf Instagram nach Personen umsehen, die Instagram für ihr Business verwenden. Wenn du siehst, dass ihre Bilder nicht so gut sind, kannst du ihnen deinen Kurs für bessere Bilder anbieten und der Mehrwert, mehr Geld mit Instagram zu verdienen, ist auch sofort klar.

Andere Zielgruppen, die du ansprechen kannst, findest du überall, wo Fotos für das Geschäft verwendet werden. Sei es die AirBnB-Wohnung, die präsentiert wird oder das Produktfoto auf Amazon.

Das gute am direkten Kontakt ist, dass du sofort Feedback erhältst. Du kannst einerseits fragen, wo die aktuellen Probleme sind, welche

Herausforderungen bestehen und andererseits Feedback zu deinem Produkt oder deiner Webseite bekommen.

Tipp: *Bevor du später mit Werbeanzeigen arbeitest, versuch unbedingt erst den direkten Verkauf. Höre die Einwände, lerne die Zielgruppe besser kennen, lerne zu verkaufen. Wenn du im persönlichen Gespräch erfolgreich verkaufst, kannst du später immer noch mit automatisierten Werbeanzeigen skalieren.*

14.5.1 Direktes Marketing – Deine ersten Schritte

Um in der Praxis mit dem direkten Marketing zu starten, kannst du wie folgt vorgehen. Du suchst aus deiner Marketing-Map die Orte heraus, an denen sich deine Zielgruppe befindet. Dann beginnst du mit der Kontaktaufnahme. Du lieferst Mehrwert und schreibst Personen an, denen du mit deinem Produkt helfen kannst.

Für das direkte Marketing ist es außerdem sinnvoll, einen Gesprächsleitfaden zu erstellen. Ein großer Teil solcher Verkaufsgespräche besteht aus zuhören und herausfinden, was deine Interessenten wollen. Aber du kannst mit gezielten Fragen das Gespräch lenken und du kannst dir Antworten auf häufige Einwände zurechtlegen.

Für den Einstieg war es das dann auch bereits. Langfristig kannst du dir ein sogenanntes CRM (Customer Relation Ship Management Tool) zulegen, in dem du alle Kontakte mit ihrem jeweiligen Status und einigen persönlichen Details festhältst. ***Hinweis:*** *Das Thema CRM und Verkaufsprozesse findest du dann in Online-Business für Fortgeschrittene.*

14.6 Suchmaschinen-Marketing (SEO)

Der nächste Marketing-Kanal den wir betrachten, sind die Suchmaschinen. Für viele Menschen ist das heutzutage die erste Anlaufstelle, wenn sie irgendeine Art von Problemen haben. Die wichtigste Suchmaschine derzeit ist Google mit einem Marktanteil von ca. 70 % und mit weitem Abstand folgt dann Bing mit einem Marktanteil von ca. 15 %. Die restlichen Anteile verteilen sich auf diverse kleinere Projekte, die du derzeit ignorieren kannst.

Wenn du die Inhalte wie im dritten Schritt beschrieben recherchierst und dich bei der Erstellung deiner Artikel an die Schlüsselwörter und Fragen hältst, ist das für den Einstieg bereits ausreichend.

Hinweis: *Es dauert bei neuen Webseiten ungefähr 1-3 Monate, bis die ersten Besucher die Seite über die Suchmaschine finden. Wenn die Konkurrenz stark ist, solltest du noch mehr Geduld mitbringen und dich auf Inhalte zu weniger stark umkämpften Schlüsselwörtern konzentrieren.*

Suchmaschinen haben den großen Vorteil, dass sie kostenlos sind. Du kannst ohne Kosten deine Ideen testen und konstant Besucher auf deine Webseiten lenken. Außerdem ist der laufende Aufwand gering, wenn du die Inhalte einmalig erstellt hast.

Die Kennzahlen vieler großer Webseiten zeigen, dass diese meist 90% oder mehr ihrer Besucher über die Suchmaschinen erhalten. Du kannst solche Zahlen kostenlos mit der Webseite similarweb.com herausfinden.

Bevor wir uns die Praxis ansehen, noch ein Wort zu dem ganzen Thema Suchmaschinenoptimierung (SEO – Search Engine Optimization):

Mach dir darüber am Anfang nur wenig Gedanken.

Erstelle deinen Inhalt so nützlich wie möglich und achte darauf, dass deine Webseite die technischen Grundlagen erfüllt wie eine kurze Ladezeit und das sie auch mobil gut nutzbar ist. Der Algorithmus der Suchmaschinen hat sich in den letzten Jahren immer mehr in dahin entwickelt, die besten Inhalte zu finden, und wird das auch weiterhin tun. Wenn du dich auf gute Inhalte konzentrierst, wirst du meist automatisch gut von Suchmaschinen gefunden.

Wenn du einen Artikel über das Thema "eBook veröffentlichen" schreibst, nenne dein Thema in der Überschrift, finde Punkte, die deine Nutzer interessieren, wie eBook formatieren, eBook veröffentlichen usw. und nutze diese Punkte als Untergliederung für deinen Text.

Das ganze Thema SEO besteht meist nur darin, künstlich diese Prozesse von guten Inhalten nachzubilden oder zu beschleunigen. Meist durch gekaufte Links und komplizierte Messmethoden, die zum Großteil nur Spekulation sind und, falsch angewendet, sogar zu Abstrafungen von den Suchmaschinen führen können.

14.6.1 Suchmaschinenmarketing – Deine ersten Schritte

Um Besucher über die Suchmaschinen zu gewinnen, startest du mit einem sogenannten Redaktionsplan. Du hältst dazu in einer Tabelle 5-10 Schlüsselwörter oder Wortgruppen fest, wie im Kapitel zum Thema Inhalte beschrieben. Daraus leitest du die Themen für deine ersten Artikel ab. Dann erstellst du die Inhalte und veröffentlichst diese. Beginne mit einem Artikel und dann ergänze so lange Inhalte, bis du dein Ziel erreicht hast.

Tipp: *Achte darauf, dass deine Artikel alle ein Ziel verfolgen und den Besucher zum Handeln auffordern. Ein gutes Ziel ist es immer, wenn du die Kontaktinformationen abfragst.*

14.7 Gastartikel / Gastauftritte

Eine tolle Möglichkeit, dich bekannter zu machen, ohne dass du erst eigene Reichweite aufbauen musst, sind Gastartikel bzw. Gastauftritte. Es kann lange dauern, bis du zu deinem Thema in den Suchmaschinen gefunden wirst. Einfacher und schneller ist es, wenn du in deiner Marketing-Map Personen findest, die bereits eine erfolgreiche Webseite zu deinem Thema haben und fragst, ob du einen Gastartikel auf deren Webseite veröffentlichen kannst.

In diesem Artikel lieferst du Mehrwert und verlinkst auf deine Seite. So erhält der Seitenbetreiber gute Inhalte für seine Seite, du erhältst einen wichtigen Link auf deine Seite und außerdem sofort Besucher. Alle gewinnen.

Das gleiche Prinzip gilt für Podcast-Interviews, welches ein immer beliebter werdendes Format ist. Du kannst dich als Experte für ein Interview über dein Thema anbieten und in dem Interview nennst du deine Webseite und im Idealfall einen konkreten Artikel oder Handlungsaufruf, mit dem du die Kontaktinformationen der Besucher erhalten kannst.

14.7.1 Gastartikel – Deine ersten Schritte

Recherchiere 10 Seiten oder Podcasts, die für deine Zielgruppe passend sind, und schreibe die Betreiber an. Frag diese, ob du einen Gastartikel veröffentlichen kannst.

Um dir und dem Betreiber der Seite Zeit zu sparen, beschreibe gleich von Anfang an möglichst detailliert, worüber du schreiben willst, welchen Mehrwert dein Artikel bietet und sende ggf. Textproben oder Referenzen mit.

Bekannte Blogger erhalten meist etliche solcher Anfragen, von daher musst du hier mehr geben als andere. Außerdem ist dein Gastartikel praktisch dein Aushängeschild für eine neue Zielgruppe und sollte alleine deshalb schon sehr gut sein.

14.8 YouTube

Der nächste große Marketing-Kanal ist YouTube. Genau genommen auch ein Suchmaschine, nur halt für Videos und mittlerweile die zweitgrößte Suchmaschine der Welt.

YouTube hat die Vorteile, dass du bereits wenige Stunden nach der Veröffentlichung gefunden werden kannst und Interessenten dir dort folgen können.

Du kannst mit Tools wie TubeBuddy verschiedene Kennzahlen von anderen Kanälen herausfinden und analysieren, welche Themen und Schlüsselwörter interessant sein könnten. Das funktioniert genauso wie bei der Analyse der Schlüsselwörter für die Suchmaschinen.

Fast jeder Blogartikel oder jedes Thema lässt sich auch leicht als YouTube Video umsetzen. Dazu reicht es meist, wenn du eine Präsentation erstellst und das Video einsprichst. Wichtig ist, dass du dich auf die Aufzeichnung vorbereitest. Erstelle dazu ein Script mit den groben Stichpunkten von dem, was du sagen willst.

Du musst dazu auch nicht selbst vor die Kamera. Der interessante Mehrwert sind dein Thema und deine Inhalte. Es gibt etliche sehr erfolgreiche Kanäle, die aus Bildern / Vorträgen bestehen ohne das der Betreiber im Video zu sehen ist.

Unter dem Video kannst du auf YouTube in der Videobeschreibung dann noch deine Webseite oder dein Produkt verlinken.

14.8.1 YouTube – Deine ersten Schritte

Erstelle einen YouTube-Kanal und richte die Grafiken dazu ein. Du benötigst ein Kanalbild und ein Profilbild für deinen Kanal.

Hinweis: *Du kannst den Namen deines Kanals später leicht ändern.*

In dem Profil zu deinem Kanal hinterlegst du deine Webseite und weitere wichtige Links. Als Nächstes suchst du eine Reihe von interessanten Kanälen für deine Zielgruppe und folgst diesen. Regelmäßig auf diesen anderen Kanälen zu kommentieren, erhöht deine Sichtbarkeit.

Dann erstellst du dein erstes Video. Für den Anfang empfehle ich dir ein kurzes Intro-Video für deinen Kanal und ein erstes Inhaltsvideo. Wie die Videos aufzeichnest, hast du ja bereits im Abschnitt über die Inhalte erfahren.

Achte bei der Veröffentlichung darauf, dass du ein interessantes Vorschaubild wählst, die richtigen Tags nutzt und das dein Handlungsaufruf unter dem Video in der Beschreibung verlinkt und klar ist. Hol dir am besten dazu das TubeBuddy-Tool, wenn du YouTube ernsthaft angehen willst.

Sobald du das Video hochgeladen hast, war es das auch schon. Du bist jetzt offiziell Youtuber.

14.9 Pinterest

Pinterest ist eine weitere Suchmaschine, jedoch hauptsächlich für Bilder. Pinterest ist besonders geeignet für Themen wie Hobbys, Kleidung, Tattoos oder Basteln und wenn du eine weibliche Zielgruppe hast, da die Frauenquote dort ca. 70 % beträgt.

Pinterest ist eine reine Bildersuchmaschine. Aber du kannst zu jedem Bild verschiedene Schlüsselwörter, eine Beschreibung und wichtig, einen Link auf deine Webseite hinterlegen. Dieses Bild mit Beschreibung und Link wird Pin genannt.

Du kannst außerdem mehrere Pins thematisch relevant in Boards zusammenfassen. Das müssen auch nicht immer nur Links zu deiner eigenen Seite sein, sondern du kannst alles, was thematisch relevant ist und dem Nutzer hilft, in so einem Board sammeln.

Andere Nutzer können deinen Inhalten folgen und erhalten diese dann regelmäßig auf ihrer Startseite angezeigt. Außerdem können sie deine Inhalte über die Suche finden.

Diese Suchfunktion macht Pinterest als Marketing-Kanal so interessant. Inhalte die du einmalig erstellst, können auch später noch über die Schlüsselwörter und die Beschreibung gefunden werden. Bei Instagram oder Facebook funktioniert das so nicht.

Eine einfache Pinterest-Strategie ist es, wenn du zu jedem Artikel ein Bild erstellst und auf Pinterest mit einem Link zum Artikel postest. Achte dabei auf die Schlüsselwörter in der Beschreibung.

Beispielsweise wenn du einen Artikel hast: 10 einfach Übungen, wie du einen flachen Bauch bekommst, erstellst du eine passende Grafik dazu. Diese sollte möglichst auffällig sein und den Mehrwert, den flachen Bauch, hervorheben. Auf canva.com findest du kostenlos entsprechende Vorlagen. In der Beschreibung sollten dann die Schlüsselwörter enthalten sein, nach denen mögliche Interessenten suchen.

Wenn du das mit den richtigen Themen regelmäßig machst und gelegentlich auch die Inhalte anderer auf deinen Boards verwendest, kannst du auf diese Weise relativ einfach Besucher auf deine Webseite bekommen.

14.9.1 Pinterest – Deine ersten Schritte

Als erstes benötigst du einen Pinterest-Account. Im Profil hinterlegst du wieder deine Webseite.

Dann beginnst du mit der Recherche, welche Schlüsselwörter und Themen für dich interessant sind. Wenn du in Pinterest Suchbegriffe eingibst, erhältst du automatisch entsprechende Vorschläge nach ihrer Suchhäufigkeit sortiert.

Lege entsprechende Boards an und poste die ersten Inhalte. Das können sowohl eigene als auch fremde Inhalte sein. Immer wenn du einen neuen Artikel erstellt hast, kannst du einen oder auch mehrere Pins mit einer passenden Beschreibung zu diesem Artikel erstellen.

14.10 Podcast

Ein weiterer sehr interessanter Marketing-Kanal ist ein eigener Podcast, in dem du über dein Thema redest oder Experten interviewst.

Wie du Sprachinhalte erstellst, hast du ja bereits in Schritt 3 erfahren. Für einen Podcast zeichnest deine Sprache auf und suchst dir einen Anbieter, wie beispielsweise Podigee, bei dem du die Aufnahmen hochlädst. Dieser sorgt dann dafür, dass dein Podcast auf allen gängigen Plattformen wie Spotify oder iTunes zu finden ist.

Der Vorteil eines Podcasts gegenüber reinen Blogartikeln ist, dass du über die Sprache eine viel persönlichere Bindung zu deinen Hörern aufbauen kannst. Außerdem kannst du mit Hilfe von Interviews von der Reichweite deiner Gesprächspartner profitieren.

Ich habe 2018 meinen ersten Podcast die „Wunderliche Weltklugheit“ gestartet und bis heute ist das eines der Projekte, die mir am meisten Spaß machen und für das ich viel positives Feedback erhalte, auch wenn ich nur sehr unregelmäßig veröffentliche.

Auch beim Podcasting solltest du dir anfangs nicht zu viele Gedanken machen, sondern anfangen. Vielleicht beginnst du mit ein oder zwei Interviews, die du in anderen thematisch relevanten Podcasts gibst. Wenn dir das Spaß macht, beginnst du deine ersten eigenen Folgen aufzuzeichnen.

Hinweis: *Du kannst das Thema einfach ausprobieren. Ich habe in meinem Podcast mich bewusst dafür entschieden, es nicht professionell, sondern als „Hobby" anzugehen. Ich trinke während des Podcasts gerne mal ein Bierchen oder auch eine Flasche Rum mit meinen Gästen. Ich nehme manchmal am Strand auf und saß auch schonmal in Bali im Pool. Es ist dein Business, deine Sendung und niemand kann dir sagen, was falsch oder richtig ist.* Persönlichkeit und Authentizität ist da meiner Meinung nach wichtiger, als die professionellsten Aufnahmen und sorgt langfristig dafür, dass es dir Spaß macht.

14.10.1 Podcasting – Deine ersten Schritte

Der Start ist ähnlich wie beim Bloggen. Du erstellst dir zunächst einen Redaktionsplan mit den Inhalten, über die du sprechen willst. Du kannst dich hier auch wieder an Schlüsselwörtern orientieren oder aber du „arbeitest" dein Thema Schritt für Schritt ab.

Anschließend zeichnest du deine erste Folge auf. Erstelle dir dazu grob ein Script mit deinen Inhalten. Ich mache mir dazu meist Notizen in meinem digitalen Notizbuch und sehe während der Sendung dann auf das Handy.

Ein guter Tipp ist es außerdem, Experten zu interviewen. Auf diese Interviews solltest du dich aber mit guten Fragen vorbereiten und diese ggf. auch dem Experten im Vorfeld zur Verfügung stellen.

Wenn du die ersten Folgen aufgezeichnet hast, kannst du den Podcast auf deiner Seite einbinden und damit beginnen die Folgen bei deinem Podcast-Anbieter hochzuladen. Bitte Freunde und Bekannte deinen Podcast in den sozialen Netzwerken zu teilen und frage nach Bewertungen auf Plattformen wie iTunes. Das hilft dir, dass auch neue Hörer deinen Podcast finden.

Außerdem solltest du in jeder Folge, genau wie bei den Artikeln, jeweils einen Handlungsaufruf haben. Du kannst beispielsweise auf Links in den Shownotes, auf Produkte oder deinen Newsletter verweisen.

Tipp: *Erstelle ein Transkript deines Podcasts als Blogartikel. So wirst du auch über die Suchmaschine zu deinen Themen gefunden. Du findest auf der Seite zum Buch passende Anbieter, die das automatisch für dich erledigen.*

14.11 Soziale Netzwerke (Social-Media-Marketing)

Social Media (dt. soziale Medien) sind Webseiten oder Apps auf denen du dich mit anderen Nutzern vernetzen und Inhalte tauschen kannst.

Du kannst auf den großen Netzwerken wie Facebook, Instagram, LinkedIn, Snapchat und co. eine Reichweite aufbauen und über diese Produkte verkaufen. Ich selbst nutze soziale Medien kaum, aber stelle dir hier die wichtigsten Plattformen mit einigen Funktionen vor, damit du dich da weiter informieren kannst. Außerdem gebe ich dir ein paar strategische Gedanken mit auf den Weg, damit du erfolgreich starten kannst.

14.11.1 Wie verdienen soziale Netzwerke ihr Geld?

Bevor wir zum Business kommen musst du eine ganz wichtige Sache verstehen: Wie soziale Netzwerke ihr Geld verdienen.

Immer wenn du für etwas nichts zahlst, bist du das Produkt.

Das ist etwas, was du dir für fast alle Webseiten merken kannst. Egal ob deine lokalen Nachrichten, die sozialen Netzwerke oder irgendwelche Pornoseiten.

Das Prinzip von sozialen Netzwerken ist immer das Gleiche:

Sie sammeln so viele Daten wie möglich über dich wie Alter, Geschlecht, Interessen etc., um dir möglichst zielgerichtet Werbung ausspielen zu können und diese Daten und die Reichweite verkaufen sie dann an den Höchstbietenden.

Wenn du deinen Beziehungsstatus auf verlobt setzt, siehst du Werbung für Hochzeitsartikel. Wenn du deinen Beziehungsstatus auf kompliziert setzt, siehst du eher Werbung für Tinder und andere Flirtseiten. Wenn du ihn auf Single setzt, kommt vielleicht Werbung für Sexspielzeug auf Amazon.

Weil die sozialen Netzwerke so viel über dich wissen, können sie die Werbung auf deinen Bedarf anpassen und helfen so den Werbetreibenden mehr Umsatz zu erzielen.

Wer ein Business hat, kann diese Werbung und Reichweite einkaufen und sehr gezielt potentielle Kunden ansprechen.

Facebook erhält dafür Geld vom Werbenden. Der Werbende erhält Geld von dem Käufer seiner Produkte. Du erhältst mehr oder weniger sinnvolle Produkte. Also eigentlich gar kein so schlechtes Prinzip, weil alle Seiten gewinnen.

Das sollte dir nur bewusst sein, weil du das für dich nutzen kannst. Social Media bietet aktuell eine absolut großartige Chance, extrem zielgerichtet für wenig Geld potentielle Interessenten anzusprechen.

Historisch gesehen ist das einmalig. Früher musstest du TV-Werbung oder Radio-Werbung kaufen und hast völlig wahllos Menschen für sehr viel Geld angesprochen, oder auch nicht angesprochen, weil die grad auf Klo sind oder sich Chips holen.

Heute kannst du für 100 Euro deine Werbeanzeige an eine ganze Kleinstadt extrem zielgerichtet ausspielen oder alle Leute, die sich genau für dein Thema interessieren.

14.11.2 Ist Social-Media-Marketing für jedes Business notwendig?

Diese Frage erhalte ich oft, da mittlerweile viele sich aus den sozialen Netzwerken abgemeldet haben. Deshalb die kurze Antwort darauf: Nein du musst kein Social-Media-Kanal betreiben, um im Business Erfolg zu haben. Eine alternative Strategie, auf die ich meinen Fokus lege, ist die Suchmaschinenoptimierung in Verbindung mit E-Mail-Marketing.

Insbesondere bei Einsteigern sehe ich das Risiko, sich in falschen Kennzahlen wie der Followeranzahl zu verlieren oder unglaublich viel Zeit in sozialen Medien zu verschwenden.

Aber trotzdem ist es verschenktes Potential und zu Beginn deines Projektes geht es wesentlich schneller, über soziale Netzwerke Feedback und die ersten Kunden zu bekommen.

Die sozialen Netzwerke sind aber gar nicht so sozial und wollen Geld von dir sehen für deine Reichweite.

Du kannst zwar versuchen, Follower aufzubauen, ständig gute Inhalte posten, um so organische Besucher zu erhalten, aber die

Praxis hat gezeigt, dass das in den letzten Jahren immer schwieriger geworden ist. Facebook und Co. sind Unternehmen und wollen Geld verdienen, daher zeigen sie deine Inhalte nur einem Teil deiner Follower. Es sei denn, du bezahlst dafür.

Organischer Reichweitenaufbau kostet viel Zeit, ist aufwendig und das Schlimmste daran ist, du musst ständig neue Inhalte posten. Wenn du einen guten Blogartikel schreibst, wird der auch nach Jahren noch in den Suchmaschinen gefunden.

Facebook-Posts sind nach wenigen Stunden bereits aus den Timelines deiner Fans verschwunden und vergessen oder werden gar nicht erst angezeigt. Ganz davon abgesehen, dass die meisten Leute dort nur für Unterhaltung sind.

Ich empfehle Einsteigern mit begrenzter Zeit meist, auf den organischen Reichweitenaufbau auf Social-Media zu verzichten.

Die Ausnahme davon bilden positive Nischen im Unterhaltungsbereich, die perfekt zu dem jeweiligen Kanal passen. Wenn du einen Styling-Guide für Partys herausbringst, kann Instagram natürlich hervorragend funktionieren, wenn du da ein paar Fotos von verschiedenen Frisuren oder Kleidern postest.

Aber oft ist der Aufbau organischer Reichweite meist vergebene Mühe und du solltest dich auf gekaufte Werbung in diesen Netzwerken konzentrieren. Dann ist die Reichweite egal und du kannst sofort für wenig Geld beginnen.

Wenn du Social Media für den Reichweitenaufbau nutzen willst, verwende Automatisierungs-Werkzeuge wie Buffer, Hootsuite, later.com oder Meetedgar. Das wird dir viel Zeit sparen und du kannst das ganze Thema weitestgehend automatisieren und mehrere Kanäle mit ähnlichen Inhalten gleichzeitig ohne Mehraufwand betreiben.

Außerdem gibt es für praktisch alle Plattformen entsprechende Bots, welche die Kontaktaufnahme und einfache Dialoge automatisch für dich erledigen. Teilweise funktionieren diese sehr gut.

Hinweis: *Wenn du dich für einen Social-Media-Kanal entscheidest, sollte dir aber auch immer bewusst sein, dass du von einem Anbieter abhängig bist, der seine Algorithmen jederzeit ändern kann. Du solltest also langfristig trotzdem immer auch Reichweite auf eigenen Kanälen aufbauen z. B. eine E-Mail-Liste.*

14.11.3 Die wichtigsten Social-Media-Plattformen

Folgende Plattformen halte ich aktuell für wichtig.

14.11.3.1 Facebook

Facebook ist immer noch die mit Abstand größte Plattform mit 2.32 Millarden monatlich aktiven Benutzern. Du kannst Texte, Bilder und Videos teilen, Live auf Sendung gehen, dich an Gruppendiskussionen beteiligen und Werbeanzeigen kaufen und sehr gezielt Leute darüber ansprechen.

Suchmaschinen Traffic übersteigt Facebook bei weitem und ja die Nutzerzahlen sinken. Alleine 2019 gab es über 10% weniger Besucher auf Facebook der überwiegend zu Instagram und Pinterest gewandert ist. Aber trotzdem ist Facebook immer noch mit großem Abstand die Nummer 1.

Die Strategie ist es, ein persönliches Profil oder eine Business-Seite zu haben, dort Inhalte zu posten und organisch bzw. bezahlt Reichweite aufzubauen.

Eine sinnvolle Funktion sind außerdem die Facebook-Gruppen. Du kannst entweder eine eigene Gruppe erstellen oder aber thematisch relevanten Gruppen beitreten und darüber deine Inhalte verbreiten.

Die Gruppen haben derzeit noch eine bessere Sichtbarkeit als normale Seiten/Profile.

Ich nutze Facebook ausschließlich für bezahlte Werbung und poste dort ansonsten gar nichts und bin auch privat da nicht aktiv, weil es mich zu viel Zeit kostet.

Tipp: *Facebook Insights veröffentlicht jede Menge interessanter Zahlen, die für dich auch außerhalb von Facebook interessant sind. Du kannst das Tool kostenlos nutzen.*

14.11.3.2 Instagram

Du kannst auf Instagram Bilder veröffentlichen, Kommentare schreiben, Videos auf Instagram TV hochladen und Storys erstellen. Storys sind kurze Videoclips oder Bilder, die andere Nutzer die dir folgen 24 Stunden lang sehen können. Die Inhalte sind wesentlich schlechter strukturiert, aber wirken oftmals auch persönlicher. Instagram gehört mittlerweile zu Facebook, wächst extrem schnell, hat über 1 Milliarde monatlich aktive Nutzer und solltest du dir auch mal ansehen.

Die grundlegende Strategie von Instagram sieht so aus, dass du ein Unternehmensprofil erstellst. Dann kannst du Beiträge mit verschiedenen Hashtags und einer Beschreibung posten. Das können persönliche Bilder von dir sein oder ein thematisch relevanter Mehrwert. Andere Nutzer können deinem Account dann folgen und sehen die entsprechenden Inhalte und können diese mit einem Herz markieren (liken), wenn sie ihnen gefallen.

Außerdem kannst du eine Kurzbiografie anlegen auf deinem Profil und dort einen Link zu deiner Webseite hinterlegen. Ich empfehle dir, eine spezielle mobiloptimierte Landing-Page für die Biografie zu erstellen. Dazu gibt es spezielle Anbieter wie linktr.ee oder aber du erstellst eine eigene Wordpress-Unterseite. Auf dieser verlinkst du dann die wichtigsten Inhalte wie Artikel, dein Produkt oder deinen Newsletter.

Neben den Bildern kannst du noch sogenannte Storys posten. Ich empfehle meist, die Storys für persönliche Inhalte und Einblicke zu nutzen und die Posts für thematisch relevante Inhalte, die langfristig interessant sind.

Die dritte wichtige Funktion ist IG TV. Dort kannst du Videos hochladen und für andere Teilnehmer Live gehen. So kannst du beispielsweise einen Vortrag halten oder ein Interview führen. Diese Live-Funktion bieten mittlerweile aber auch andere Plattformen wie Facebook oder YouTube.

14.11.3.3 Twitter

Twitter ist ein wenig besonders, da es im Gegensatz zu den anderen eher grafisch orientierten Plattformen für Textnachrichten entwickelt wurde. Du kannst 140 Zeichen lange Textbotschaften mit anderen teilen, private Nachrichten verschicken und Leuten folgen.

Twitter war es, welches Hashtags, die mittlerweile auf nahezu allen Social-Media-Plattformen angeboten werden, etabliert hat. Ein Hashtag ist z. B. #onlinebusiness und unter diesem Begriff findest du dann alle möglichen Beiträge zum Thema Online-Business. Mit fast 400 Millionen monatlich aktiven Nutzern die eine sehr hohe Interaktionsrate haben, ist Twitter je nach Themenbereich eine interessante Plattform.

Ich selbst nutze Twitter nicht bzw. bin dort auch nie ernsthaft aktiv gewesen. Aber für einige Themen oder Kontakt zu bestimmten Leuten ist es eine gute Sache.

Da die Nachrichten sehr kurz sein müssen, ist es auch gut geeignet um Links zu posten die dann auch geklickt werden. Das ist auf Seiten wie Facebook anders, da diese immer mehr Inhalte auf ihrer eigenen Plattform wollen, um den Benutzer so lange wie möglicht dort zu behalten.

14.11.3.4 LinkedIn

LinkedIn ist von den Funktionen her ähnlich wie Facebook, mit dem Unterschied, dass der Fokus eher auf Businessinhalten liegt und die Werbung deutlich teurer ist. Es gibt viele Anzugträger da und alles ist ein bisschen "ernsthafter" als auf Facebook. Kannst du dir mal ansehen, für mich ist es bei den meisten Themen nicht interessant.

Ein Thema, das sich dort aber sehr gut z. B. verkaufen lässt, sind höherpreisige Dienstleistungen für Selbständige oder wenn du als Coach unterwegs bist. Wenn du ein Produkt hast, das sich an Unternehmen richtet, solltest du auf jeden Fall auf LinkedIn aktiv sein.

14.11.3.5 TikTok

TikTok ist eine App bei der du 15-sekündige bis 5-minütige Videos aufnehmen und teilen kannst. Zum Großteil handelt es sich um Synchronisationen zu Musikvideos und du siehst nur paar Teenager tanzen. Halte ich nicht viel von, aber mit Millionen von Nutzern und der Möglichkeit innerhalb kürzester Zeit enorme Reichweiten aufzubauen, kann es für dich trotzdem sehr interessant sein.

14.11.3.6 Sonstige

Es gibt noch Snapchat, Xing, diverse Open-Source Projekte, etc aber ich denke die werden sich aktuell alle nicht mehr lange halten können.

Manchmal geht das schnell wie bei Snapchat, die massive Einbrüche hatten, als Instagram die Storys eingeführt hat, oder wie bei Tumblr, die 30% ihrer Nutzer verloren haben, als sie Porno-Inhalte gesperrt haben.

Andere wie Xing sterben eher langsam aus, wie StudiVZ damals.

Im Social-Media Bereich werden sich immer nur einige wenige große durchsetzen können, weil nur diejenigen attraktiv sind, die auch die Freunde nutzen.

Das war es so weit zu den Plattformen. Du findest zu den jeweiligen Plattformen unzählige Anleitungen. Du kannst auch kostenlos einen Account erstellen und es für dich ausprobieren, daher brauche ich da denke ich nicht viel weiter zu schreiben.

Aber was vielleicht für dich noch interessant ist, sind ein paar Gedanken zur richtigen Strategie auf all diesen Plattformen.

14.11.4 Social-Media Strategie im Online-Business und Online-Marketing – Was wirklich zählt

Wenn du mit dem Social-Media-Marketing beginnst, solltest du auf Folgendes achten.

14.11.4.1 Aufmerksamkeit und Interaktionen

Nicht die Likes / Followerzahl einer Seite zählen, sondern die Aufmerksamkeit und Interaktionen.

Studien haben gezeigt, dass die Reichweite das Kaufverhalten gar nicht beeinflusste. Nur weil jemand die Facebook Seite geliked hat, bedeutet das gar nichts. Aber eine Interaktion führte dazu, dass in der Beispielstudie mit über 14.000 Kunden im Schnitt 22$ Pro Kunde mehr ausgegeben wurde!

Die gleiche Studie zeigte auch, dass Inhalte die von Nutzern erstellt wurden, die Käufe mehr beeinflussten, als Inhalte die von der Firma selbst/Marketingleuten erstellt wurden.

Also wenn du Social-Media-Marketing für dein Business nutzen willst achte auf folgende Sachen:

- Informative Inhalte, die zwischen Benutzern ausgetauscht werden. Beispielsweise eine Facebook-Gruppe zum Thema Online-Business in der sich die Nutzer untereinander austauschen können.
- Direkte Interaktion mit deinen Followern. Im Idealfall natürlich positiv. Schreib einige nette Worte, hilf anderen und teile wertvolle Informationen.
- Aktive Interaktionen sind wichtig: Kommentieren, Teilen, Reaktionen. Das kannst du fördern, indem du Fragen stellst oder Kommentare beantwortest. Wenn du Social-Media ernst nimmst, musst du dir die Zeit für Interaktionen auch nehmen. Aber wie gesagt, du kannst auch komplett auf Social-Media verzichten.

14.11.4.2 Vergiss "virale" Inhalte

Du hast vielleicht auch schonmal die Empfehlung gelesen, dass du „virale Inhalte" erstellen sollst. Tausende Anleitungen zeigen dir, wie du angeblich virale Inhalte erstellst.

Studien haben gezeigt, es einerseits zu großem Teil dem Zufall unterliegt, was viral wird und was nicht. Außerdem wurden die Inhalte, die viral wurden, meist durch ein entsprechendes Budget finanziert.

Das eigentliche Problem aber ist: Eine große Reichweite alleine bringt dir nicht viel! Wenn du dich nur darauf konzentrierst, dass möglichst viele Leute deine Inhalte sehen, dann mag das ab und zu mal gelingen, aber im Business wirst du damit wenig Erfolg haben.

Es gibt im Online-Marketing die Regel, das es meist mehrere Kundenkontakte benötigt, bevor du etwas verkaufst. Wie viele das sind, ist unterschiedlich, aber selten reicht nur ein Kontakt. Deshalb bringen dir virale Inhalte nicht viel, wenn du danach vergessen wirst.

Inhalte, die viel geteilt werden, sind nur selten nützlich. Inhalte, die es wert sind, dass deine Besucher wiederkommen sind wertvoll.

Dazu zähle ich eigene Gedanken, Erfahrungen, Studien, innovative Lösungen, persönliche Sachen, etc.

Mit jedem langweiligen Inhalt, den du verbreitest, verlierst du langfristig Besucher und Reichweite. Du verlierst die wiederkehrenden Besucher, die viel wichtiger sind, als die einmalige Aufmerksamkeit.

Konzentriere dich darauf, Inhalte zu erstellen, für die man wiederkommt. Inhalte, die so gut sind, dass ich auch den zweiten Teil lesen will. Mach nicht den Fehler unzählige langweilige Inhalte zu posten, nur weil jemand gesagt hat, dass du mindestens 3 Mal am Tag posten sollst und jage nicht dem Mythos von viralen Inhalten hinterher.

14.11.4.3 Konzentriere dich anfangs auf einen Kanal

Wenn du mit Social-Media beginnst, such dir für den Anfang einen einzigen Social-Media-Kanal der für dich und deine Zielgruppe gut funktioniert und konzentriere dich auf den.

Mit kostenlosen Tools wie Blog2Social oder Buffer ist es leicht möglich, auch mehrere Kanäle zu verwalten.

Letztendlich ist es aber so, dass Interaktionen zählen und die kosten Zeit. Es bringt dir wenig, fünf Kanäle gleichzeitig zu betreuen aber keine echten Interaktionen zu haben. Das kannst du zwar machen, aber die Zeit ist an anderen Stellen im Business besser investiert.

Mach einen Kanal richtig und sehr gut. Nutz die anderen automatisiert mit (Du willst ja auch kein Potential verschenken) und baue dann langfristig weiter aus, wenn du mehr Ressourcen hast und z. B. jemanden damit beauftragen kannst, dein Social-Media-Marketing zu übernehmen.

14.11.4.4 Qualität vs. Quantität

Eine häufig vorkommende Frage ist: Wie oft soll ich posten? Meiner Meinung nach solltest du immer auf Qualität setzen, egal wie oft du postest. Oft liest man die Empfehlung, mindestens 5 Mal am Tag beispielsweise auf Facebook einen Beitrag zu erstellen, weil das laut Studien die höchste Sichtbarkeit erzeugt.

Aber, basierend auf der Annahme, dass Interaktionen zählen, solltest du deine Inhalte lieber hochwertig erstellen und Interaktionen auslösen. Egal ob einmal die Woche oder einmal im Monat.

Wenn dieser eine Post dann 100 Likes oder Kommentare hat, wirst du damit mehr erreichen, als 5 Posts am Tag, die alle nur kurz oder gar nicht angesehen werden und mit denen niemand interagiert.

14.11.4.5 Analysieren und Messen

Viele Einsteiger Posten mal hier und mal da, gucken was passiert, aber haben keinen wirklichen Plan.

Aber:

Wenn du das Ergebnis für dich nicht messen kannst, ist es verschwendete Zeit und meist auch verlorenes Geld!

Deshalb ein wichtiger Hinweis:

Implementiere eine Strategie, um die Ergebnisse deiner Social-Media-Aktivitäten zu messen!

Ich habe das konkret mit Instagram für mich gemacht. Ende 2018 war ich in Thailand unterwegs, hab gedacht, guter Zeitpunkt, um Influencer zu werden und wurde bisschen auf Instagram aktiv. Ungefähr 3-4 Monate habe ich das gemacht, ca. 3.000 Follower waren es damals und fast täglich postete ich Inhalte. Bilder, ab und zu Storys und auch Podcastfolgen von mir oder die allseits beliebten Zitate.

Das war relativ zeit- und nervenraubend. Also wollte ich prüfen, ob es überhaupt was bringt (außer fürs Ego).

Im Instagram-Profil war ein linktr.ee Link platziert zu meinen Produkten und meiner Seite. Die Interaktionsrate bei guten Posts lag bei 10-20% organisch. Pro Woche gab es ca. 300 Profilaufrufe, wenn ich aktiv war.

Verkaufte Produkte: maximal 1 pro Monat. In Google Analytics konnte ich messen, wie viele der Besucher meiner Webseite über Instagram kommen und so diesen Verkauf zuordnen.

Der Zeitaufwand, den ich mit Toogle.com gemessen habe, betrug ca. 20h/Monat. Nur für meine eigenen Posts. Wenn man die Interaktionen und das ständige kontrollieren dazu rechnet, war es sicher noch mehr.

Mein effektiver Stundenlohn lag im Cent Bereich. Für mich, meine damalige Strategie und das Business war es also Zeitverschwendung.

Aber das konnte ich nur herausfinden, weil ich es gemessen habe. Heute kenne ich bessere Strategien und bin da effektiver, aber damals habe ich dann das einzig richtige getan und mit Instagram aufgehört.

Wichtig für dich ist, dass du solche Entscheidungen anhand von Zahlen Treffen kannst. Deshalb solltest du immer den Aufwand und das Ergebnis messen können.

14.11.5 Social-Media-Marketing – Deine ersten Schritte

Social-Media kann viel Zeit klauen, aber auch für einen schnellen Einstieg in das Thema Online-Business sorgen. Da Aufmerksamkeit begrenzt ist, aber die Konkurrenz und Inhalte ständig wachsen, solltest du die Chance lieber jetzt nutzen als später. Folgende Schritte empfehle ich für den Start:

- Erstelle die Social-Media-Profile auf den wichtigsten Plattformen: Facebook, Instagram, Pinterest, YouTube, (Twitter / LinkedIn)
- setze jeweils einen Link auf deine Seite im Profil
- folge den wichtigsten Leuten in deinem Bereich und analysiere deren Inhalte und welche davon möglichst viele Interaktionen erreichen
- Poste 3 Inhalte und miss die Reaktionen
- Schalte ggf. Werbung (Das Thema betrachten wir später noch ausführlicher)
- Interagiere mit deiner Zielgruppe durch Kommentare, Gruppen, etc.
- Verwende Tools wie Buffer, Hootsuite, Shareaholic, Blog2Social und co., um dein Social-Media-Marketing weitestgehend zu automatisieren
- Verlinke die Kontaktmöglichkeiten zu den Social-Media-Kanälen auf deiner Webseite, wo es sinnvoll ist.

Tipp: *Verlinke die Social-Media-Profile nicht überall auf deiner Webseite. Sinnvoll ist meist nur die Kontaktseite. Diese Plattformen* *ziehen den Nutzer von deiner Seite weg, lenken ihn ab und verschwenden seine Zeit.*

14.12 Affiliates / Influencer

Ein weiterer Marketing-Kanal ist das Affiliate-Marketing, da du so die bestehende Reichweite anderer nutzen kannst.

Dazu fragst du Personen aus deiner Marketing-Map, die bereits eine Reichweite aufgebaut haben, ob sie dir helfen, dein Produkt zu vermarkten. Dafür erhalten sie eine Provision. Entweder zahlst du einen festen Beitrag, beispielsweise 100 Euro pro Werbepost oder aber du bietest einen Affiliate-Deal an. Das bedeutet, dass sie beispielsweise 50% vom Verkaufspreis als Provision erhalten. Das ist ein gutes Konzept und wenn du die passenden Partner findest, kann das sehr effektiv sein und vor allem viel Zeit sparen.

Die Umsetzung eines Affiliate-Programms für dein digitales Produkt ist mit den vorgestellten Zahlungsanbietern problemlos möglich. Deine Affiliate-Partner müssen sich dazu ebenfalls einen Account bei dem Anbieter erstellen und können dann direkt mit der Vermarktung beginnen. Der Zahlungsanbieter kümmert sich um die korrekte Abrechnung.

14.12.1 Affiliate-Marketing – Deine ersten Schritte

Um mit dem Affiliate-Marketing zu beginnen schreibst du die Personen aus deiner Marketing-Map an und schlägst ihnen einen Affiliate-Deal vor. Das kannst du auch bereits vor der Erstellung deines Produktes beginnen.

Wenn dein Produkt bereits fertig ist, kannst du es auch auf einem Marktplatz wie dem von Digistore24 veröffentlichen. Es gibt auch Webseiten, welche digitale Produkte vorstellen und testen wie beispielsweise kurserfahrung.de. Diese können ebenfalls ein guter Anfang sein.

14.13 Bestehende Marktplätze nutzen

Eine andere Möglichkeit, um dein Produkt erfolgreich zu vermarkten, ohne eigene Reichweite aufzubauen, sind bestehende Marktplätze. Auf diesen kannst du dein Produkt veröffentlichen und es ist sofort für tausende Kunden sichtbar.

Beispiele für solche Marktplätze sind:

- Amazon
- Fiverr
- Upwork
- Udemy
- Twago
- eBay

Der größte Vorteil dieser Marktplätze ist, dass die Leute auf diesen Marktplätzen eher bereit sind, Geld auszugeben. Du hast also kaufbereite Kunden und musst nur noch dein Produkt überzeugend präsentieren.

Um dein Angebot auf einem dieser Marktplätze bereit zu stellen, musst du es lediglich hochladen. Du kannst dein eBook beispielsweise bei Amazon Kindle Direct Publishing hochladen und dann ist es innerhalb von 1-2 Tagen weltweit auf Amazon erhältlich.

Amazon bietet ebenfalls das interessante Print on Demand Verfahren für deine Bücher an. Das bedeutet, in dem Moment, wo jemand dein Buch in gedruckter Form bestellt, wird es gedruckt und zum Kunden verschickt. Dafür erhält Amazon zwar einen Anteil an den Verkaufsgebühren, aber du hast die Reichweite der größten Verkaufsplattform der Welt.

Wenn du einen Online-Kurs hast, kannst du diesen auf udemy.com und ähnlichen Seiten veröffentlichen. Du brauchst keine eigene Werbung und kannst sofort mit dem Verkauf beginnen.

Ob so ein Marktplatz für dein Produkt geeignet ist, hängt von verschiedenen Faktoren wie der Konkurrenz oder dem thematischen Schwerpunkt ab. In den meisten Fällen ist auf jeden Fall einen Versuch wert.

Tipp: *Du kannst auch die Reichweite dieser Marktplätze nutzen, um weiterführende Produkte anzubieten.*

Hinweis: *Du findest in der Online-Business Akademie eine Fallstudie, wie ich einen Kurs innerhalb von nur 7 Tagen erstellt habe und dank udemy.com bis zu 1.600$ monatlich verdient habe. Völlig ohne eigene Webseite oder weiteres Marketing. Du findest dort ebenfalls Fallstudien zu Büchern, die im Selbstverlag auf Amazon veröffentlicht wurden, mit sämtlichen Schritten und die ebenfalls mehrere tausend Euro pro Monat verdienen.*

14.13.1 Marktplätze nutzen – Deine ersten Schritte

Um dein Produkt auf einem bestehenden Marktplatz anzubieten, musst du lediglich einen Account erstellen. Anschließend kannst du dein Produkt dort veröffentlichen und alles weitere übernimmt der Anbieter. Du erhältst dann meist monatlich deine Auszahlungen voll automatisch.

14.14 Besucher kaufen (PPC / PPV)

Der nächste wichtige Marketing-Kanal ist eigentlich eher eine Marketing-Strategie und auf vielen der bereits vorgestellten Kanäle umsetzbar.

Die Idee ist es, Besucher für deine Webseite zu kaufen. Wenn du Besucher über Inhalte und die Suchalgorithmen gewinnst, spricht man meist von organischem Traffic. Die Variante, wo du für die Besucher bezahlst, wird auch paid Traffic genannt.

Es gibt zwei wesentliche Varianten von paid Traffic.

1. PPV (Pay per View), wenn du pro Einblendung deiner Werbeanzeige bezahlst.
2. PPC (Pay per Click), wenn du pro Klick auf eine Werbeanzeige bezahlst

Beide sehen wir uns jetzt im Detail an.

14.14.1 PPV

Beim Pay per View kaufst du beispielsweise eine Werbeplatzierung in Form eines Werbebanners auf einer Webseite. Du zahlst pro Einblendung deines Werbebanners einen fixen Betrag. Meist wird dieser in TKP (Tausend-Kontakt-Preis) angegeben und beginnt bei ca. 5 Euro je nach Thema und Webseite. Für 1.000 Einblendungen zahlst du also 5 Euro. Du kannst dich aber beispielsweise auch in bestehende E-Mail-Listen, Instagram-Stories oder Facebook-Seiten einkaufen und dort deine Werbeanzeigen platzieren.

Einer der wichtigsten und größten Anbieter in diesem Bereich ist https://www.taboola.com, aber es gibt auch noch diverse andere.

Diese Anbieter spielen deine Werbung dann auf etlichen Seiten aus. Beispielsweise stellen die meisten großen Tageszeitungen und Webseiten ihre Reichweite über solche Anbieter zur Verfügung. Du kannst also direkt deine Werbung an Millionen von Betrachtern ausspielen.

Einen kleinen Nachteil gibt es jedoch: Du kannst die Zielgruppe nicht genau einschränken. Das PPV funktioniert daher nur für Produkte mit einer sehr breiten Zielgruppe und ist für sehr spezielle Nischen nicht sinnvoll. Da du als Einsteiger besser mit einer Nische startest, ist deshalb die Variante des PPC für dich meist interessanter.

14.14.2 PPC

Die Alternative zu PPV ist die zielgerichtete Werbung mit Hilfe von PPC (Pay per Click). Weil diese für Einsteiger meist die bessere Wahl ist, werden wir uns das Thema jetzt besonders genau ansehen.

Wie der Name schon sagt, bezahlst du hier nicht pro Einblendung deiner Werbeanzeige, sondern pro Klick auf diese. PPC-Werbung kannst du beispielsweise auf allen Social-Media-Plattformen einkaufen.

Das besondere daran ist, dass du bei diesen Anbietern sehr gezielt nach Interessen und teilweise auch nach demografischen Merkmalen wie Geschlecht, Altersgruppe oder sogar Einkommen und verschiedenen Interessen filtern kannst.

Deine Werbung wird beispielsweise gezielt nur an Frauen, Selbständige oder Personen ausgespielt, die sich für ein bestimmtes Thema wie gesunde Ernährung interessieren.

Zu Beginn hast du dadurch mehr Aufwand, hier die richtige Zielgruppe und Ansprache zu finden. Außerdem benötigst du ca. 150 Euro Startkapital, damit du deine Anzeigen für 2 Wochen mit einem

Budget von 10 Euro pro Tag schalten kannst. Wenn du das Geld investieren kannst, ist dies der schnellste Weg, um sofort mehr Sichtbarkeit für dein Angebot zu erhalten.

14.14.2.1 Die wichtigsten Anbieter für PPC-Werbung

Die folgenden Plattformen ermöglichen es dir, Werbeanzeigen zu platzieren und gezielt Besucher für deine Webseite einzukaufen:

- Google Adwords
- Facebook
- Twitter
- Pinterest
- Bing
- Instagram
- Snapchat
- LinkedIn
- Xing
- YouTube
- Amazon

Es gibt noch diverse weitere Plattformen, aber für den Einstieg sind die obigen Ausreichend.

Tipp: *Bei einigen Plattformen wie Adwords oder Bing erhältst du bei Anmeldung ein kostenloses Startguthaben für deine ersten Werbeanzeigen.*

14.14.2.2 Die Funktionsweise von PPC-Werbung

Bei der PPC-Werbung bezahlst du pro Klick auf deine Werbeanzeige einen festen Betrag. Die reine Einblendung deine Werbeanzeige ist kostenlos. Die Klickpreise schwanken stark je nach Thema und Anbieter.

Eines meiner Themen ist das Daytrading (Kurzfristiger Handel an der Börse) und hier wird teilweise bis zu 60 Euro für nur einen einzigen Klick bezahlt. Das ist sehr teuer, wenn du bedenkst, dass du dadurch noch keinen Kunden hast und nichts gekauft wurde. Für die 60 Euro erhältst du nur einen Besucher auf deiner Webseite. Als Einsteiger solltest du derartige teure Nischen die Klickpreis von mehreren Euros haben unbedingt vermeiden.

Aber du kannst in anderen Themenbereichen mit etwas Recherche und den richtigen Schlüsselwörtern auf den meisten Plattformen auch bereits mit 5-10 Cent pro Besucher starten.

Weil du pro Klick bezahlst, ist es extrem wichtig, dass du bereits in deiner Werbung so genau wie möglich klar machst, worum es auf deiner Seite und bei deinem Angebot gilt.

Du willst nicht so viele Klicks wie möglich erhalten, sondern so gezielte Besucher wie möglich, bei denen die Wahrscheinlichkeit hoch ist, dass sie dein Produkt kaufen.

Wenn du einen Ratgeber hast, "Das perfekte Outing für Homos - Eine einfache Anleitung um intolerante Ärsche aus dem Freundeskreis zu entfernen", dann könntest du jetzt auch eine Werbung schalten mit der Überschrift "Überraschung mal anders!".

Mag sein, dass du damit relativ viele Klicks erhältst, aber größtenteils nicht von deiner Zielgruppe. Deine Zielgruppe sind Homosexuelle, die noch nicht geoutet sind. Das sind die Käufer deines Produktes. Die Neugierde der anderen die lediglich erfahren wollen, was die Überraschung ist, kosten dich unnötig Geld. Dies ist ein wesentlicher Unterschied zu der PPV-Werbung.

Deshalb solltest du unbedingt bereits in deiner Anzeige das Problem oder deine Lösung ansprechen. Besser wäre beispielsweise ein Titel der Werbeanzeige: “Angst vor dem Outing? - Hole dir jetzt meinen Ratgeber”.

Dieser Titel sagt klar aus, worum es geht und was du anbietest. Jemand der auf diesen Titel klickt, kauft auch viel wahrscheinlicher dein Produkt.

Dies ist ein Fehler den Einsteiger häufig bei gekauften Besuchern machen und der dann unnötig teuer ist.

Ein weiterer wichtiger Tipp ist, dass relevante Anzeigen meist günstiger sind. Wenn du gute Inhalte hast, die Betrachter mit deiner Werbung interagieren und möglichst lange auf deiner Webseite nach dem Klick bleiben, dann wird deine Werbung als relevant eingestuft und dadurch sinkt der Preis, den du pro Klick bezahlst.

Google beispielsweise misst dazu den Qualitätsfaktor anhand verschiedener Faktoren wie der Aufenthaltsdauer auf deiner Webseite, Relevanz für das Thema etc. Facebook misst sowas z. B. anhand der Interaktionen mit deiner Werbeanzeige. Wenn du viele Kommentare oder Likes hast, wird deine Werbung günstiger.

Anhand eines Rechenbeispiels, sehen wir uns das Thema jetzt in der Praxis an.

14.14.2.3 Rechenbeispiel

Um nochmal alle wichtige Kennzahlen zusammen in einer Rechnung zu haben, betrachten wir dazu folgendes vereinfachtes Beispiel.

Nehmen wir an, du verkaufst ein Buch auf einer Webseite für 30 Euro.

Pro Klick auf eine Werbeanzeige zahlst du 0,10 Euro.

Jetzt ist einerseits entscheidend, wie viele Besucher du bekommst (Unique Visitors) und andererseits, wie viele von denen kaufen (Conversion-Rate).

Für ein Werbebudget von 10 Euro pro Tag erhältst du 100 Besucher am Tag auf deiner Webseite. Wenn von diesen Besuchern einer kauft, hast du eine Conversion-Rate von 1%.

Pro Tag gibst du 10 Euro für Werbung aus und verdienst 30 Euro für dieses eine verkaufte Buch.

Das ergibt einen Gewinn von 20 Euro pro Tag und ca. 600 Euro im Monat.

Solange das gut läuft und der Markt nicht gesättigt ist, kannst du dann das Werbebudget erhöhen und somit auch deinen Gewinn.

So kannst du auch leicht berechnen, ob sich Werbung für dich lohnt und wie teuer dein Produkt sein muss, damit du profitabel bist. Deshalb ist das Messen der Marketing-Maßnahmen so wichtig.

Wenn du PPC-Werbung schaltest, solltest du aber auch die bereits vorgestellte Customer Lifetime Value bedenken. Da du die Kontaktinformationen der Käufer erhältst kannst du später weitere teurere Produkte verkaufen. Deshalb kann es auch sinnvoll sein, wenn du mit deinem ersten Produkt noch gar kein Gewinn erzielst, sondern nur die Kontaktdaten interessierter Käufer sammelst (Leads).

Ich mache das bei einigen Projekten so, um die Kaufbereitschaft und das Interesse am Thema zu bestätigen, und das funktioniert gut.

Gerade am Anfang, wenn du ein digitales Produkt neu startest, kennst du viele dieser Werte wie die Conversion-Rate leider noch nicht. Deshalb musst du zu Beginn viel ausprobieren, messen und analysieren. Damit das nicht zu teuer wird, solltest du deshalb immer mit dem direkten Marketing beginnen, bevor du PPC-Anzeigen einkaufst.

Langfristig optimierst du dann die Anzeigen, die Verkaufsseiten, die Zielgruppe etc. und verringerst so deine Kosten und steigerst deinen Gewinn.

14.14.3 Besucher kaufen – Deine ersten Schritte

Einsteigern rate ich meist dazu, mit Facebook-Werbung zu beginnen. Das ist relativ einfach umzusetzen und günstig.

Dazu benötigst du einen kostenlosen Facebook Business Manager Account (https://business.facebook.com/) und eine Facebook-Seite.

Hinweis: *Da Instagram zu Facebook gehört, werden deine Werbeanzeigen dort ebenfalls ausgespielt. Du kannst die Platzierung deiner Anzeigen selbst auswählen.*

Wenn du den Account erstellt hast, kannst du bereits deine ersten Inhalte bewerben. Dazu kannst du bestehende Posts auf deiner Seite bewerben oder aber eine reine Werbeanzeige erstellen.

Die Weboberfläche des Business-Managers erfordert leider ein wenig Einarbeitungszeit, aber ich lade dir dazu ein Video in dem Leserbereich hoch, in dem ich dir Schritt für Schritt zeige, wie du deine erste Anzeige auf Facebook erstellst.

Das dauert weniger als 30 Minuten und sollte für deinen Start ausreichend sein.

Ich empfehle dir, die Anzeige mindestens für 7 Tage zu schalten und mindestens 5 Euro pro Tag (besser 10 Euro) als Budget zu nehmen. Der Facebook-Algorithmus lernt, welche Besucher sich für deine Anzeige interessieren und umso länger die Anzeigen laufen, umso besser werden auch die verschiedenen Kennzahlen. Außerdem beeinflussen verschiedene Faktoren wie das Wetter, Sportereignisse oder das Wochenende deine Ergebnisse. Damit du aussagekräftige Werte erhältst, sollte deine Werbeanzeige daher mindestens diese 7 Tage geschaltet sein.

14.15 E-Mail-Marketing

Der letzte wichtige Marketing-Kanal den ich dir vorstellen will, ist das E-Mail-Marketing.

In Zeiten von unzähligen Spammails gilt E-Mail-Marketing oft als tot, aber trotzdem ist es noch immer der mit großem Abstand umsatzstärkste Marketing-Kanal den du auf jeden Fall umsetzen solltest.

Die eigene E-Mail-Liste bietet dir den großen Vorteil, dass du unabhängig von fremden Plattformen wie Facebook bist. Eine Liste mit E-Mail-Adressen kannst du schnell zu einem anderen Anbieter umziehen oder aber selbst die E-Mails verschicken.

Hinweis: *Diese Unabhängigkeit vom Anbieter ist für ein langfristiges Business extrem wichtig. Facebook hat mir beispielsweise mehrfach sämtliche Reichweite entzogen. Erst als sie Werbung für Themen rund um Kryptowährungen verboten haben und aktuell, wo das ganze Thema online Geld verdienen praktisch kaum noch zugelassen wird. Das kann aus verschiedenen Gründen bei allen Anbietern vorkommen. Mit deiner eigenen E-Mail-Liste aber bist du unabhängig. Der E-Mail-Anbieter ist schnell gewechselt, wenn Probleme auftauchen.*

E-Mail-Marketing bedeutet: Du sammelst die E-Mail-Adressen deiner Webseitenbesucher ein und schickst ihnen mehr oder weniger regelmäßig einen Newsletter (Also eine E-Mail) oder eine Reihe automatisierter E-Mails.

Die Grundidee ist es, dass du auf deiner Webseite eine Landing-Page baust, auf der sich Leute in deine E-Mail-Liste eintragen können. Dafür erhalten sie beispielsweise einen kostenlosen E-Mail-Kurs, ein Webinar, ein eBook oder anderweitig für sie nützlichen Mehrwert.

Hinweis: *Du kannst das E-Mail-Marketing auch komplett ohne Webseite beginnen. Dazu stellen dir alle der vorgestellten E-Mail-Anbieter fertige Landing-Pages zur Verfügung. Du musst dann nur noch diesen Link mit deinen Interessenten teilen.*

Das klappt immer noch relativ gut, wenn du die richtige Zielgruppe ansprichst. Das Thema habe ich ja im E-Mail-Funnel bereits vorgestellt.

Der E-Mail-Funnel sind jedoch eine Reihe fertiger Verkaufsemails während Das E-Mail-Marketing darüber hinausgeht.

Ziel ist es, dass du dir langfristig eine Liste mit Interessenten für dein Thema aufbaust. Das ist wichtig, weil es dir ermöglicht aus anonymen Besuchern deiner Webseite die vielleicht nie wieder kommen, regelmäßige Besucher zu machen, die du immer wieder in Zukunft ansprechen kannst. Damit das gut funktioniert, musst du jedoch passenden Mehrwert liefern.

Ein guter Tipp ist es von Anfang an, sobald deine Webseite fertig ist, so schnell wie möglich mit dem E-Mail-Marketing zu beginnen und dir deine eigene Liste an Interessenten aufzubauen.

Auf der Webseite zum Buch findest du kostenlos eine Anleitung, wie du schnell die ersten 100 Abonnenten für deine E-Mail-Liste gewinnst.

Hinweis: *Die Öffnungsraten der E-Mails liegen bei mir in der Regel zwischen 15 % und 50 %. Abhängig vom Thema, dem Betreff und dem Zeitpunkt des Versands. Du kannst also nie damit rechnen, dass alle deine Personen auf deiner Liste auch wirklich deine*

E-Mails lesen. Es ist also ok, wenn du wichtige Inhalte mehrfach versendest. Es ist auch ok und ganz normal, dass sich regelmäßig wieder Personen aus deinem Newsletter abmelden. Mach dir darüber keine Sorgen, das sind dann halt nicht deine Kunden und du solltest dich lieber auf die Personen konzentrieren, die sich für dich und deine Inhalte interessieren.

14.15.1 Zwei Arten von Newslettern

Zunächst einmal gibt es im E-Mail-Marketing zwei verschiedene Arten von E-Mails, die du aber beide kombinieren solltest.

14.15.1.1 Der klassische Newsletter an Bestandskunden

Im klassischen Newsletter informierst du in möglichst regelmäßigen Abständen deine Kunden / Interessenten über Neues und lieferst Mehrwert.

Zu der Frage, wie oft du diesen Newsletter verschicken solltest, gibt es geteilte Meinungen. Einige sagen, dass du täglich E-Mails versenden solltest, andere verschicken wöchentlich und ich mache das so, dass ich sogar nur sehr unregelmäßig (6-10 Newsletter pro Jahr) einen Newsletter versende. Hier musst du für dich und dein Thema herausfinden, was am besten funktioniert. Ich habe mit allen Strategien gute Ergebnisse erzielt.

14.15.1.2 Die E-Mail-Automatisierung

Die Alternative zum klassischen Newsletter ist die E-Mail-Automatisierung. Das ist eine Reihe von E-Mails, die du automatisiert an deine Interessenten versendest. Am Ende der E-Mail-Serie, nachdem du bereits viele Inhalte kostenlos geteilt hast, machst du ein kostenpflichtiges Angebot. In der Regel startest du die Automatisierung direkt, nachdem sich ein Interessent eingetragen hat.

Also jemand trägt sich ein, und erhält automatisch E-Mail 1, einen Tag später E-Mail 2 usw. so kannst du praktisch beliebig viele Mails voll automatisch an alle neuen Interessenten verschicken. Besonders für Themen, die langfristig relevant sind, empfiehlt sich diese Methode, da du weniger Zeitaufwand hast.

Ich kenne sehr erfolgreiche Unternehmer, die nur diese Methode nutzen. Sie erstellen eine nahezu endlos lange Kette an E-Mails mit allgemeinen Tipps zu ihrem Thema. Jeder der sich neu einträgt, erhält dann all diese E-Mails von Anfang an und jeden Tag oder jede Woche automatisch eine weitere.

14.15.2 Segmentierung deiner Liste und Tag basiertes E-Mail-Marketing

Bevor ich zu den Anbietern für E-Mail-Marketing komme, möchte ich noch kurz einen wichtigen Begriff erläutern: Tags.

Vielleicht kennst du die Hashtags aus Twitter, WordPress oder Instagram. Das sind einfache kurze Schlagwörter, die es dir ermöglichen, Inhalte leicht zu kategorisieren.

Die gleiche Funktion haben Tags auch bei deinen Newsletter Abonnenten. Wenn du die unten vorgestellte Newsletter-Strategie umsetzt, tragen sich deine Abonnenten auf unterschiedlichen Seiten bzw. Artikeln deiner Webseite ein.

Du hast beispielsweise ein Eintragsformular zum Thema Reisen und eines zum Thema Wohnmobile. Jetzt kannst du jeden Leser, der sich unter einem dieser beiden Artikel einträgt, automatisch ein Tag für Reisen oder Wohnmobile geben.

So kannst du später, deine Leser gezielter ansprechen und nach unterschiedlichen Themen unterteilen. Alle, die sich für Reisen eingetragen haben, erhalten passende Informationen dazu. Das sind beispielsweise neue Urlaubsorte, Hotelempfehlungen und Sehenswürdigkeiten. Alle, die sich für das Thema Wohnmobil eingetragen haben, erhalten beispielsweise Tipps zur rechtlichen Situation auf Camping-Plätzen oder spezielle Produktempfehlungen für das Leben auf engem Raum.

Dazu sendest du die thematisch passenden E-Mails einfach an alle Leser deines Newsletters, die ein bestimmtes Tag besitzen.

Wenn jemand sich für beide Themen interessiert, dann kann er sich auch zweimal eintragen und erhält beide Tags.

Ich nutze Tags beispielsweise, um die Käufer meiner Produkte entsprechend zu markieren, damit diese keine weiteren Kaufangebote erhalten, wenn sie das Produkt bereits besitzen. Außerdem nutze ich die Tags, um Einsteiger und Fortgeschrittene zu unterteilen.

Ich nutze Tags auch, um Interessenten und potentielle Käufer zu filtern. Wenn ich ein Produkt erstelle, schreibe ich beispielsweise 7 E-Mails zum Thema des Produktes. Jeder der mindestens 2 dieser E-Mails öffnet, erhält das Tag "interessent_produkt_thema". Ich kann dann später gezielt diese Leute anschreiben oder zu einem persönlichen Gespräch einladen.

Das klingt alles erst einmal ein wenig abstrakt, aber du wirst in der Praxis bei der Umsetzung sehen, dass es mit dem richtigen E-Mail-Anbieter nicht kompliziert ist.

14.15.3 Der richtige E-Mail-Anbieter

Eine Liste mit verschiedenen Anbietern für dein E-Mail-Marketing die in Frage kommen und die Tags unterstützen findest du auf der Webseite, da sich hier immer mal wieder etwas ändert. In den Videos auf der Seite zeige ich dir auch, wie du deinen ersten Newsletter erstellst und mit den erwähnten Tags arbeitest.

14.15.4 Einen Newsletter erstellen

Wenn du dich für einen Anbieter entschieden hast, liegen zwei weitere Aufgaben vor dir.

1. Deine ersten Newsletter zu erstellen und zu versenden.
2. Abonnenten für deinen Newsletter gewinnen.

Wir beginnen mit er ersten Aufgabe, wie du einen Newsletter erstellen kannst.

Hinweis: *Nimm das E-Mail-Marketing ernst! Auch wenn du erst einen oder nur 10 Abonnenten hast, verschicke regelmäßig deinen Newsletter, wenn es sinnvoll ist und du Mehrwerte hast. So übst du, erhältst Feedback und baust von Anfang an eine Verbindung auf. Es ist im Kopf auch wesentlich einfacher, einen Newsletter an 10 Leser zu verschicken, als an 10.000. Ich habe auf einigen meiner E-Mail-Listen lange Zeit nie etwas versendet und dann ist es für mich immer wieder sehr schwer und eine große Überwindung, da jetzt tausenden von Leuten eine E-Mail zu schicken.*

14.15.4.1 Das Design des Newsletters

Design ist Geschmackssache und hängt natürlich auch von deiner Zielgruppe ab. Ich versende grundsätzlich nur sehr schlichte einfache Newsletter, praktisch komplett in weiß und meist nur mit einfachem Text. Der Text sollte aber gut strukturiert sein und Überschriften, Fett Markierungen, Listen oder Absätze enthalten, damit er sich leicht lesen lässt. Da viele Leute E-Mails auf dem Handy lesen, sollten Links leicht klickbar in einer eigenen Zeile sein.

Selten ergänze ich ein paar Bilder, wo es sinnvoll ist.

Studien haben gezeigt, dass solche E-Mails besser funktionieren, da sie persönlicher wirken.

Ich biete immer den Newsletter im reinen Textformat an. Ganz wichtig ist auch, das er responsive ist, also auch auf mobilen Endgeräten gut zu lesen ist.

Du kannst zwar darauf achten, dass das Design deines Newsletters perfekt deinem Branding entspricht, aber ich würde dir raten, dich am Anfang einfach nur auf gute Inhalte zu konzentrieren.

14.15.4.2 Der Aufbau eines Newsletters

Jeder Newsletter besteht aus verschiedenen Elementen, die wir nachfolgend im Detail betrachten.

Überschrift / E-Mail-Betreff

Der Betreff des Newsletters ist ein wichtiges Thema und kann entscheidend dafür sein, ob überhaupt jemand deine E-Mails liest. Hier gibt es einige die mit "Tricks" arbeiten und beispielsweise „Re: irgendwas" als Betreff verwenden, obwohl es sich nicht um eine Antwort handelt. Andere nutzen Übertreibungen wie "Allerletzte Chance!!!!!!!!!!!!!!!!!!!!!". Das mag funktionieren oder auch nicht. Mein Stil ist es nicht, meine Leser zu verarschen und meine Zielgruppe ist auch clever genug, um auf sowas nicht reinzufallen.

Trotzdem muss der Titel natürlich ansprechend sein, sonst liest keiner die E-Mail. Hier gilt das gleiche wie für Überschriften für deine Artikel. Schreib kurz und interessant und heb den Mehrwert hervor.

Inhalt der Email

Beim Inhalt des Newsletters gilt das Gleiche. Schreib interessant, bring deinen Mehrwert rüber und fasse dich kurz. Viel mehr gibt es dazu an dieser Stelle gar nicht zu sagen. Schreib einen Newsletter, der so interessant ist, das die Leute darauf warten, mehr von dir zu hören. Dann hast du gewonnen.

Handlungsaufruf (Call to Action)

Dies ist ein ganz wichtiges Element jedes Newsletters. Jede deiner E-Mails sollte genau einen klaren Handlungsaufruf enthalten. Achte darauf, dass es nur einer ist, um den Leser nicht mit komplizierten Entscheidungen zu belasten. Beispielsweise:

- Lies meinen neuen Blogartikel
- Kaufe mein Produkt
- Höre meinen Podcast
- Sag mir deine Meinung
- etc.

Wo du den Handlungsaufruf platzierst, hängt von dem Inhalt ab.

Das tolle an den E-Mail-Anbietern ist, dass du auch sehen kannst, wie viele Leute auf deinen Button / Link geklickt haben und du kannst sofort messen, wie effektiv deine Newsletter sind.

***Tipp:** Du kannst auch gleich mehrere Newsletter vorbereiten und diese dann automatisiert zu einem vorher festgelegten Zeitpunkt versenden.*

Ein Newsletter, den keiner liest, bringt dir wenig. Deshalb ist die zweite Aufgabe, dass du Leser für deinen Newsletter gewinnst.

14.15.5 Abonnenten für deinen Newsletter gewinnen

Um Abonnenten für deinen Newsletter zu gewinnen gibt es verschiedene Möglichkeiten. Du kannst mit nervigen Pop Ups auf deiner Webseite arbeiten, du kannst Facebook Lead-Ads schalten, das war sehr effektiv bei mir, du kannst ganz klassisch ein Freebie anbieten und vieles mehr. Aber was bei mir aktuell am besten funktioniert, ist die Strategie der Content Upgrades. Weil das so gut funktioniert, will ich dir das Konzept kurz vorstellen.

14.15.5.1 Content-Upgrades: Meine aktuelle Strategie für mehr Leser

Bei der Content-Upgrade-Strategie schreibst du einen interessanten Artikel.

Content-Upgrade bedeutet, dass du thematisch passende Zusatzinhalte für diesen Artikel zum Download anbietest, für alle, die sich mit ihrer E-Mail eintragen.

Du schreibst also einen Artikel über das Thema Selbstbewusstsein.

Die Zielgruppe sind Personen, die Probleme mit ihrem Selbstbewusstsein haben und sich daher nicht trauen, andere anzusprechen.

Im Artikel gehst du darauf ein, wie wichtig ein gesundes Selbstbewusstsein im Leben ist, nennst mögliche Probleme und ein oder zwei Lösungsansätze.

Die Leser können dann für sich entscheiden, ob sie das Problem betrifft und wenn ja, kannst du drei praktische Übungen für mehr Selbstbewusstsein zum Download anbieten.

Ein zum Artikel passender Inhalt. Dazu erstellst du ein Eintragsformular für deinen Newsletter und baust dieses am Ende des Artikels ein. Dann erstellst du eine Reihe von drei E-Mails mit den Übungen für mehr Selbstbewusstsein und verschickst diese automatisiert an alle, die sich eingetragen haben.

Das ist das sogenannte “Content-Upgrade”. Ein thematisch passender Mehrwert, der das Thema des Artikels ergänzt.

Ich würde dann noch allen die sich eingetragen haben das Tag “selbstbewusstsein” geben, damit ich weiß, wofür die Leute sich interessieren.

Das war es so weit zum Thema E-Mail-Marketing und du hast hoffentlich einen kurzen Einblick in dieses wichtige Thema erhalten. Betrachten wir daher jetzt die Praxis.

14.15.6 E-Mail-Marketing – Deine ersten Schritte

Erstelle dir einen kostenlosen Account bei einem E-Mail-Anbieter deiner Wahl, die du auf der Webseite findest. Erstelle im Anschluss eine Landing-Page für deinen Newsletter. Auf dieser bindest du den Code für das Anmeldeformular ein, den du von deinem Anbieter erhältst.

Als kleinen Bonus-Schritt erstellst du bereits dein erstes Content-Upgrade. Also den themenspezifischen Mehrwert für deinen deine Artikel, den du automatisch allen neuen Abonnenten deines Newsletters zukommen lässt.

Wie das Ganze in der Praxis aussieht, dazu habe ich dir im Leser-Bereich wieder zwei Videos hinterlegt.

Außerdem findest du dort eine Anleitung, wie du deine ersten 100 Abonnenten für den Newsletter gewinnst. Die ersten 5 kannst du auch sofort gewinnen, indem du einfach Freunde und Bekannte fragst, die sich vielleicht für dich oder das Thema interessieren.

14.16 Retargeting

Bevor wir uns gleich einige praktische Ideen zum Marketing anhand von Beispielen ansehen ansehen, will ich dir noch das Konzept des Retargetings vorstellen. Beim Sales-Funnel habe ich das Konzept des Rückkanals in den Funnel ja bereits erwähnt.

Retargeting bedeutet, dass du Werbebanner gezielt an Leute ausspielst, die bereits auf einem deiner Angebote oder Inhalte waren.

Das hast du sicher auch schonmal in der Praxis gesehen und kannst du auch sofort ausprobieren. Du hast nach einem bestimmten Produkt gesucht und siehst dann plötzlich überall auf Facebook, Instagram und Co. Werbung dafür. Genau das ist Retargeting.

Nur die wenigsten Kunden kaufen direkt beim ersten Kontakt mit deinem Angebot, aber wenn sie deine Anzeige immer und immer wieder sehen, kann das die Wahrscheinlichkeit eines Kaufes deutlich erhöhen.

Die ganze technische Einrichtung hier zu erklären würde etwas zu weit führen, aber wenn dein Funnel und das Marketing so weit stehen, solltest du dir das Thema auf jeden Fall ansehen.

Damit du später jederzeit mit dem Retargeting beginnen kannst, solltest du von Anfang an das Facebook-Pixel beispielsweise installieren. Das ist ein kleiner Javascript-Code der auf deiner Webseite eingebettet wird und es dir ermöglicht, die Aktionen der Besucher auf deiner Webseite zu verfolgen und die Besucher später gezielt auch auf anderen Plattformen anzusprechen.

Du kannst dann im Facebook Business-Manager verschiedene Regeln für unterschiedliche Ereignisse definieren. Meine Regeln sehen meist so aus, dass ich für jeden Artikel eine sogenannte Custom Audience (Zielgruppe) erstelle und so kann ich alle Leser später gezielt ansprechen und es Facebook ermöglichen, ähnliche Kunden für mich zu suchen.

Beispiel:

Wenn du nach dem Stichwort „Ziele“ bei Google suchst findest du einen meiner Artikel auf der ersten Seite.

Die URL ist https://thomasdahlmann.com/smarte-ziele/

Im Business Manager kann ich den Facebook Pixel jetzt so konfigurieren, dass alle, die auf dieser URL waren, in eine eigene Custom Audience namens „Ziele“ eingetragen werden.

Ich kann dann im zweiten Schritt eine Anzeige auf Facebook mit dem Titel „Hast du deine Ziele schon erreicht?“ Schalten und diese gezielt an alle Besucher dieses Artikels ausspielen, indem ich die Custom Audience „Ziele“ anspreche.

Eine zweite extrem wichtige Kampagne ist die für Besucher des Bestellformulars. Alle, die auf dem Bestellformular waren, aber nicht gekauft haben, sehen für die nächsten 7 Tage nochmal mein Angebot.

Technisch ist das zunächst etwas komplizierter, aber wichtig ist nur, dass du den Begriff schonmal gehört hast, weißt, dass es diese Möglichkeiten gibt und wenn alles andere so weit läuft, informierst du dich nochmal über die konkrete Umsetzung.

14.16.1 Retargeting – Deine ersten Schritte

Installiere das Facebook-Pixel. Anleitungen dazu findest du im Leserbereich der Webseite verlinkt.

Bonus Schritt: Erstelle ein Custom Audience für alle deine Inhalte. Wenn dein Artikel unter deinedomain.de/guter-rotwein zu finden ist, hinterlegst du im Business-Manager das als Bedingung. Du erstellst eine Audience „Rotweintrinker“ und alle Besucher deiner Seite, die diesen Artikel gelesen haben, kommen in diese Audience. Du kannst dann später gezielt eine Werbung für Rotwein an diese Zielgruppe ausspielen. Dazu brauchst du aber erst einmal genügend Daten, daher ist für den Anfang nur wichtig, dass du diese Daten sammelst und das Pixel installierst. Alles andere kommt dann später.

Damit sind wir auch am Ende des Themas. Wir betrachten jetzt zum Abschluss des Marketing-Kapitels noch einige Marketing-Ideen in der Praxis.

14.17 Marketing in der Praxis

Nehmen wir an, du hast einen Kurs zum Thema "Tanzen lernen für Männer".

In diesem Kurs zeigst du, die wichtigsten Tanzschritte, gibst ein paar Tipps für den Einstieg und erklärst, wie man souverän auf Hochzeiten oder anderen Ereignissen tanzt.

Je nach Zielgruppe behandelst du im Kurs eher die klassischen Tanzstile wie Walzer, Tango, Wiener Walzer, Foxtrott, Slowfox und Quickstep. Wenn du die Clubgänger ansprechen möchtest, kannst du in dem Kurs zeigen, wie Mann sich zu verschiedenen Musikstilen bewegen kann von Elektro bis Black. Du könntest jedoch auch einen konkreten Tanzstil nehmen wie Salsa.

Das Thema ist also tanzen für Männer und du könntest den Kurs je nach Inhalt an verschiedene Zielgruppen vermarkten. In den folgenden Beispielen gehe ich auf unterschiedliche Zielgruppen genauer ein.

Dieser Kurs ist dein digitales Produkt, das wir in den folgenden Beispielen vermarkten wollen.

Als Erstes erstellst du die Landing-Pages für die speziellen Zielgruppen. Eine Seite mit der Überschrift, "Lerne jetzt Standardtanz und tritt deiner Frau bei der Hochzeit nicht auf die Füße" oder so ähnlich. Wenn du dich an die Clubgänger richtest, dann wäre eine mögliche Überschrift „So beeindruckst du jede Frau im Club - lerne Tanzen und werde zum unwiderstehlichen Frauenmagneten".

Für die Vermarktung erstellst du eine Videoreihe, die du auf der Seite oder auf YouTube kostenlos zur Verfügung stellst. Unter dem Video verlinkst du die Verkaufsseite deines Kurses. Das können die ersten Schritte des Walzers sein oder, ja nach Zielgruppe, auch eine typische Musikrichtung, die häufig in Clubs gespielt wird.

Wir betrachten der Einfachheit halber den direkten Sales-Funnel mit nur einer Verkaufsseite, weil dieser am einfachsten zu messen ist.

Diese Schritte hast du ja bereits alle ausführlich gelernt und wir betrachten jetzt die nachfolgenden Schritte, in denen du Interessenten für deinen Kurs findest.

Für diese Nische würde ich direktes Marketing, Google Ads, YouTube Ads und Facebook Werbung empfehlen. Das sind ohnehin aktuell die wichtigsten Kanäle.

Der Kurs kostet der Einfachheit halber 50 Euro. Das ist ein Preis, zu dem man gerade so noch gut direkt verkaufen kann.

14.17.1 Direkter Verkauf

Du beginnst dein Marketing, indem du gezielt potentielle Interessenten auf den Social-Media-Plattformen von Hand anschreibst. Dein Ziel ist erst einmal nur, diese in deinen Kurs zu bekommen und Feedback zu sammeln.

Du musst zu diesem Zeitpunkt noch nicht verkaufen, sondern beginnst mit Freunden und Bekannten. Das muss auch noch nicht online sein. Du kannst einfach in die Kneipe nebenan gehen oder direkt auf Veranstaltungen, wo beispielsweise getanzt wird, und suchst dir die Männer, die vielleicht verzweifelt am Rand sitzen, weil sie nicht tanzen können.

Sprich die Männer in deinem Umfeld an und frag sie, ob sie Interesse hätten, tanzen zu lernen. Erkläre ihnen, dass du einen Online-Tanzkurs erstellt hast und Teilnehmer suchst.

Diese ersten Interessenten testen den Kurs für dich, geben dir Feedback, wie du dein Produkt verbessern kannst und im Idealfall geben einige von denen dir eine positive Bewertung, die du später auf deiner Webseite für die Werbung nutzen kannst.

Wenn du niemanden kennst, der sich für das Thema interessiert, kannst du auf Facebook auch fremde Personen anschreiben. Wichtig ist nur: Mehrwert liefern, nicht aufdringlich sein und möglichst passende Leute anschreiben. Beispielsweise Personen, deren Beziehungsstatus auf verlobt ist.

Ich hab die Erfahrung gemacht, dass Geschichten im Marketing sehr gut funktionieren. Im Idealfall eine Geschichte, mit der sich deine Besucher identifizieren können.

Ich habe beispielsweise einmal Folgendes erlebt:

Wir waren mal einen Monat auf den Kanaren in Las Palmas und jeden Abend in einer kleinen Salsa Bar "Pequena Habana", weil das die Bar war, die am längsten geöffnet war.

Wie fast jeden Abend saßen wir da, natürlich alles blendend aussehende Typen und tranken unseren Cuba Libre. Trotz unserer umwerfenden Optik und einigen Drinks, tanzten wir praktisch nie. Wir waren viel zu schüchtern und zu verklemmt.

Eines Abends saß da dieser etwas dickere Typ an der Bar. Schlabberlook, weites Shirt mit Fleck, Nerdbrille auf und Halbglatze. Na ja, etwas weniger umwerfend.

Der Typ trank ein Bier und ging dann zu der schönsten Frau im Club, direkt auf die Tanzfläche. Er hob ihre Hand vorsichtig an, drehte sie zu Beginn und nur wenige Minuten später tanzte er bereits eng umschlungen mit ihr.

So lief das den ganzen Abend. Eine schöne Frau nach der anderen, bis er schließlich mit einer von ihnen nach Hause ging.

Da keiner von uns tanzen konnte, tranken wir mehr, und gingen am Ende zusammen in unserer Gruppe nach Hause, ganz ohne all die schönen Frauen.

Hätte ich doch nur damals schon den Online-Tanz-Kurs für Männer gehabt.

Heute, nachdem ich diesen Kurs gemacht habe, fühle ich mich souverän und erobere die Herzen der schönsten Frauen auf den Tanzflächen dieser Welt.

Das nur so als verkürztes Happy End der Story.

Das Prinzip sollte klar sein. Erzähle eine Geschichte. Wie viele Männer sitzen bei solchen Veranstaltungen schüchtern am Rand, trinken ein Bier nach dem anderen und können nicht tanzen. Aber frag mal in deinem Bekanntenkreis, wie viele Frauen es beeindruckt, wenn ein Mann tanzen kann.

In diesem Beispiel haben wir also Problem, Bedürfnis und Lösung in einer Geschichte verpackt. Auf diese Weise kannst du erfolgreich auf allen Kanälen Marketing machen.

Wichtig ist aber das du wieder auf die Zielgruppe und deren Bedürfnisse achtest. Soziale Anerkennung, Partner, Sex, Flirten sind die Bedürfnisse, die du in dieser Geschichte ansprichst.

14.17.2 Facebook Kampagne

Eine weitere Möglichkeit zur Vermarktung sind Facebook Kampagnen. Diese solltest du aber erst in Betracht ziehen, wenn du bereits erfolgreich direkt verkauft hast.

Dazu benötigst du eine konkrete Zielgruppe. Wir nehmen als Beispiel Männer, die gerne für ihre Hochzeit tanzen lernen wollen.

Für Männern in dieser Zielgruppe ist die Geschichte von oben unangebracht, da sie sich gar nicht mit dieser identifizieren können. Sie haben völlig andere Bedürfnisse da Flirten oder neue Frauen kennenlernen keine Rolle mehr spielen sollte.

Die passende Ansprache oder Geschichte dazu wäre also eher wie folgt:

Du tanzt auf deiner Hochzeit, deine wunderschöne Frau in den Armen und hunderte Augen blicken auf euch während ihr gemeinsam souverän den ersten Tanz macht. Die stolzen Blicke deiner zukünftigen Schwiegereltern, etc.

Hier geht es um ganz andere Gefühle, die du hervorheben solltest. Auf der Hochzeit solltest du **nicht** mit all zu vielen Frauen engumschlungen Tanzen und am Ende steht auch irgendwie schon fest, wen du mit nach Hause nimmst.

Auf Facebook erstellst du jetzt eine Werbeanzeige für genau diese Zielgruppe.

Facebook ist dafür hervorragend geeignet, weil du beispielsweise Werbung gezielt nur an Männer ausspielen kannst, deren Beziehungsstatus verlobt ist.

Hier solltest du unbedingt kreativ sein und Aufmerksamkeit erzeugen. Das ist etwas aufwendiger, aber langweilige Werbung gibt es genug.

Einige meiner Kampagnen war beispielsweise am 1.12. das Bild eines komplett aufgegessenen Weihnachtskalenders zu zeigen, bei dem alle 24 Türen offen waren und die Schokolade gegessen. Darunter nur der Spruch, "Leb nach deinen eigenen Regeln"!

In einer anderen saß ich in Badehose am Strand im Winter im Schnee, und darunter die Überschrift, willst du lieber ortsunabhängig arbeiten, wo es etwas wärmer ist?

Meinen online Geld verdienen Kurs habe ich an Valentinstag mit einem Bild verkauft, in dem die Freundin mit vollen Einkaufstüten zu sehen war und daneben der arme Freund mit leeren Taschen. Darunter nur der Spruch, "Freundin zu teuer? - Verdiene jetzt mehr Geld". Ist sicher etwas provozierend für einige Leute aber genau sowas erzeugt Aufmerksamkeit. Diese Anzeige habe ich dann aber beispielsweise gezielt nur an Männer ausgespielt.

Das sind alles kreative Kampagnen, die aber trotzdem nahezu kostenlos erstellt werden können.

Konkret für den Tanzkurs könntest du mit folgender Kampagne für Facebook starten:

Ein kurzes Video das ein Hochzeitspaar beim Tanzen zeigt auf einer Hochzeit und der Mann stolpert, reißt vielleicht noch die Torte um oder Ähnliches.

Darunter ein kurzer Text:

"Willst du diese Katastrophe auf deiner Hochzeit vermeiden? Dann lerne jetzt die wichtigsten Standardtänze bequem von zu Hause!"

Du kannst für den Anfang auch ohne Video mit einer einfachen Bildkampagne starten, aber sei auch dort kreativ!

Damit ziehst du die Besucher dann auf deine Verkaufsseite, die ebenfalls auf diese Zielgruppe heiratswilliger Männer abgestimmt ist.

Ein anderer Ansatz für die Facebook Kampagne mit der Zielgruppe Hochzeitstanz ist, wenn du gezielt verlobte Frauen ansprichst. Letztendlich sind diese meist engagierter, was Hochzeiten betrifft, und wollen garantiert, dass alles an diesem wichtigen Tag perfekt läuft.

Du fragst diese in deiner Werbeanzeige „Willst du, dass dein zukünftiger Mann dir bei der Hochzeit auf die Füße tritt?“ Wenn nein, dann schenke ihm doch den Online-Tanzkurs für Männer und übt bequem zu Hause.

Im Text der Anzeige kannst du dann wieder mit Geschichten und Gefühlen arbeiten:

Stell dir vor es ist so weit... du trägst das Brautkleid deiner Träume und schreitest unter den Blicken der wichtigsten Menschen in deinem Leben auf den Mann deiner Träume zu. Die Hochzeitsgäste haben einen Kreis gebildet. Alle Blicke sind erwartungsvoll auf euch gerichtet.

Dein Mann nimmt deine Hand und weiß nicht was er tun soll, weil er stocksteif da steht und keinen Plan hat, wie er sich bewegen soll. Dann tritt er dir auch noch auf das Kleid und das Unheil nimmt seinen lauf...

Angst verkauft sich meist besser, aber du kannst natürlich auch positivere kreativere Geschichten verwenden.

Tipp: *Manchmal sind bestimmte Themen bei Facebook teurer als andere. Wenn ein Thema zu teuer ist oder es viel Konkurrenz gibt,* *kannst es günstiger werden, wenn du eine etwas andere Zielgruppe wählst.*

Du kannst beispielsweise als Zielgruppe auch alle Männer einstellen, denen der Film Dirty Dancing gefällt. Versuch dich einfach in deine Zielgruppe hineinzuversetzen. An all solchen Beispielen siehst du aber auch hoffentlich, wie wichtig die konkrete Zielgruppe ist.

Ohne diese zu kennen, kannst du kein effektives Marketing gestalten.

14.17.3 Google Ads Kampagne

Bei Google Ads Kampagnen sieht das Marketing etwas anders aus. Du hast nur Textanzeigen zur Verfügung und in der Regel nur wenige Zeichen. Deshalb musst du etwas anders vorgehen.

Grundsätzlich bietest du auf sogenannte Schlüsselwörter einen Klickpreis. Bei der Ideenrecherche habe ich diesen Wert (CPC - Cost per Click) bereits erwähnt. Es gibt gute, schlechte, günstige und teure Schlüsselwörter auf die du bieten kannst.

Der naheliegende Gedanke ist jetzt beispielsweise das Schlüsselwort "Tanzen lernen" oder bereits an dieser Stelle konkreter "Tanzen lernen für Männer" bzw. "Tanzen lernen für Männer Hochzeit".

Je nachdem wie teuer das Schlüsselwort ist, ist das auf jeden Fall ein guter Start, mit dem du genau deine Zielgruppe erreichst.

Da viele Männer solche Themen gerne aufschieben, ist das Problem vermutlich auch dringend genug, um dafür Geld auszugeben. Ich denke ich würde am Abend vor der Hochzeit auch noch schnell auf Google oder YouTube gehen und mich eilig vorbereiten.

In den Google Anzeigen ist wenig Platz für Kreativität. Beschreibe so kurz und effizient wie möglich dein Angebot. Denk dran, du willst nur die Klicks von Leuten, die sich für dein Angebot interessieren und im Idealfall ein Kaufinteresse haben.

Verwende also eine konkrete Überschrift in deiner Anzeige wie: "Online-Tanzkurs für Männer: Fit für den Hochzeitstanz". Meist hast du dann noch mehrere Textzeilen und da hebst du ein paar Mehrwerte hervor wie, bequem von zu Hause üben, keine unangenehmen Blicke beim Üben und freie Zeiteinteilung. Du kannst auch hervorheben, dass die Männer mit so einem Tanzkurs garantiert einen guten Eindruck bei ihrer Liebsten machen. Alleine den Kurs zu kaufen, zeigt ja schon, was du für ein guter Mann bist und wie sehr du sich um die Hochzeit kümmerst.

Das Prinzip sollte klar sein. Erstelle eine möglichst treffende und kurze Beschreibung von dem was du anbietest. Sei interessant und hebe und den Mehrwert hervor.

Manchmal sind bestimmte Schlüsselwörter etwas teuer, weil die Konkurrenz so stark ist. Dann kannst du auf alternative Schlüsselwörter bieten.

Du kannst in dem Beispiel auf alles bieten, was vor der eigentlichen Hochzeit liegt, von "Hochzeitsplanung", über "Anzug für Hochzeit" bis hin zum "Krawatten Knoten richtig binden".

Du könntest auch eine Landing-Page erstellen, auf der du einen Artikel schreibst "Tanzschule oder Onlinekurs zum tanzen lernen?". Selbstverständlich ganz neutral stellst du hier beide Varianten gegenüber mit den jeweiligen Vor- und Nachteilen.

Dann kannst du auf das Schlüsselwort Tanzschule bieten oder auf die regionalen Anfragen wie „Tanzschule Berlin Mitte".

Der Vorteil wäre, du hast garantiert Leute die tanzen lernen wollen und bereit sind, dafür Geld auszugeben.

Der Nachteil, sie suchen eigentlich nach einer lokalen Tanzschule. Du wirst also einiges an Überzeugungsarbeit leisten müssen, um sie als Mitglieder für deinen Online-Kurs zu gewinnen. Aber dein uneigennütziger Vergleichsartikel zwischen Tanzschule und Onlinekurs kann dir dabei helfen. Du kannst den Kurs auch als Ergänzung zur Tanzschule anbieten, damit Mann dort bereits von Anfang an eine gute Figur macht.

Hinweis: *Ich habe meine erfolgreichsten und vor allem auch günstigsten Kampagnen bisher gestaltet, indem ich auf Schlüsselwörter geboten habe, die nicht ganz so offensichtlich sind.*

14.17.4 E-Mail-Marketing: automatisierter E-Mail-Kurs

Ich muss zugeben, dass ich vom Tanzen eigentlich keine Ahnung habe. Aber weil wir jetzt schonmal bei dem Beispiel sind, machen wir damit weiter und sehen uns das Thema E-Mail-Marketing an.

Die Vorgehensweise und die grundlegenden Prinzipien der Vermarktung sind bei den meisten Themen gleich.

Um den Online-Tanzkurs für Männer per E-Mail zu vermarkten, würde ich zuerst einen Artikel schreiben, der ein konkretes Problem anspricht.

Beispielsweise der Mann ist viel größer als die Frau. Da ich selbst relativ groß bin, fällt es mir leicht, darüber zu schreiben. Der Größenunterschied ist ein Problem, nach dem Männer in den Suchmaschinen nach einer Lösung suchen.

In diesem Artikel würde ich dann ein Eintragsformular für den Newsletter einbinden mit einem kostenlosen 7 Schritte Kurs „In 7 Tagen zum ersten erfolgreichen Tanz“.

Das würde ich bereits umsetzen, bevor ich den Videokurs erstelle. Ich könnte so mit wenig Aufwand testen, ob überhaupt jemand an dem Thema und meinem Kurs interessiert ist.

In den 7 E-Mails die ich in 7 Tagen hintereinander automatisiert versende würde ich dann verschiedene Probleme ansprechen.

Am ersten Tag beginne ich damit, wie Mann sich im Kopf befreit. Insbesondere Männer haben beim Tanzen oft den Kopf zu voll mit Gedanken. Was mögen andere denken? Wie sehe ich jetzt gerade aus? Welcher Fuß war das nochmal, den ich jetzt nach vorne setzen muss?

Von außen betrachtet wirken die Tanzbewegungen dadurch nicht flüssig und verkopft zu tanzen, macht keinen Spaß. Deshalb starte ich den 7 Schritte Kurs mit einigen Tipps, wie du als Mann beim Tanzen deinen Kopf frei bekommst.

In der zweiten E-Mail am zweiten Tag würde ich auf das Thema der richtigen Kleidung eingehen. Wie sieht eine gute Abendgarderobe aus oder welche Schuhe sind gut geeignet.

So erstelle ich dann verschiedene weitere E-Mails zu wichtigen Herausforderungen auf dem Weg zum Tänzer.

Zum Abschluss würde ich dann ein Video erstellen, in dem ich mit einer Partnerin konkret einen Standardtanz zeige und erkläre, worauf zu achten ist.

Nach diesen kostenlosen Lektionen habe ich genug Mehrwert geliefert, um das eigentliche Angebot vorzustellen. Meinen kostenpflichtigen Online-Tanzkurs für Männer.

Dazu kommt zum Abschluss eine E-Mail wie:

Hallo Name,

Du bist jetzt erfolgreich die ersten 7 Schritte auf dem Weg zum erfolgreichen Tänzer gegangen. Du hast hoffentlich erfahren können, dass in jedem von uns ein Tänzer steckt und wie positiv Frauen darauf reagieren. Vielleicht bist du auch schon so weit, dass du anfängst, ein völlig neues Gefühl für deinen Körper zu entwickeln und spürst, wie sich das Tanzen positiv auf deine Haltung und deinen Geist auswirkt.

Wenn du Lust hast, noch weitere Schritte gemeinsam mit mir zu gehen, dann habe ich ein Angebot für dich.

Usw.

Das kannst du beliebig ausbauen und schöner schreiben. Wichtig ist, erst der Mehrwert, dann der Verkauf.

Du kannst auch in dieser letzten Mail, wenn es noch keinen Kurs gibt, fragen, welche Inhalte noch für die Teilnehmer interessant wären. Dazu kannst du Tools wie Typeform verwenden und erhältst so direkt das Feedback zu deiner Idee und deinem Stil zu unterrichten.

Auf jeden Fall solltest du auch bereits während der ersten 7 Schritte nach Feedback zu deinen Inhalten fragen und immer so früh wie möglich mit dem E-Mail-Marketing starten.

Tipp: *Je mehr du die Leute von Anfang an in deine Produktentwicklung mit einbeziehst, je besser für dich. Deine Leser haben so das Gefühl es ist auch "ihr eigenes" Produkt, wenn sie wichtige Entscheidungen mit treffen konnten und kaufen wahrscheinlicher.*

14.18 Aufgaben Schritt 6: Marketing

Das war ein großes und wichtiges Kapitel und du konntest hoffentlich vieles mitnehmen. Sehen wir uns die Aufgaben für das Marketing an damit du direkt loslegen kannst.

1. Erstelle deine Marketing-Map

2. Richte das Tracking der Besucher und der Conversion-Rate ein und überprüfe, das alles funktioniert.

3. Wähle deine Marketing-Kanäle und setz die ersten Schritte wie unter dem jeweiligen Kanal dargestellt um. Auf jeden Fall solltest du das E-Mail-Marketing und das Suchmaschinenmarketing umsetzen.

4. (optional) Erstelle dein erstes Content-Upgrade.

5. (optional) Erstelle einen kostenlosen E-Mail-Kurs. Die Videoanleitung findest du auf der Webseite.

6. Vernetze dich mit 3 Leuten in deinem Bereich. Sag einfach Hallo und warum du ihr Angebot gut findest. Es geht zunächst nur darum, den Kontakt herzustellen. Ganz ohne irgendwelche Hintergedanken oder Absichten.

7. Stelle mindestens 10 Leuten persönlich / im Chat / per Telefon dein Angebot vor. Zeig deine Idee und deine Webseite und hole dir Feedback von potentiellen Kunden.

8. (optional) Schalte deine erste Facebookanzeige. Mit den Anzeigen solltest du aber erst beginnen, nachdem du den direkten Verkauf umgesetzt hast und mindestens ein Produkt persönlich verkauft hast.

15. Schritt 7: der Start

Wer in seinem kurzen Leben Großes leisten will, muss mit einer solchen Konzentration seiner Kräfte an die Arbeit gehen, dass es für die untätigen Zuschauer aussieht, als wäre er wahnsinnig. (John Foster)

Ziel: Nach diesem Schritt hast du dein erstes Produkt verkauft, die ersten Erfahrungen gesammelt und dein Business ist gestartet.

Sieben ist eine gute Zahl, habe ich mir gedacht und deshalb gibt es diesen 7-Schritte-Plan. Im letzten Schritt betrachten wir jetzt alles, was noch offen ist und trotzdem wichtig für dich sein könnte.

Alle diese Punkte sind erst jetzt für dich relevant.

Solange du keine Besucher auf der Seite hast und kein Geld verdienst, sind ein Großteil der typischen rechtlichen Probleme für dich völlig egal. Auch eine Firma musst du nicht sofort gründen. Das ist ein häufiger Irrglaube, der leider oft dafür sorgt, dass junge motivierte Menschen den Fokus verlieren oder sich von der Bürokratie in Deutschland abschrecken lassen.

Verdiene erst einmal Geld und dann kannst du rückwirkend gründen. Deshalb führe ich diese Themen erst am Ende des Buches auf.

Der zweite Grund dafür ist, dass du inzwischen Geld verdient hast und dir jemanden suchen kannst, der dich bei entsprechenden Problemen unterstützt. Gewisse Themen, wie Recht und Steuern, würde ich immer auslagern.

Hinweis: *Erfolgreiche Gründer sind Experten für ihre Kunden und ihr Produkt. Bei den rechtlichen und steuerlichen Themen ist es* *gut, wenn du einen Überblick hast. Ansonsten solltest du dir für diese Bereiche entsprechende Experten suchen.*

15.1 Rechtliche Themen und Gründung

Rechtliche Themen sind leider wichtig und in Deutschland nicht immer ganz so einfach. Datenschutz, Impressum und Urheberrecht sind die Sachen, die du am Anfang bereits beachten und mit denen du dich selbst auch grob auskennen solltest.

Zum Glück gibt es für alles Pakete, Generatoren und Ähnliches. Auf der Webseite findest du alles notwendige verlinkt, ich bin da auch kein Experte und vertraue auf andere.

Wenn du deine ersten Einnahmen hast, solltest du, wenn die Beträge größer werden, die Gründung einer Firma in Betracht ziehen.

Wichtig: Das kannst du aber bis zu 6 Monate rückwirkend erledigen.

Also, verdiene immer erst einmal Geld. Dann kannst du diese Themen angehen und dir entsprechende Experten suchen.

Hinweis: *Dein Online-Business ist ortsunabhängig. Wenn dir die Umstände in Deutschland zu kompliziert sind, gibt es genügend Möglichkeiten, in anderen Teilen der Erde völlig frei von Steuern und Bürokratie dein Business aufzubauen. Ich verlinke dir dazu auf der Webseite weiterführende Informationen.*

Das einzige, worauf du von Beginn an achten solltest, ist, dass du alle Belege aufbewahrst, die irgendetwas mit deinem Business zu tun haben. Beispielsweise Rechnungen für das Webhosting, den E-Mail-Anbieter oder wenn du jemanden beauftragst.

Hinweis: Wichtig ist, es gibt einen Steuerfreibetrag von derzeit 9408 Euro pro Jahr (Stand 2020 für Singles). Alles, was du bis zu dieser Grenze verdienst, ist steuerfrei.

15.2 Was wenn keiner kauft?

Das ist eine gute Frage. Als Erstes solltest du herausfinden, warum keiner kauft. Ist es der Preis, die Zielgruppe, der Markt, die Saison oder das Produkt? Dazu solltest du mit den Interessenten persönlich sprechen, dir ihre Bedenken anhören und sie besser verstehen.

Ist der Preis zu hoch, kannst du den Mehrwert erhöhen.

Ist die Zielgruppe nicht interessiert, kannst du eine andere Zielgruppe testen. Wichtig: nicht unbedingt eine größere! Bleibe bei einer spitzen Nische. Mehr Leute anzusprechen, verkauft meist nicht mehr oder besser.

Wenn das Produkt nicht gut ist, dann erstelle ein besseres.

Aber die Ursachen lernst und findest du nur heraus, wenn du deinen Interessenten zuhörst. Ich kann da auch nach vielen Jahren oft nur spekulieren und viel testen.

Hinweis: *Gib nicht auf, nur weil du vor einer Herausforderung stehst, für die du noch keine Lösung hast.*

Wenn alles nicht hilft, schreibe mich an, und wir sehen uns das Problem gemeinsam an. Du erreichst mich über die Online-Business Akademie.

Du kannst auch jederzeit mit Schritt 1 von vorne beginnen. Dein Aufwand bisher war relativ gering, wenn du nach dem MVP-Prinzip vorgegangen bist. Also ist es auch kein Weltuntergang, einfach von vorne zu beginnen. Manchmal schätzt man einen Markt falsch ein oder das gelöste Problem ist einfach nicht dringend genug. Das passiert mir auch gelegentlich und ist nicht schlimm. Ebenfalls solltest du neu starten, sobald du sicher weißt, dass du das Potential der Idee falsch eingeschätzt hast oder du an einer Sache arbeitest, die dir überhaupt nicht liegt.

Die meisten erfolgreichen Unternehmer, die ich kenne, sind mindestens einmal im Leben mit einer Idee gescheitert. Meist sogar noch viel öfter.

15.3 Auswertung und Analyse

Du bist weit gekommen. Alleine, dass du diese Zeilen hier liest, ist ein gutes Zeichen, dass du die richtige Einstellung hast.

Nicht nur anfangen, sondern auch zu Ende bringen.

Behalte dir das für dein Business bei. Dann wirst du auch Erfolg haben.

An dieser Stelle beginnt der laufende Betrieb, deines Geschäfts. Du misst die Ergebnisse, sammelst Feedback, verbesserst dein Produkt und die Prozesse und baust dein Business immer weiter aus.

Ziel ist es, mehr Besucher zu erhalten und beispielsweise die Conversion-Rate zu steigern. Du änderst Texte, Überschriften oder auch die Farbe der Buttons, fügst neue Marketing-Kanäle hinzu und kannst nach und nach sehen, was für dich und dein Geschäftsmodell am besten funktioniert.

Du passt die Werbeanzeigen weiter an und testest, mit welchen du die meisten Kunden erreichst. Ab jetzt heißt es ausprobieren und lernen.

Genau wie im MVP-Prinzip vorgestellt:

Bauen - Messen - Lernen. Du schreibst einen Text, misst wie viele ihn lesen und lernst, wie viele die von dir gewünschte Handlung danach ausführen.

Du erstellst eine Werbeanzeige, misst die Klickraten und Kosten und lernst daraus, ob diese für dich profitabel ist.

Diesen ganzen Prozess machst du solange, bis du deine Ziele erreicht hast.

Hinweis: *Teste immer nur eine Sache gleichzeitig, damit Ursache und Wirkung klar erkennbar sind.*

15.4 Optimieren

Es gibt unzählige Möglichkeiten, wie du dein Business optimieren kannst. Du kannst den Funnel erweitern, neue Produkte ergänzen, die Conversion-Rate erhöhen, deine Nische ausweiten, dein digitales Produkt um weitere Geschäftsmodelle wie Affiliate-Marketing oder Dienstleistungen ergänzen etc.

Das ergibt sich alles mit der Zeit, wenn du erst einmal angefangen hast. Eine Möglichkeit zum Testen, gebe ich dir aber noch mit auf den Weg: die sogenannten Split-Tests. So erhältst du auch einen kleinen Einblick, was dich im Folgeband Online-Business für Fortgeschrittene erwarten wird.

15.4.1 Splittesting (A / B Tests)

Splittesting (A / B Tests) meint das Testen von verschiedenen Versionen gegeneinander.

Anstatt einer einzigen Webseite könntest du beispielsweise für deinen Produktverkauf zwei verschiedene Webseiten erstellen.

Eine davon in Grün und eine in Blau. Du kannst dann jeden zweiten Besucher auf die alternative Verkaufsseite schicken und mit Google Analytics messen, welche von beiden die bessere Conversion-Rate hat.

Wenn du eine aussagekräftige Menge von Besuchern auf deiner Seite hattest, ca. 1000 pro Seite, dann kannst du sehen, ob du über die grüne oder die blaue Webseite besser verkaufst.

So kannst du langfristig Schritt für Schritt deinen Sales-Funnel und die Webseite optimieren.

Wichtig für Splittests ist, dass du beide Varianten deiner Webseite gleichzeitig testest. Wenn du erst 1000 Besuchern Seite A zeigst und den nächsten 1000 dann Seite B, können zu viele externe Einflussfaktoren das Ergebnis verfälschen. Nahezu alle Webseiten haben saisonale Schwankungen in Traffic und Kaufbereitschaft und auch innerhalb eines Tages können schlechtes Wetter oder Nachrichten die Anzahl der Besucher beeinflussen.

Hinweis: *Du solltest immer nur eine Änderung pro Test vornehmen. Wenn du die Überschriften und die Farbe änderst, kannst du später nur schwer zuordnen, welche Maßnahme, welches Ergebnis hervorgerufen hat.*

Es gibt hier als Alternative zu den einfachen A / B Tests noch multivariate Tests, die mehrere Varianten parallel testen. Das würde aber an dieser Stelle zu weit führen und benötigt auch mehr Besucher und Kenntnisse.

Die folgende Liste enthält Seitenelementen die du gut testen kannst:

- Call to Action Button: Position, Größe, Farbe, Beschriftung
- E-Mail-Eintragungsform
- Überschriften
- Position und Größe von Werbebannern

- Navigationsmenü
- Onboarding Prozess
- Verkaufsprozess
- Seitenfarben
- Werbemaßnahmen wie Texte, Bilder und Videos
- Produktbeschreibungen
- Produktpreise

Auf deiner Wordpress-Webseite kannst du mit dem kostenlosen Plugin Simple Page Tester einfache Splittests einrichten. Du kannst unter einer URL zwei Seiten anlegen und die Besucher sehen dann abwechselnd eine der beiden. Mit dem bereits eingerichteten Google Analytics misst du dann den Erfolg.

Es gibt dann noch speziellere Plugins wie Wordpress Call to Action, das gezielt das Erstellen von Call to Action Buttons und Testen mehrerer Varianten erlaubt.

Auch ein guter Start ist das Plugin Title Experiments, das es dir erlaubt, mehrere Titel für einen Beitrag anzugeben und später zu sehen, welcher davon am meisten geklickt wurde.

Wenn du langfristig mehr Funktionen benötigst, kannst du dir Marketizator ansehen.

Splittests gibt es aber nicht nur für Webseiten. Das gleiche Prinzip kannst du bei anderen Marketing-Maßnahmen ebenfalls umsetzen, wie beispielsweise deinem Newsletter. Die eine Hälfte der Leser erhält Überschrift A, die andere Hälfte Überschrift B und du kannst anschließend vergleichen, welche der beiden Überschriften zu einer höheren Öffnungsrate deines Newsletters geführt hat.

Das nur als kleiner Ausblick auf den zweiten Band Online-Business für Fortgeschrittene.

15.5 Reinvestiere Gewinne

Wenn du erfolgreich erste Kunden gewonnen und Einnahmen generiert hast, investiere dieses Geld unbedingt in dein neues Online-Business.

Wenn du bisher kein Geld für PPC-Werbung hattest, nimm das Geld aus deinen ersten Verkäufen und skaliere dein Business so schnell wie möglich. Gib dich nicht mit den kleinen Gewinnen am Anfang zufrieden und reinvestiere solange, bis du dein eigentliches Ziel erreicht hast.

Das war einer meiner größten Fehler am Anfang. Als mein erstes Business ein wenig lief musste der Mercedes her. Ich wollte irgendwelche Leute beeindrucken. Der Typ mit dem zweitschlechtesten Schulabschluss fährt jetzt ein dickes Auto. Das hat mich damals viel zu viel Geld gekostet und war rückblickend ein wenig dumm.

Für das Geld hätte ich einen Mitarbeiter einstellen können oder Werbung schalten können und mein Business viel schneller skalieren können.

Stattdessen habe ich mich in ein neues Hamsterrad begeben. Nach dem teuren Auto kam die teure Wohnung und die Lebenserhaltungskosten stiegen immer weiter und ich stand ständig unter Druck, mehr zu arbeiten und war nicht frei.

Ich habe irgendwann die Kurve bekommen und daraus gelernt. Ich hoffe, du machst den Fehler nicht.

Halte deine Lebenserhaltungskosten möglichst gering am Anfang und investiere in dein Business. Suche Mitarbeiter oder Kooperationspartner, die in bestimmten Gebieten besser sind als du, wie im Online-Marketing oder bei der Suchmaschinenoptimierung. Gib die rechtlichen und steuerlichen Themen ab. Kaufe Reichweite über PPC ein. Optimiere und analysiere.

Wenn das eine Weile gut läuft, du ein paar Rücklagen hast, dann kannst du dir auch mal ein wenig Luxus gönnen.

16. Schlusswort

Geschafft! Du hast es von der Idee zum fertigen Online-Business gebracht. **Du bist großartig :)**

Viel mehr gibt es an dieser Stelle gar nicht zu sagen. Alles weitere findest du auf der Webseite zum Buch:

https://onlinebusinessakademie.net/obfe/

Zusätzlich gibt es unregelmäßig Fallstudien und Zahlen aus meinem Online-Business speziell für die Leser des Buches und Teilnehmer der Akademie. Diese erhältst du automatisch, wenn du dich für den Leserbereich angemeldet hast.

Schicke mir gerne Feedback zum Buch an

td@thomasdahlmann.com und schau auf der Seite der Online-Business Akademie (https://onlinebusinessakademie.net) vorbei.

Wenn du meinem Online-Business folgen möchtest, kannst du auf meiner Seite den Newsletter abonnieren oder mal in den Podcast die "Wunderliche Weltklugheit" reinhören (findest du beides auf thomasdahlmann.com).

Ich wünsche dir viel Erfolg bei der Umsetzung!

Thomas

p.s.

Du kannst stolz auf dich sein, dass du so weit gekommen bist. Weil du es durchgezogen hast, habe ich noch einen kleinen Bonus. Diesen findest du hier:

https://onlinebusinessakademie.net/buch7gelesen100 .

Impressum

Herausgeber: Thomas Dahlmann

Autor: Thomas Dahlmann

Webseiten:

https://onlinebusinessakademie.net

https://thomasdahlmann.com

Kontakt: bevorzugt per E-Mail an td@thomasdahlmann.com

Umschlaggestaltung: Thomas Dahlmann

Inselstraße 12, 23999 Insel Poel, OT Malchow

1. Auflage 07.07.2020 / ISBN: 978-3-948997-007